Help Yourself to Advanced German Grammar

A grammar reference and workbook
Post-GCSE/Advanced Level

Morag McCrorie
Michael Spencer

Longman

Edinburgh Gate
Harlow, Essex

Pearson Education Limited
Edinburgh Gate, Harlow,
Essex CM20 2JE, England
and associated companies throughout the world

ISBN 0582 419913

First published 2000
Printed in Singapore

The publisher's policy is to use paper manufactured from sustainable forests.

Contents

Introduction

Help Yourself to Advanced German Grammar is a German grammar reference and workbook which will enable the student to reach A Level standard. It is designed for both self-study and class-based learning.

It is intended for all other post-GCSE work including EDEXCEL (BTEC), Institute of Linguists, LCCI and RSA qualifications. It is also used as a grammar revision workbook by students in their first year at university.

Presentation of grammar and vocabulary

The book takes a pragmatic approach to grammar, presenting in plain language the grammatical rules and explanations needed to write correct modern German of a discursive and topical nature. Grammatical terms are kept to a minimum and are always explained.

The vocabulary introduced in the exercises is highly relevant to contemporary German studies, with different topics.

Structure of each chapter

The grammar points covered in each chapter follow a carefully worked out progression. Chapters 1–9 reinforce points learned at GCSE, and Chapters 10–21 introduce the more complex points required to raise language to advanced standard.

In Chapters 1–21, the preliminary set of exercises (*Diagnostic*) is designed to identify problem areas and assess the needs of the student. Another set of exercises (*Reinforcement*) follows the grammar explanations: its function is to apply and test newly acquired knowledge. A test (*Revision*) is found at the end of every third chapter.

Key to exercises

The key to all the exercises is at the back of the book, printed on perforated pages which can be removed for class use.

Appendices

The appendices include verb tables, a table of strong and irregular verbs and a German–English vocabulary list.

Advice to students learning on their own

Using the book as a workbook

Before reading the grammar explanations included in each chapter, tackle the *Diagnostic* exercises. These are designed to give you an idea of how much you know about the grammar points presented in the pages that follow.

After correcting your work, read through the grammar explanations carefully. Once you feel that you have understood them, do the *Reinforcement* exercises at the end of the chapter to see how much you have learned. Use the *Revision* tests as an opportunity to revise work done in previous chapters.

Using the book as a grammar reference

To find out about a particular point of grammar, look up the chapter reference in the *Grammar index* which follows the Appendices on page 151. You can then practise your knowledge by doing the relevant exercises.

Advice on tackling the exercises

1. Before starting each exercise, read through it carefully. We suggest that you write out the answers in full and check your work carefully for spelling mistakes, agreement of adjectives, verb endings etc.
2. Then check your answers against the key to the exercise at the back of the book. Learn from any mistakes you make and note down any vocabulary that you did not know.
3. The translation exercises into English and into German will draw your attention to the differences between the two languages. With translating into English, the titles need not be translated, but you are expected to give a confident and fluent version of the original. With translations into German, the important thing is to produce correct German using vocabulary from other exercises or from a good dictionary.

Die Familie

A Here is some of the vocabulary you will meet in the next three chapters. Decide if each word is likely to be masculine, feminine or neuter and insert **der**, **die** or **das** into the gap.

1. _____ Lagerhaus
2. _____ Einkommen
3. _____ Beziehung
4. _____ Möglichkeit
5. _____ Makler
6. _____ Baby

7. _____ Situation
8. _____ Mutter
9. _____ Vertrauen
10. _____ Stelle
11. _____ Geburtstag
12. _____ Kaution

B Michael describes life in a large family. Put the verbs in brackets into the correct form of the present tense.

In den meisten Familien (*geben*) es nur zwei oder drei Kinder aber wir (*sein*) zu acht. Ich (*haben*) drei Schwestern und vier Brüder und ich (*sein*) der Jüngste. Meine Großeltern (*wohnen*) auch bei uns. Mein ältester Bruder (*heißen*) Markus und er (*sein*) 30 Jahre alt. Ich (*kennen*) ihn nicht sehr gut. Er (*arbeiten*) in Kiel und (*kommen*) nicht sehr oft nach Hause. Ich (*finden*) das sehr schade. Meine Schwestern Verena und Andrea (*studieren*) auch in Heidelberg. Andrea (*sein*) fast mit dem Studium fertig und (*suchen*) eine Stelle als Bankkauffrau. Es (*geben*) also fünf Kinder, meine Eltern und meine Großeltern zu Hause. Meine Mutter (*arbeiten*) nicht: sie (*haben*) zu Hause zu viel zu tun. Meine Großeltern (*helfen*) ihr und wir (*machen*) auch Hausarbeit. Ich (*putzen*) die Fenster, Steffen und Andreas (*arbeiten*) im Garten und meine Schwestern (*bügeln*). Ich (*teilen*) mein Schlafzimmer mit Steffen und Andreas. Meistens (*finden*) ich es gut eine große Familie zu haben. Wir (*unternehmen*) viel zusammen und ich (*sein*) nie einsam. Aber ich (*haben*) nie meine Ruhe.

C Put the reflexive verbs in brackets into the present tense.

1. Ich (*sich verstehen*) gut mit meiner Familie.
2. Meine Eltern (*sich streiten*) selten.
3. Meine Eltern sind geschieden und mein Vater wohnt in einer anderen Stadt. Wir (*sich sehen*) am Wochenende.
4. Meine Mutter (*sich interessieren*) sehr für meine Fortschritte in der Schule.

1 Gender

a A NOUN tells you the name of a person, animal or thing. In German, nouns are easy to spot because they all start with a capital letter, wherever they are in a sentence.

German nouns are grouped according to three GENDERS – masculine (m), feminine (f) and neuter (n).

b Some of the masculine and feminine nouns are very obvious because they refer to male or female people and animals.

Frau (f)	*woman*	Tante (f)	*aunt*
Mann (m)	*man*	Hund (m)	*dog*
Sohn (m)	*son*	Hündin (f)	*bitch*

However, there are some exceptions which may seem surprising:

Mädchen (n)	*girl*	Kind (n)	*child*
Fräulein (n)	*young woman*	Person (f)	*person*

Most of the other nouns are not obviously a particular gender and have to be learnt. The gender of a noun may seem random at first, but there are patterns which can often help you recognise what gender it is likely to be.

c Most nouns ending in **-er** are masculine.

Computer (m)	*computer*	Fahrer (m)	*driver*
Bäcker (m)	*baker*	Wecker (m)	*alarm clock*

Some notable exceptions are:

Mutter (f)	*mother*	Butter (f)	*butter*
Tochter (f)	*daughter*	Nummer (f)	*number*
Schwester (f)	*sister*		

d Seasons, months and days are masculine.

Frühling (m)	*spring*	März (m)	*March*
Freitag (m)	*Friday*		

e Most nouns ending in **-e** are feminine.

Karte (f)	*map*	Hitze (f)	*heat*
Jacke (f)	*jacket*	Diskette (f)	*disk*

Some notable exceptions are:

Name (m)	*name*	Käse (m)	*cheese*
Ende (n)	*end*	Junge (m)	*boy*

f Nouns ending in **-heit, -keit, -schaft, -ung** are feminine.

Schönheit (f)	*beauty*	Freundschaft (f)	*friendship*
Wirklichkeit (f)	*reality*	Wohnung (f)	*flat*

g Most nouns ending in **-ion**, **-ik** are feminine.

Nation (f)	*nation*	Politik (f)	*politics*

h Most nouns which refer to the young or which end in **-chen** or **-lein** (a smaller version of something) are neuter.

Baby (n)	*baby*	Mädchen (n)	*girl*
Kind (n)	*child*	Entchen (n)	*duckling*
Lamm (n)	*lamb*	Fräulein (n)	*young woman*

i Many foreign nouns are neuter.

Telefon (n)	*telephone*	Hotel (n)	*hotel*
Büro (n)	*office*		

j Nouns ending in **-um** are neuter.

Zentrum (n)	*centre*	Gymnasium (n)	*grammar school*

k Nouns ending in **-en** (often formed from verbs) are usually neuter. [» 33]

Essen (n)	*eating*	Fahren (n)	*driving*

l Compound nouns take the gender of the last part of the word.

Bahn (f) + Hof (m) = Bahnhof (m)	*station*
Brief (m) + Freundin (f) = Brieffreundin (f)	*(female) penfriend*

2 Verbs

a VERBS describe the action, state of being or situation in a sentence or clause. The most important factors which cause them to change are:

1. the TENSE (just another word for 'time' – past, present or future)
2. the PERSON of the subject (I, we = 1st person; you = 2nd person; he, she, it, they = 3rd person) [» 36c]
3. the NUMBER of the subject (singular or plural)

The changing of verbs is referred to as CONJUGATING.

b German verbs are often referred to as being WEAK or STRONG. Most of the time, weak verbs follow the normal, regular pattern and strong verbs are irregular in some way (although these irregularities usually have their own pattern). This is most apparent in the IMPERFECT and PERFECT tenses. [» 35; » 14]

3 Present tense

a   The PRESENT tense describes what <u>is happening</u> now or what <u>happens</u> regularly.

b   To form the present tense of weak verbs, remove the **-en** (or **-n**) from the infinitive (this gives you the STEM). Then add the present tense endings. [» 32]

	SINGULAR	PLURAL
1ST PERSON	-e	-en
2ND PERSON (FAMILIAR)	-st	-t
(FORMAL)	-en	-en
3RD PERSON	-t	-en

wohnen	to live
ich wohne	I live / am living
du wohnst	you (fam.) live / are living
er / sie / es wohnt	he / she / it lives / is living
wir wohnen	we live / are living
ihr wohnt	you (fam. pl.) live / are living
Sie wohnen	you (form.) live / are living
sie wohnen	they live / are living

c   Verbs which have **-d** or **-t** at the end of the stem are slightly changed in some forms so they can be pronounced more easily.

arbeiten (du arbeitest, er / sie / es arbeitet, ihr arbeitet)	to work
finden (du findest, er / sie / es findet, ihr findet)	to find

And those which end in **-eln** in the infinitive miss out the **e** in the first person singular.

sammeln (ich sam**m**le)	to collect

d   The present tense of strong verbs is formed in exactly the same way as for weak verbs. The only difference occurs in the 2nd and 3rd persons singular (**du** and **er / sie / es** forms) where the stem changes slightly. Even then there are some patterns to help you.

e   Here are some of the common ways in which the stem may change.

-e- *to* -ie-	sehen: du siehst, er / sie / es sieht	*to see*
-e- *to* -i-	nehmen: du nimmst, er / sie / es nimmt	*to take*
-a- *to* -ä-	fahren: du fährst, er / sie / es fährt	*to go*
-au- *to* -äu-	laufen: du läufst, er / sie / es läuft	*to run*

See the verb table (Appendix 2) for further examples. The changes are easy to spot because the 3rd person singular is always given, and the 2nd person follows the same pattern.

f   The verb **sein** (*to be*) is one of the most widely used verbs – and one of the most irregular. It doesn't follow any of the patterns above so make sure you know it thoroughly. Remember, it is also used to form other tenses. [» 14; » 47]

sein	to be
ich bin	*I am*
du bist	*you are*
er / sie / es ist	*he / she / it is*
wir sind	*we are*
ihr seid	*you are*
Sie sind	*you are*
sie sind	*they are*

g   In English, *to be* is used to express hunger and thirst, but in German you have to say *I have hunger* etc.

I'm (really) hungry. I'm (not) thirsty.
Ich habe (großen) Hunger. Ich habe (keinen) Durst.

Here is the verb **haben** in full:

haben	to have
ich habe	*I have*
du hast	*you have*
er / sie / es hat	*he / she / it has*
wir haben	*we have*
ihr habt	*you have*
Sie haben	*you have*
sie haben	*they have*

4 Modal verbs (present tense)

a   There are six verbs which are known as MODAL verbs: **wollen, müssen, können, dürfen, sollen, mögen**. They are irregular, but only in the singular, and the first and third persons are the same.

wollen *to want to*	müssen *to have to, must*	können *to be able to*
ich will	ich muss	ich kann
du willst	du musst	du kannst
er / sie / es will	er / sie / es muss	er / sie / es kann
wir wollen	wir müssen	wir können
ihr wollt	ihr müsst	ihr könnt
Sie wollen	Sie müssen	Sie können
sie wollen	sie müssen	sie können

dürfen *to be allowed to*	sollen *to be supposed to*	mögen *to like (to)*
ich darf	ich soll	ich mag
du darfst	du sollst	du magst
er / sie / es darf	er / sie / es soll	er / sie / es mag
wir dürfen	wir sollen	wir mögen
ihr dürft	ihr sollt	ihr mögt
Sie dürfen	Sie sollen	Sie mögen
sie dürfen	sie sollen	sie mögen

b   Modal verbs normally need another verb to complete their meaning. This second verb is always in the infinitive and it usually goes at the end of the clause. [» 32; » 18, 19]

> Die Kinder **können** nicht **schlafen**.   *The children **cannot sleep**.*
> Wir **müssen** bis 11 Uhr zu Hause **sein**.   *We **must be** home by 11.00.*
> **Sollst** du das **tun**?   *Are you **supposed to do** that?*

c   Sometimes you can miss out the infinitive, especially when the context makes it clear what this would be.

> Sie kann sehr gut Deutsch.   *She can (speak) German very well.*
> Ich muss mal.   *I have to (go to the toilet).*
> Darfst du das?   *Are you allowed (to do) that?*

5 Present tense of reflexive verbs

a REFLEXIVE verbs usually involve actions you do to yourself. In English we may not use a REFLEXIVE PRONOUN with these verbs, or we may express it differently. In German you must use the correct reflexive pronoun.

> Ich wasche **mich**. *I wash myself. (I get washed.)*
> Ich dusche **mich**. *I shower myself. (I have a shower.)*

b Reflexive verbs form the present tense in exactly the same way as other verbs – some of them are weak, some are strong. They are all used with the appropriate reflexive pronouns. [« 3; » 36e; » 57]

sich waschen		*to wash oneself*
ich wasche	mich	*I wash myself*
du wäschst	dich	*you wash yourself*
er / sie / es wäscht	sich	*he / she / it washes himself / herself / itself*
wir waschen	uns	*we wash ourselves*
ihr wascht	euch	*you wash yourselves*
Sie waschen	sich	*you wash yourselves*
sie waschen	sich	*they wash themselves*

A Daniel and his parents are being interviewed about their relationship. Write the verbs in brackets in the present tense.

INTERVIEWER (sich verstehen) *ihr gut?*

DANIEL Unter der Woche (*verbringen*) wir nicht viel Zeit zusammen. Meine Eltern (*arbeiten*) und ich (*sein*) auch sehr beschäftigt.

INTERVIEWER *Was* (meinen) *Sie, Herr Schwarz?*

VATER Das stimmt, aber wir (*machen*) am Wochenende viel zusammen. Daniel und ich (*gehen*) oft zusammen zu einem Fußballspiel, zum Beispiel. Wir (*sich amüsieren*) immer gut.

INTERVIEWER *Daniel,* (machen) *du viel mit deiner Mutter?*

DANIEL Eigentlich nicht. Meine Mutter (*haben*) andere Interessen. Sie (*sich interessieren*) für klassische Musik und (*gehen*) gern in die Oper. Ich (*finden*) das total langweilig. Aber sie (*helfen*) mir oft mit meinen Hausaufgaben und wir (*sich streiten*) selten.

INTERVIEWER *Und was* (denken) *Sie, Frau Schwarz?*

MUTTER Daniel und ich (*haben*) nicht viel gemeinsam und daher (*unternehmen*) wir nicht viel zusammen. Ich (*finden*) das auch ziemlich normal in seinem Alter. Aber Daniel (*sprechen*) oft mit mir über Probleme und er (*erzählen*) ziemlich viel über die Schule und seine Freunde. Sein Vater und ich (*unterstützen*) ihn so viel wie möglich. Wir (*sein*) immer für ihn da und er (*wissen*) das auch.

B These teenagers have written to a problem page about difficulties with their parents. Put the modal verbs in brackets in the present tense.

1. Liebe Clarissa – Ich bin jetzt 18, aber ich (*dürfen*) nicht bei mir im Haus rauchen. Ich finde das unfair. Was (*sollen*) ich machen? – *Dirk, Hamburg*
   Lieber Dirk – Du (*müssen*) die Wünsche deiner Eltern respektieren. Du (*können*) doch im Garten rauchen.

2. Liebe Clarissa – Wir (*müssen*) zu Hause sehr viel helfen, aber unser Bruder (*wollen*) gar nichts machen. Er (*sollen*) auch arbeiten. Was (*können*) wir machen? – *Birgit und Maria, Stuttgart*
   Liebe Birgit und Maria – Ihr (*sollen*) mit euren Eltern über das Problem reden. Hausarbeit ist nicht nur für Mädchen!

3. Liebe Clarissa – Meine Freundinnen (*dürfen*) alle am Wochenende bis Mitternacht wegbleiben. Ich (*müssen*) um 10 Uhr zu Hause sein. Ich (*wollen*) auch später nach Hause kommen. Wie (*können*) ich meine Eltern überzeugen? – *Eva, Rostock*
   Liebe Eva – Deine Eltern (*wollen*) dich bestimmt nur schützen. Du (*sollen*) ihnen die Situation erklären. Sie waren auch mal jung!

Das Leben zu Hause

A The Jahn family is moving house. New tenants are coming to look at the family's flat and it wants to make a good impression. Frau Jahn lists the things which need putting right. Fill in the gap in each sentence with the correct form of the definite article in the nominative case (**der / die / das / die**).

1. _____ Teppich ist schmutzig.
2. _____ Wohnzimmer ist unordentlich.
3. _____ Lampe ist kaputt.
4. _____ Fenster sind verschmiert.

B Frau Jahn then allocates jobs to members of the family. Fill in the correct form of the definite article in the accusative case (**den / die / das / die**).

1. Arndt muss _____ Teppich saubermachen.
2. Boris muss _____ Wohnzimmer aufräumen.
3. Michael muss _____ Lampe reparieren.
4. Herr Jahn muss _____ Fenster putzen.

C Herr Jahn writes a note to the estate agents who are dealing with the move, regarding the contract for the new house. Fill in the gaps with the correct form of the definite article in the genitive case (**des / der / des / der**). Remember to add an **-s** to the end of the noun where necessary.

Wir ziehen am Anfang _____ Monat ___ um. Ich komme am Ende _____ Woche vorbei und unterschreibe den Mietvertrag. Ich brauche bis dann die Kontonummer _____ Vermieter (pl.) und die Telefonnummer _____ Makler ___ .

D Herr Jahn then makes a list of things he must do before the move. Fill in the gaps in the sentences with the correct form of the definite article in the dative case (**dem / der / dem / den**). Remember to add an **-n** for dative plural.

1. Ich muss _____ Betrieb unsere neue Adresse geben.
2. Ich muss _____ Vermieter _____ (pl.) die Kaution schicken.
3. Ich muss _____ Wohlfahrtsorganisation unsere alten Möbel schenken.
4. Ich muss _____ Makler einen Scheck schreiben.

6 Plurals

a Most English nouns just add *-s* to make them PLURAL, but German nouns form their plurals in a variety of ways. There are always exceptions to rules, but here are a few patterns which should help make learning the plurals of German nouns a little easier.

b Most feminine nouns add **-n** or **-en**.

Lampe	Lampe**n**	*lamps*
Schwester	Schwester**n**	*sisters*
Uhr	Uhr**en**	*clocks*

c Many foreign words add **-s**.

Hotel	Hotel**s**	*hotels*
Büro	Büro**s**	*offices*
Kino	Kino**s**	*cinemas*

d Most masculine nouns add **-e** and put an **Umlaut** on the main vowel.

Stuhl	St**ü**hl**e**	*chairs*
Vorhang	Vorh**ä**ng**e**	*curtains*
Fluss	Fl**ü**ss**e**	*rivers*

e Most neuter nouns add **-er** and put an **Umlaut** on the main vowel.

Schloss	Schl**ö**ss**er**	*castles*
Buch	B**ü**ch**er**	*books*
Loch	L**ö**ch**er**	*holes*

f Most masculine and neuter nouns ending in **-el**, **-en**, **-er**, **-chen**, **-lein** don't change.

Onkel	Onkel	*uncles*
Schatten	Schatten	*shadows*
Lehrer	Lehrer	*teachers*
Mädchen	Mädchen	*girls*
Fräulein	Fräulein	*young ladies*

g Some masculine nouns ending in **-el**, **-en**, **-er** just add an **Umlaut**.

Vater	V**ä**ter	*fathers*
Apfel	**Ä**pfel	*apples*
Garten	G**ä**rten	*gardens*

h Some masculine and neuter nouns add **-e**.

Tag	Tage	*days*
Arm	Arme	*arms*
Bein	Beine	*legs*
Spiel	Spiele	*games*

i A few masculine nouns (known as 'weak' nouns) add **-n** or **-en**. (Note that they also add this ending in all but the nominative singular.) [» 28]

Herr	Herren	*gentlemen*
Junge	Jungen	*boys*
Student	Studenten	*students*
Polizist	Polizisten	*policemen*

j In the DATIVE PLURAL, all nouns add an extra **-n** or **-en** to the plural form (unless they already end in **-n** or **-s**). [» 9e, 11e]

Haus	Häuser	den Häusern	*to the houses*
Lehrerin	Lehrerinnen	den Lehrerinnen	*to the teachers*
Büro	Büros	den Büros	*to the offices*

7 Present tense of separable verbs

a Many German verbs are made up of two SEPARABLE parts. In the infinitive they are normally given as one verb.

aufstehen	*to get up*
zumachen	*to close*

b The present tense is formed in exactly the same way as other weak and strong verbs. When these verbs are conjugated, the initial part (the SEPARABLE PREFIX) goes to the end of the clause. [« 3; » 19b]

Ich **stehe** um 7 Uhr **auf**. *I get up at 7 o'clock.*
Sie **macht** die Tür **zu**. *She is closing the door.*

8 Cases

a   Nouns and their articles vary according to their place in a sentence. This is shown in German by using a different CASE. German has four cases: NOMINATIVE, ACCUSATIVE, GENITIVE and DATIVE.

b   **Nominative**

• used for the SUBJECT of the sentence (the person or thing doing the action of the verb):

> **Der Bruder** arbeitet bei Aldi.　　*The brother works for Aldi.*

• used after the verbs **sein** (*to be*) and **werden** (*to become*):

> Ben ist **der Hund.**　　*Ben is the dog.*
> Sie ist **die Präsidentin** geworden.　　*She has become the president.*

c   **Accusative**

• used for the DIRECT OBJECT of a verb (the person or thing having the action of the verb done to it):

> Ich höre **den Hund.**　　*I can hear the dog.*

• used after certain prepositions. [» 40; » 42]

d   **Genitive**

• used to indicate possession, *of*: [» 10]

> Das ist die Rolle **der Mutter.**　　*That's the role of the mother.*

• used after certain prepositions. [» 43]

e   **Dative**

• used for the INDIRECT OBJECT of a verb, *to* or *for*:

> Er schenkte **dem Kind** eine CD.　　*He gave (to) the child a CD.*

• used after certain prepositions. [» 41; » 42]

• used after certain verbs where you might normally expect a direct object. [» 56]

9 Definite article

a   In English, there is only one DEFINITE ARTICLE: *the*. In German there are
many, depending on the noun it belongs with (gender, singular or plural,
place in the sentence). The fact that the articles are different helps to show
clearly the meaning of each noun in a sentence. [« 1; « 6; « 8]

b   If the definite article is in the nominative case [« 8], it changes as follows.

	MASCULINE	FEMININE	NEUTER	PLURAL (all genders)
the	der Mann	die Frau	das Kind	die Kinder

Der Mann und die Frau sind im Wohnzimmer. Die Kinder sehen fern.
The man and the woman are in the living room. The children are watching
TV.

c   If the definite article is in the accusative case [« 8], the only change is in the
masculine.

	MASCULINE	FEMININE	NEUTER	PLURAL (all genders)
the	**den** Mann	die Frau	das Kind	die Kinder

Er sieht **den** Mann und das Kind in der Schule.
He sees the man and the child at school.

d   If the definite article is in the genitive case [« 8], it changes as follows.

	MASCULINE	FEMININE	NEUTER	PLURAL (all genders)
the	**des** Mannes	**der** Frau	**des** Kindes	**der** Kinder

Note: most masculine and neuter nouns add **-s** or **-es** in the genitive
singular.

Ich habe das Buch **des** Mannes.
I've got the man's book (the book of the man).
Die Rechte **der** Kinder sind sehr wichtig.
The rights of (the) children are very important.

e   If the definite article is in the dative case [« 8], it changes as follows.

	MASCULINE	FEMININE	NEUTER	PLURAL (all genders)
the	**dem** Mann	**der** Frau	**dem** Kind	**den** Kindern

Note: most nouns add an extra **-n** or **-en** in the dative plural. [« 6]

Zum Geburtstag schenken wir **den** Kindern Geld.
We give (to) the children money for their birthday.
Sie zeigten **der** Frau die besten Waren im Laden.
They showed (to) the woman the best goods in the shop.

f   Here are some common verbs which can have an indirect object even though in English the word *to* may sometimes be omitted:

geben / schenken	*to give (to)*	schicken	*to send (to)*
schreiben	*to write (to)*	erzählen	*to tell (to)*
sagen	*to say (to)*	widmen	*to devote (to)*
entsprechen	*to correspond (to)*	zeigen	*to show (to)*

g   Here is a summary of the changes in the definite article.

CASE	MASCULINE	FEMININE	NEUTER	PLURAL (all genders)
NOMINATIVE	der	die	das	die
ACCUSATIVE	den	die	das	die
GENITIVE	des	der	des	der
DATIVE	dem	der	dem	den

Examples:

NOMINATIVE   **Der Mann** küsst die Frau.   *The man kisses the woman.*

ACCUSATIVE   Die Frau küsst **den Mann**.   *The woman kisses **the man**.*

GENITIVE   Der Freund **des Mädchens**.
*The **girl's** friend. (The friend **of the girl**.)*

DATIVE   Der Mann gibt **dem Kind** den Apfel.
*The man gives the apple **to the child**.* [» 38]

10 More about the genitive

a   In English, the *apostrophe s* is used to show possession. An apostrophe is not usually used in German. Instead, you have to turn the phrase round.

der Freund des Mädchens   *the girl's friend (the friend of the girl)*

b   With people's names you don't have to turn the phrase round, but you still don't normally use an apostrophe.

Peters Bruder   *Peter's brother*

You can, however use an apostrophe in some cases, for example to avoid confusion between the names Andrea and Andreas:

Andrea's Bruder   *Andrea's brother*
Andreas' Bruder   *Andreas' brother*

c   In the genitive singular, most masculine and neuter nouns add an extra **-s** or **-es**. The **e** is there to make the word easier to pronounce. Look in the dictionary if you are in any doubt.

am Ende **des** Gartens   *at the end of the garden*
in der Mitte **des** Hauses   *in the middle of the house*

A Many Germans live in rented flats or houses. Read the list of rules governing the block of flats the Jahn family is moving into and fill in the definite article in the appropriate case, as well as genitive or dative endings where needed.

1. Sie müssen _____ Miete am ersten Tag _____ Monat___ bezahlen.
2. Sie müssen _____ Geld _____ Makler direkt überweisen.
3. Sie müssen alle 6 Monate _____ Mietvertrag erneuern.
4. Sie müssen _____ Vermieter___ (pl.) 28 Tage im Voraus Bescheid geben, wenn Sie ausziehen.
5. _____ Kaution beträgt 450 Euro.
6. Alle Bewohner müssen _____ Kaution bezahlen.
7. _____ Arbeitszeiten _____ Hausmeister___ sind Montag bis Freitag von 8 bis 16 Uhr.
8. Am Wochenende sollen Sie _____ Hausmeister nur im Notfall stören.
9. Sie müssen alle Schäden _____ Hausmeister sofort melden.
10. _____ Hausmeister erledigt _____ folgenden Aufgaben: er teilt _____ Post aus, putzt _____ Flur und macht _____ Treppe sauber.
11. Sie müssen _____ Wohnblock sauberhalten.
12. _____ Bewohner sollen _____ Nachtruhe _____ Nachbarn respektieren.
13. _____ Pflanzen gehören _____ Garten, nicht _____ Bewohner___ (pl.). Bitte nicht pflücken.

B Herr Jahn then discusses the move with the family. Put the separable verbs in brackets into the present tense.

HERR JAHN Also, wir (*umziehen*) am 28. April. Arndt und Boris, ihr (*aufräumen*) die Garage. Ingrid, du (*saubermachen*) die Wohnung. Wir (*aufstehen*) am 28. früh – wir haben viel zu tun. Wir (*einpacken*) alle unsere Möbel in den Umzugswagen und wir (*abfahren*) um 9 Uhr. Wir (*ankommen*) dann gegen 10 Uhr in der neuen Wohnung. Boris (*ausräumen*) den Umzugswagen und Arndt (*anstreichen*) die Wände im Wohnzimmer. Ingrid (*einräumen*) die Küche und (*vorbereiten*) das Mittagessen. Alles klar?

STEFFEN *Das ist viel Arbeit. Was machst du, Vati?*

HERR JAHN Ich habe sehr verantwortungsvolle Aufgaben. Ich (*abbestellen*) die Zeitung und ich (*abholen*) den Schlüssel.

C By referring to the section on plurals [« 6], work out the likely plural forms of the following nouns.

1. die Lampe
2. das Haus
3. die Wohnung
4. der Monat
5. der Vermieter
6. der Teppich
7. der Makler
8. die Telefonnummer
9. der Scheck
10. die Woche

Freundschaft und Liebe

Read what the following people had to say about important aspects of friendship and relationships. Add the appropriate ending on to the indefinite article (**ein** etc.) or possessive pronoun (**mein** etc.).

A Nominative

1. Ein____ guter Freund soll zu mir stehen.
2. Unser____ Verhältnis beruht sich auf gegenseitigem Vertrauen.
3. Mein____ Beziehung ist das Wichtigste in meinem Leben.
4. Mein____ Freundinnen unterstützen mich immer, wenn ich Probleme habe.

B Accusative

5. Man soll ein____ Freund nie im Stich lassen.
6. Ich möchte unbedingt heiraten und ein____ Kind haben.
7. Du sollst nie sagen: „Ich habe kein____ Zeit für dich im Moment."
8. Du sollst immer für dein____ Freunde da sein.

C Genitive

9. Man muss die Wünsche sein____ Partner____ respektieren.
10. Ich versuche die Probleme mein____ Freundin aus dem Standpunkt ein____ Mädchen____ zu sehen, aber das kann schwierig sein.
11. Ich kritisiere nie die Freunde mein____ Freundinnen – das kann nur zu Streit führen.

D Dative

12. Ich finde es schwierig offen zu sein. Ich kann kein____ Freund alles erzählen.
13. Ich gebe mein____ Freunde____ oft Ratschläge, wenn sie Probleme haben.
14. Ich schenke mein____ Freundin immer etwas Schönes zum Geburtstag – Mädchen stehen auf so was.
15. Wir widmen unser____ Verhältnis viel Zeit.

E

Write out these sentences using the correct German word for the possessive adjective in brackets. The second sentence shows you the case ending.

e.g. Eva ist (*my*) beste Freundin aber sie mag (*my*) Freund nicht.
→ Eva ist ihre beste Freundin aber sie mag ihren Freund nicht.

1. Thomas, erzählen Sie (*your*) Freundin alles?
   Ja, ich erzähle meiner Freundin alles.
2. Claudia, respektiert (*your, fam.*) Freund (*your*) Wünsche?
   Ja, mein Freund respektiert meine Wünsche.
3. Claudia und Thomas verbringen (*their*) Freizeit immer zusammen.
   Wir verbringen unsere Freizeit immer zusammen.

11 Indefinite article

a   In English, the INDEFINITE ARTICLES are *a* or *an* in the singular and *some* or *any* in the plural. In German you use a form of **ein** in the singular. In the plural you normally don't need to put anything in front of the noun, but sometimes you can use **einige** to mean *some*. [» 64b]

b   If the indefinite article is in the nominative case [« 8], it follows this pattern.

	MASCULINE	FEMININE	NEUTER	PLURAL (all genders)
a, an	ein Mann	eine Frau	ein Kind	Kinder

Eine Frau und **ein** Kind kamen die Straße entlang.
A woman and a child were coming along the street.

c   If the indefinite article is in the accusative case, the only change is in the masculine.

	MASCULINE	FEMININE	NEUTER	PLURAL (all genders)
a, an	ein**en** Mann	eine Frau	ein Kind	Kinder

Ich habe ein**en** Mann und drei Kinder.
I have a husband and three children.

d   If the indefinite article is in the genitive case, it changes as follows.

	MASCULINE	FEMININE	NEUTER	PLURAL (all genders)
a, an	ein**es** Mannes	ein**er** Frau	ein**es** Kindes	Kinder

Note: most masculine and neuter nouns add **-s** or **-es** in the genitive singular.

Er hat das Weinen ein**es** Kind**es** gehört.   *He heard the crying of a child.*

e   If the indefinite article is in the dative case [« 8], it changes as follows.

	MASCULINE	FEMININE	NEUTER	PLURAL (all genders)
a, an	ein**em** Mann	ein**er** Frau	ein**em** Kind	Kinder**n**

Note: most nouns add an extra **-n** or **-en** in the dative plural. [« 6]

Sie schrieben ein**em** Mann im Rathaus einen Brief.
They wrote a letter to a man in the town hall.

f Here is a summary of the changes in the indefinite article. Note how closely these endings match the definite article endings – there is no need to learn them all twice! [« 9]

CASE	MASCULINE	FEMININE	NEUTER	PLURAL (all genders)
NOMINATIVE	ein	eine	ein	–
ACCUSATIVE	einen	eine	ein	–
GENITIVE	eines	einer	eines	–
DATIVE	einem	einer	einem	–

NOMINATIVE	**Ein Mann** küsst eine Frau.	*A man kisses a woman.*
ACCUSATIVE	Eine Frau küsst **einen Mann**.	*A woman kisses **a man**.*
GENITIVE	Ein Freund **eines Mädchens**.	
	A girl's friend. (friend of a girl.)	
DATIVE	Ein Mann gibt **einem Kind** einen Apfel.	
	*A man gives an apple **to a child**.* [» 38]	

12 Negative article

a In English there is no single word for the NEGATIVE ARTICLE. It is translated as *not a / an*, *no* or *not any*. In German, it is just like the indefinite article with a **k** on the beginning, and its plural endings are the same as those of the definite article. So there is nothing new to learn here!

CASE	MASCULINE	FEMININE	NEUTER	PLURAL (all genders)
NOMINATIVE	kein	keine	kein	keine
ACCUSATIVE	keinen	keine	kein	keine
GENITIVE	keines	keiner	keines	keiner
DATIVE	keinem	keiner	keinem	keinen

NOMINATIVE	Das ist **kein Hund**.	*That's **not a dog**.*
ACCUSATIVE	Ich habe **keine Brüder**.	*I have **no brothers**.*
GENITIVE	Der Wunsch **keines Mädchens**.	
	*The wish **of no girl**. (**No girl's** wish.)*	
DATIVE	Er gibt **keinem Kind** das Geld.	
	*He **won't** give the money **to a child**.*	

b Because the English for the negative article is sometimes *not a* it is tempting to translate this as **nicht ein**. Don't make that mistake – just use the correct form of **kein**.

Er ist **kein** Freund von mir.	*He is not a friend of mine.*
Das ist **keine** gute Idee!	*That's not a good idea!*

13 Possessive adjectives

a   POSSESSIVE ADJECTIVES show belonging – they are words like *my, your* etc.
    Although they are called adjectives they really work like articles. They have
    exactly the same endings as the negative article and they agree in the same
    way with the noun that follows. [« 12]
    Here are the different forms of *my*.

CASE	MASCULINE	FEMININE	NEUTER	PLURAL (all genders)
NOMINATIVE	mein	meine	mein	meine
ACCUSATIVE	meinen	meine	mein	meine
GENITIVE	meines	meiner	meines	meiner
DATIVE	meinem	meiner	meinem	meinen

Wo ist **mein** Geld? Es ist in **meiner** Tasche mit **meinen** Schlüsseln.
Where's my money? It's in my bag with my keys.

b   The other possessive adjectives follow the same pattern of endings as **mein**.

mein	*my*
dein	*your (fam., sing.)*
sein	*his, its*
ihr	*her, its*
unser	*our*
euer	*your (fam., pl.)*
Ihr	*your (form., sing. and pl.)*
ihr	*their*

Ihr Vater hat ein gutes Verhältnis zu **seinen** Enkelkindern.
Her father has a good relationship with his grandchildren.
Kann ich bitte mit **Ihrem** Chef sprechen?
Can I speak to your boss, please?

c   Watch out for **unser** and **euer** – don't confuse their endings with the **der**
    group just because they end in **-er**. Here is **unser** in full.

CASE	MASCULINE	FEMININE	NEUTER	PLURAL (all genders)
NOMINATIVE	unser	unsere	unser	unsere
ACCUSATIVE	unseren	unsere	unser	unsere
GENITIVE	unseres	unserer	unseres	unserer
DATIVE	unserem	unserer	unserem	unseren

d An extra point to watch is that the second **e** of **euer** is usually missed out when an ending is added. Here it is in full.

CASE	MASCULINE	FEMININE	NEUTER	PLURAL (all genders)
NOMINATIVE	euer	eure	euer	eure
ACCUSATIVE	euren	eure	euer	eure
GENITIVE	eures	eurer	eures	eurer
DATIVE	eurem	eurer	eurem	euren

e If you use any adjectives with the possessives, their endings are the same as for those with the indefinite and negative articles. [» 25b]

f Remember that **sein** refers to all masculine and neuter nouns and is only translated as *his* when it refers to a person. Otherwise it is usually translated as *its*. Similarly **ihr** refers to all feminine nouns and means *her* or *its*.

Dieser Konflikt hat **seinen** Ursprung im Familienleben.
This conflict has its origin in family life.
Zusammenarbeit hat **ihre** Vorteile.
Co-operation has its advantages.

A Gabi and Wolfgang are having a marital disagreement. Read the dialogue and insert the correct endings into the spaces.

GABI   Wolfgang, können wir morgen mein____ Mutter besuchen?

WOLFGANG   *Nein, ich sehe mein____ Freunde morgen.*

GABI   Du planst immer dein____ Wochenende ohne mich. Du ziehst nie mein____ Wünsche in Betracht.

WOLFGANG   *Aber wir wollen ein____ Fußballspiel sehen und wir haben schon unser____ Eintrittskarten. Außerdem möchte ich am Wochenende ein____ bisschen Spaß haben.*

GABI   Ihr Männer! Ihr denkt immer nur an euer____ Vergnügen. Und ich mag eur____ Vorstellung von Spaß gar nicht. Ihr geht nach dem Spiel bestimmt in die Kneipe und ich muss mein____ Abend zu Hause verbringen.

WOLFGANG   *Du kannst auch dein____ Freundinnen sehen.*

GABI   Und unser____ Baby bleibt allein zu Hause? Wir haben doch kein____ Geld für ein____ Babysitter.

WOLFGANG   *Dann such dir doch ein____ Stelle.*

GABI   Ich habe kein____ Zeit. Und ein____ Kind braucht sein____ Mutter zu Hause.

WOLFGANG   *Das ist dein____ Sache. Aber unser____ Einkommen ist dann geringer. Als Frau ist es sowieso dein____ Rolle zu Hause zu bleiben.*

GABI   Mein____ Rolle! Ich bin doch kein____ Sklavin. Das hier ist auch dein____ Haus und dein____ Kind.

WOLFGANG   *Es gibt nur ein____ Lösung. Du suchst ein____ Arbeitsplatz und dein____ Mutter macht hier Babysitting.*

GABI   Gut. Wir fragen mein____ Mutter morgen, wenn wir sie besuchen!

B The following people have been asked for their views on marriage and relationships. Insert the correct German form of each of the words in brackets.

SABINE   Ich möchte vielleicht heiraten, aber ich habe (*my*) Traummann noch nicht kennen gelernt.

INTERVIEWER   *Können Sie (your) Traummann beschreiben?*

SABINE   (*My*) Ansprüche sind ziemlich hoch. (*His*) Ausbildung ist mir wichtig – ich möchte (*not a*) Mann von der Müllabfuhr oder so jemanden heiraten. (*My*) Beruf ist mir auch sehr wichtig, ich möchte also zuerst (*no*) Kinder bekommen. Ich bin sehr selbstständig und (*my*) Traumpartner muss (*my*) Karriere sowie (*my*) Privatsphäre respektieren. Ich möchte mich nicht ganz (*a*) Familie oder (*a*) Beziehung widmen.

INTERVIEWER   *Markus, hast du (your) Traumfrau schon gefunden?*

MARKUS   Ich glaube, es gibt so was wie (*a*) Traumfrau nicht, aber ich möchte schon (*a*) Beziehung.

INTERVIEWER   *Was ist wichtig für den Erfolg (of a) Beziehung?*

MARKUS   Also, (*our*) Interessen sollten ähnlich sein. Und die Erwartungen (*of my*) Partnerin sollten auch (*my*) Erwartungen entsprechen.

A Anne is on holiday with her family. Read this letter she has written to her friend Daniela and put the verbs in brackets in the present tense.

Liebe Daniela,
jedes Jahr (*müssen*) ich mit meiner Familie in Urlaub fahren und jedes Jahr (*wollen*) ich immer sofort nach Hause. Die Probleme (*beginnen*) schon bei der Abfahrt. Mein Bruder (*bringen*) immer zu viel Gepäck und es (*geben*) nie genug Platz im Auto. Mein Vater (*vergessen*) immer die Landkarte und (*sich verfahren*). Meine Mutter (*sich ärgern*) und (*wollen*) selbst fahren. Mein Vater (*erlauben*) das nicht und sie (*sich streiten*). Der Urlaub (*sein*) also von Anfang an nur stressig. Dieses Jahr (*mieten*) wir ein Ferienhäuschen auf Sylt. Sylt (*sein*) zwar sehr schön: wir (*machen*) Radtouren und (*sich sonnen*) am Strand, aber das Wetter (*sein*) leider nicht immer sehr gut. Heute (*regnen*) es schon wieder und wir (*können*) nicht zum Strand gehen. Wir (*bleiben*) also zu Hause und (*sich langweilen*). Mein Vater (*lesen*) die Zeitung und mein Bruder (*fernsehen*). Meine Mutter (*stricken*) und ich (*schreiben*) Briefe an meine Freunde. Wir (*bleiben*) glücklicherweise nur noch drei Tage. Ich (*sich amüsieren*) viel besser zu Hause.
Bis bald
deine Anne

B Martina is a single mother living in a suburb of Berlin. Read her account of her life with her family and fill in the correct present tense form of the verbs in brackets. The passage contains a number of separable verbs which you need to spot yourself.

Die Zahl von allein stehenden Müttern (*zunehmen*) ständig aber wir (*bekommen*) wenig Hilfe und das Leben (*sein*) sehr schwierig. Ich (*haben*) zwei Kinder und wir (*haben*) eine kleine Wohnung in einem Vorort von Berlin. Wir (*haben*) nicht viel Platz, aber mein Einkommen (*ausreichen*) für eine größere Wohnung nicht. Unser Tag (*anfangen*) sehr früh. Ich (*aufstehen*) normalerweise gegen 6 Uhr. Die Kinder und ich (*vorbereiten*) zusammen das Frühstück in der Küche. Ich (*verlassen*) das Haus gegen 7 Uhr. Ich (*fahren*) mit der S-Bahn zur Arbeit und die Kinder (*gehen*) in die Schule. Meine Nachbarin (*bringen*) ihre Kinder mit dem Auto in die Schule und sie (*mitnehmen*) normalerweise meine Kinder. Ich (*arbeiten*) in einer Fabrik. Die Fabrik (*herstellen*) Elektrogeräte. Ich (*arbeiten*) im Lagerhaus. Ich (*auffüllen*) die Regale, (*aufschreiben*) Bestellungen und (*ausfüllen*) die Bestellungsformulare. Die Arbeit (*sein*) sehr langweilig und ich möchte lieber etwas Anderes machen. Aber ich (*haben*) eine schlechte Ausbildung und das (*einschränken*) meine Möglichkeiten. Die Arbeit (*enden*) um 17 Uhr. Ich (*zurückkehren*) nach Hause und (*abholen*) meine Kinder. Ich (*vorbereiten*) das Abendessen, (*bringen*) die Kinder ins Bett und (*machen*) die Hausarbeit. Ich (*ausgehen*) selten. Ich (*anrufen*) oft meine Mutter und ich (*einladen*) manchmal Freunde, aber ich (*sein*) meistens zu müde. Ich (*einschlafen*) oft schon gegen 9 Uhr.

C Put the underlined nouns into the plural form and alter other parts of the sentence (verbs, articles, possessive adjectives) as necessary.

e.g. <u>Mein Sohn</u> wohnt in Hamburg.
　　→ Meine Söhne wohnen in Hamburg.

1. <u>Mein Baby</u> verändert sich ständig.
2. <u>Der Freund</u> <u>meiner Tochter</u> ist bei uns zu Hause immer herzlich willkommen.
3. <u>Ein Kind</u> soll schweigen, wenn <u>ein Erwachsener</u> spricht.
4. <u>Seine Schwester</u> hat immer sehr viel Zeit für ihn.
5. <u>Das Fachwerkhaus</u> in der Altstadt kostet sehr viel.
6. <u>Meine Tante</u> schenkt <u>meinem Kind</u> immer Bücher zum Geburtstag.

D Anna is trying to arrange an evening out with Dirk. Translate Dirk's part of the conversation into German. You will need to use a form of the word **kein** in every sentence.

ANNA　Möchtest du morgen ins Konzert in der Stadthalle gehen?
DIRK　*We can't – there are no more tickets.*
ANNA　Wie schade. Dann können wir ins Kino gehen.
DIRK　*The cinema ends very late. There are no buses after 11 o'clock.*
ANNA　Wir können mit dem Auto fahren.
DIRK　*I don't have a car.*
ANNA　Dann fahren wir mit dem Rad.
DIRK　*It's too dangerous. There's no cycle path.*
ANNA　Dann gehen wir am Mittwoch aus – meine Mutter kann uns fahren.
DIRK　*No, I have no time. I have to do my homework.*
ANNA　Okay, Dirk, ich verstehe – du willst gar nicht mit mir ausgehen!

E Carina is a student in Tübingen and she shares a flat there with three of her friends. Add the appropriate endings to the articles, possessive adjectives and nouns in the text.

Mein____ Freunde und ich haben d____ Wohngemeinschaft vor 6 Monaten gegründet. Unser____ Zusammenleben läuft meistens ganz friedlich ab. Wir sind zu viert – zwei Mädchen und zwei Jungen. D____ Kombination gefällt mir. Ich möchte nicht nur mit Mädchen wohnen. Wir verstehen uns meistens sehr gut. Wir teilen d____ Hausarbeit und es gibt selten Streit. Unser____ Wohnung ist sehr schön. Sie hat ein____ zentrale Lage in der Nähe d____ Stadtmitte. Wir haben vier Schlafzimmer, ein____ Küche, ein____ Badezimmer und ein____ Balkon. Vom Balkon aus haben wir ein Aussicht über Tübingen. D____ Balkon gefällt mir besonders, weil wir kein____ Garten haben. Wir können auch ein____ Teil d____ Keller____ benutzen. Ich stelle oft mein____ Fahrrad dort ab. D____ Studentenleben gefällt mir gut. Ich vermisse manchmal mein____ Familie aber ich schreibe mein____ Eltern____ einmal pro Woche und ich schicke mein____ Schwester E-Mails, denn sie hat ein____ Computer. D____ Semesterferien sind auch ziemlich lang und ich kann dann nach Hause fahren.

Verkehrsmittel

4

The following people have all travelled from Germany to England. Read the accounts of their journeys and put the verbs in brackets into the perfect tense.

A **Weak verbs**

Verkehrsmittel: Wir (*reservieren*) 4 Plätze im Schiff. Die Überfahrt von Hamburg nach Harwich (*dauern*) 22 Stunden.
Unterwegs: Ich (*stricken*), Uli (*hören*) Musik, die Kinder (*spielen*) Karten.
Meinung: Die Reise (*kosten*) nicht viel, aber wir (*sich langweilen*).

B **Strong and mixed verbs**

Verkehrsmittel: Wir (*nehmen*) den EC-Zug nach Brüssel und dann den Eurostar nach London.
Unterwegs: Ich (*lesen*), meine Frau (*schlafen*) und wir (*essen*) auch im Speisewagen zu Abend. Es war sehr lecker.
Meinung: Die Reise (*gefallen*) mir.

C **Verbs conjugated with sein**

Verkehrsmittel: Ich (*fliegen*) nach London und ich (*fahren*) dann mit dem Auto.
Unterwegs: Im Flugzeug (*gehen*) ich auf die Toilette.
Meinung: Die Reise (*sein*) sehr angenehm.

D **Separable verbs**

Verkehrsmittel: Wir (*abfahren*) um 9 Uhr mit dem Zug. Wir (*umsteigen*) in Calais auf die Fähre. Wir (*ankommen*) um 19 Uhr in England.
Unterwegs: Wir (*einschlafen*) wiederholt im Zug, aber wir (*aufwachen*) immer wieder. Ich (*fernsehen*) auf der Fähre und Tanya (*einkaufen*).
Meinung: Sehr lang und kompliziert – ich (*aushalten*) es kaum.

E The following account of a journey from Germany to England contains 11 errors in the past tense. See if you can spot them and write a correct version of the passage.

Wir haben mit dem Zug von Kempen nach Hoek van Holland gefahren. Wir haben um 11 Uhr in Hoek van Holland angekommt. Wir haben nach Harwich gesegelt. Wir hast uns auf der Fähre gut amüsiert. Die Kinder hat ins Kino gegangen und haben einen Film geseht. Mein Mann und ich haben zuerst in der Bar gebleiben und dann haben wir im Laden ein paar Sachen gekaufen. Das Wetter war sehr gut und wir sind uns draußen ein bisschen gesonnt. Die Überfahrt war sehr angenehm.

14 Perfect tense

a The PERFECT TENSE describes a completed action in the past. It is the form of the past tense most commonly used in spoken German. The perfect tense of *to play* (**spielen**) is translated as *played, have played, did play* etc. [» 48b]

b The perfect tense is easily recognisable in German because it is made up of two parts: an AUXILIARY and a PAST PARTICIPLE.

ich habe	gespielt
I have	*played*
ich bin	gefahren
I have	*gone*

c Most verbs use **haben** as their auxiliary. Most of the verbs that use **sein** as their auxiliary show a change of place or state. [» Appendix 1]

Here is a reminder of the conjugation of **haben** and **sein** (the auxiliaries).

haben	sein
ich habe	ich bin
du hast	du bist
er / sie / es hat	er / sie / es ist
wir haben	wir sind
ihr habt	ihr seid
Sie haben	Sie sind
sie haben	sie sind

The verb table indicates which strong and mixed verbs take **sein**.
[» Appendix 2]

Er **ist** mit dem Zug durch China **gereist**.	
	He travelled through China by train.
Sie **ist** Skilehrerin **geworden**.	*She became a ski instructor.*
Wir **haben** heute nicht **gearbeitet**.	*We didn't work today.*
Ich **habe** das Endspiel **gesehen**.	*I watched the final.*

Some verbs can take either **haben** or **sein**, depending on their meaning. If they have a direct object (these are known as TRANSITIVE verbs), they take **haben**, otherwise they take **sein** (these are known as INTRANSITIVE verbs). Two of the most common verbs are **fahren** and **ziehen** and their compounds (e.g. **abfahren, umziehen**). Others are marked in the verb table.

Er **hat** den Wagen **gefahren**.	*He drove the car.*
Er **ist** nach Berlin **gefahren**.	*He went to Berlin.*
Das Kind **hat** seinen Karren **gezogen**.	*The child pulled its cart.*
Wir **sind** (nach Ulm) **umgezogen**.	*We have moved (to Ulm).*

d The past participle usually goes at the end of the clause. [» 18]

  Sie hat in einem Orchester **gespielt**. *She (has) **played** in an orchestra.*
  Er ist gestern nach Amerika **geflogen**. *He **flew** to America yesterday.*

e To form the past participle of weak verbs:

  • remove the **-en** (or **-n**) from the infinitive (this gives you the stem)
  • add **-t** (or sometimes **-et**) to the end of the stem
  • add **ge-** to the beginning.

INFINITIVE (*to play*)	spielen
STEM	spiel-
PAST PARTICIPLE (*played*)	gespielt

Most weak verbs have **haben** as their auxiliary.

  sie hat … gespielt *she played*
  wir haben … gespielt *we have played*
  habt ihr … gespielt? *did you play?*
  ich habe … gearbeitet *I worked*

f If a verb ends in **-ieren**, it is a weak verb but you don't add **ge-** to the past participle.

INFINITIVE (*to phone*)	telefonieren
STEM	telefonier-
PAST PARTICIPLE (*phoned*)	telefoniert

  er hat … telefoniert *he has phoned*
  wir haben … diskutiert *we discussed*

g The past participle of strong verbs also begins with **ge-** but it ends in **-en**. Sometimes the stem changes as well.

INFINITIVE (*to see*)	sehen
PAST PARTICIPLE (*seen*)	gesehen
INFINITIVE (*to go*)	gehen
PAST PARTICIPLE (*gone*)	gegangen

Most strong verbs have **haben** as their auxiliary, but a significant number have **sein**.

  du hast … gesehen *you have seen*
  sie sind … gegangen *they went*

h A small number of verbs have the weak form of the past participle (**ge...t**) but also have a stem change. These are known as MIXED VERBS. The most common ones are:

brennen (*to burn*)	gebrannt (*burnt*)
bringen (*to bring*)	gebracht (*brought*)
denken (*to think*)	gedacht (*thought*)
nennen (*to name*)	genannt (*named*)
rennen (*to run*)	gerannt (*ran*)
wissen (*to know*)	gewusst (*known*)

The stem changes for strong and mixed verbs do follow some patterns, but the best way is to learn the most common ones along with their infinitive. You can check them in the verb table. [» Appendix 2]

15 Perfect tense of separable and inseparable verbs

a What you need to remember about separable verbs in the perfect tense is that the prefix goes before the **ge-** part of the past participle. This applies to all verbs, whether they are weak, strong or mixed.

Er hat eben **an**gerufen.   *He has just phoned.*
Sie ist gestern nach Japan **ab**gereist.   *She left for Japan yesterday.*

b Some verbs are known as INSEPARABLE verbs. They have a prefix but it never separates from the rest of the verb. If the verb has an inseparable prefix, you don't add **ge-** to the past participle. Once again, this applies to all verbs, whether they are weak, strong or mixed. Here is a list of common inseparable prefixes:

be-, emp-, ent-, er-, ge-, miss-, ver-

(besuchen) Ich habe meinen Brieffreund besucht.   *I visited my penfriend.*
(verstehen) Er hat den Film nicht verstanden.

         He didn't understand the film.
(empfehlen) Sie hat den Fisch empfohlen.   *She recommended the fish.*

16 Perfect tense of reflexive verbs

a Reflexive verbs all take **haben** as their auxiliary. The reflexive pronoun normally goes after the auxiliary. [» 18]

Er hat **sich** vor zehn Minuten gewaschen.   *He washed ten minutes ago.*
Wir haben **uns** in der Stadtmitte getroffen.   *We met in the town centre.*

17 Perfect tense of modal verbs

a There are several phrases in German where you use a modal verb without adding another infinitive to complete the meaning. This is usually when the meaning is fairly obvious without the extra verb.

b If you use modals in this way in the perfect tense, they behave like mixed verbs – they have the **ge...t** form, but those with an **Umlaut** change their stem. Modals take **haben** as their auxiliary. [« 14c; » 32d]

sollen	gesollt
wollen	gewollt
müssen	gem**u**sst
können	gek**o**nnt
dürfen	ged**u**rft
mögen	gem**och**t

Wir haben es nicht gewollt.	*We didn't want that.*
Den Fisch habe ich nicht gemocht.	*I didn't like the fish.*
Sie haben es gemusst.	*They had to (do it).*
Ich habe es gekonnt.	*I have been able to (do it).*

A Read the dialogue between Steffi and Michaela and put the verbs in brackets into the perfect tense.

STEFFI   *Hallo Michaela, wo* (sein) *du? Ich* (anrufen) *dich letzte Woche viermal, aber ich* (erreichen) *dich nicht.* (Fahren) *du in Urlaub?*

MICHAELA   Ja, ich *(fahren)* zum Bodensee und *(besuchen)* meine Schwester in Friedrichshafen.

STEFFI   (Fahren) *du mit dem Auto?*

MICHAELA   Nein, ich *(trampen).*

STEFFI   *Was, alleine? Das ist so gefährlich!*

MICHAELA   Nein, Johannes *(mitkommen).*

STEFFI   (Haben) *ihr unterwegs Schwierigkeiten?*

MICHAELA   Eigentlich nicht. Wir *(warten)* zuerst eine Stunde an der Autobahnausfahrt, aber ein LKW-Fahrer *(mitnehmen)* uns dann. Er *(fahren)* uns direkt nach Friedrichshafen.

STEFFI   *Ihr* (haben) *Glück. Was* (unternehmen) *ihr in Friedrichshafen?*

MICHAELA   Meine Schwester *(zeigen)* uns die Stadt, aber wir *(faulenzen)* die meiste Zeit. Wir *(gehen)* jeden Tag zum Strandbad und *(sich sonnen).*

STEFFI   *Und wie* (zurückfahren) *ihr?* (trampen) *ihr?*

MICHAELA   Nein, ich *(anrufen)* die Mitfahrzentrale und eine Frau *(anbieten)* uns eine Mitfahrgelegenheit. Wir *(teilen)* die Benzinkosten, aber das *(kosten)* nur 25 Euro.

STEFFI   *Das war also ein erfolgreicher Urlaub.*

MICHAELA   Ja, ich *(sich amüsieren)* gut und *(kennenlernen)* ein paar nette Leute.

B Herr Hell and his colleagues work for a travel agency. They are planning a trip to Munich to investigate a possible itinerary and accommodation for forthcoming mini-breaks. Herr Hell has written a plan for their visit. Rewrite the plan in the perfect tense.

Wir fahren am Montag um 8.40 Uhr ab. Meine Sekretärin reserviert Plätze im Zug. Wir treffen uns um 8.20 Uhr am Bahnhof. Wir kommen dann um 10.56 Uhr in München an. Friedrich fährt mit der Regionalbahn nach Füssen weiter. Er steigt in Marktoberdorf um. Er mietet ein Auto in Füssen und fährt damit nach Hohenschwangau. Er besucht dort die Königsschlösser, erkundigt sich nach Unterkunftsmöglichkeiten und stellt die Preise fest. Claudia und Tobias bleiben in München. Sie sammeln Broschüren, besichtigen die Sehenswürdigkeiten und informieren sich über abendliche Unterhaltungsmöglichkeiten. Sie lösen eine Tageskarte und fahren mit der U-Bahn. Ich besuche Hotels und Gaststätten in der Stadtmitte. Wir übernachten alle in München. Wir verbringen den nächsten Tag in München und erledigen die restliche Arbeit. Wir kehren am Dienstagabend nach Hause zurück.

Die Ferien

A A travel agency has been conducting a survey into people's holiday habits. Join up the sentences using the conjunctions in brackets.

e.g. Ich fahre oft nach Spanien. Das Wetter ist sonnig. (*weil*)
→ Ich fahre oft nach Spanien, weil das Wetter sonnig ist.

1. Meine Frau und ich fahren selten zusammen in Urlaub. Ich wandere gern in den Bergen. Sie sonnt sich gern am Strand. (*während*)
2. Ich finde es sehr wichtig. Ich entdecke neue Kulturen. (*dass*)
3. Ich zelte sehr gern. Die Stimmung auf einem Campingplatz gefällt mir. (*denn*)
4. Ich fahre selten ins Ausland. Ich bleibe lieber in Deutschland. (*sondern*)
5. Wir fahren immer an die Nordseeküste. Meine Familie hat dort eine Ferienwohnung. (*da*)

B Join up these sentences in the same way as exercise A, but be careful – they all include either two verbs (modal + infinitive) or a separable verb.

e.g. Ich fahre dieses Jahr nicht in Urlaub. Ich muss Geld sparen. (*da*)
→ Ich fahre dieses Jahr nicht in Urlaub, da ich Geld sparen muss.

1. Ich fahre in Urlaub. Ich will mich entspannen. (*weil*)
2. Ich fahre oft alleine weg. Ich kann Urlaub nach meinem Geschmack machen. (*damit*)
3. Ich fahre jedes Jahr nach Italien. Ich frische meine Sprachkenntnisse auf. (*so dass*)
4. Ich hasse organisierte Reisen. Man kann nie spontan sein. (*weil*)
5. Ich fahre immer für drei Wochen in Urlaub. Ich ruhe mich richtig aus. (*so dass*)

C Now join up these sentences putting the conjunction at the beginning.

e.g. Das Wetter ist schlecht. Ich fahre gern nach Schottland. (*obwohl*)
→ Obwohl das Wetter schlecht ist, fahre ich gern nach Schottland.

1. Ich fahre in Urlaub. Ich will den Stress des Alltags vergessen. (*wenn*)
2. Ich habe nicht viel Geld. Ich übernachte meistens in Jugendherbergen. (*da*)
3. Ich entscheide mich für ein Urlaubsziel. Ich lese alle Reiseprospekte sehr gründlich. (*bevor*)
4. Hotels sind viel bequemer. Ich bleibe lieber auf dem Campingplatz. (*obwohl*)
5. Ich bin geschäftlich oft im Ausland. Ich bleibe in den Ferien lieber in Deutschland. (*da*)

D Insert the words and phrases in brackets at the beginning of these sentences, remembering to adjust the word order.

1. Sabine hat eine Weltreise gemacht. (*neulich*)
2. Wir sind nach Spanien gefahren. (*letztes Jahr*)
3. Ich habe meinen Koffer gepackt. (*am letzten Morgen*)
4. Die Familie Schneider mietet ein Ferienhäuschen im Schwarzwald. (*normalerweise*)
5. Die Kinder haben sich am Strand gesonnt. (*gestern*)

18 Word order: main clauses

a German word order is often different from English, but it follows a clear set of rules which seldom vary. First of all, it is important to know something about the way sentences are constructed.

A CLAUSE is part of a sentence which has a verb in it.

A MAIN CLAUSE is one that can stand by itself and doesn't need anything else for it to make sense. *She has a car* is a main clause.

A SUBORDINATE CLAUSE adds some further meaning to a main clause and cannot stand by itself. You might want to say more about the car: *She has a car which is brand new*. The subordinate clause *which is brand new* doesn't make sense by itself (it could refer to all sorts of things, not just the car). Another example would be to say why she has a car: ... *because she lives in the country* or: ... *so that she can get to work easily*.

b In a German main clause the word order is usually: SUBJECT – VERB – REST OF SENTENCE. The verb is always the second concept or idea – it is not necessarily the second <u>word</u> in the sentence, because the first part of the sentence may be a phrase consisting of several words.

SUBJECT	VERB	REST OF SENTENCE
Sie	hat	einen Wagen.
She has a car.		
Meine ältere Schwester	hat	einen neuen Wagen.
My older sister has a new car.		

c Sometimes you put something other than the subject at the beginning of a sentence. This can often be a time phrase, an adverb or adverbial phrase. [» 51] The verb still remains in second place and the subject goes immediately after it (this is called INVERSION).

TIME PHRASE	VERB	SUBJECT	REST OF SENTENCE
Heute	hat	meine Schwester	einen neuen Wagen.
My sister has a new car today.			

d You may even have a subordinate clause at the beginning of the sentence (i.e. a phrase which contains a verb but which is <u>not</u> the main verb). The main verb still remains in second place, followed by the subject. The verb is usually separated from the first part (the subordinate clause) by a comma.

SUBORDINATE CLAUSE	VERB	SUBJECT	REST OF SENTENCE
Da ihr alter Wagen kaputt ist,	hat	meine Schwester	jetzt einen neuen Wagen.
As her old car is broken, my sister now has a new car.			

e   Sometimes you can put something other than the subject at the beginning of
    a sentence to emphasise it. If this is the direct object, it is important to
    recognise the different cases. In the following examples the fish is the direct
    object (accusative case). The cat is the subject (nominative case) and is
    doing the eating. [« 8]

>   Die Katze frisst den Fisch.   *The cat is eating the fish.*
>   Den Fisch frisst die Katze.
>   *The cat is eating <u>the fish</u> (rather than anything else).*

19 Word order: subordinate clauses

a   In a German subordinate clause the verb is always at the <u>end</u> of the clause.

MAIN CLAUSE (VERB SECOND)	SUBORDINATE CLAUSE (VERB AT END)
Sie hat einen Wagen.	Ich weiß, dass sie einen Wagen hat.
She has a car.	*I know (that) she has a car.*

b   If the verb in a subordinate clause is a separable verb, the prefix rejoins the verb.

>   (Wir **fahren** um 8 Uhr **ab**) Ich glaube, dass wir um 8 Uhr **abfahren**.
>   (*We're leaving at 8.00.*) *I think that we're leaving at 8.00.*

c   If there is an infinitive verb in the subordinate clause, the main verb goes
    after it, at the end of the clause.

>   Sie **muss** einen neuen Wagen kaufen. Sie spart ihr Geld, weil sie einen
>   neuen Wagen kaufen **muss**.
>   *She has to buy a new car. She's saving her money because she has to buy a*
>   *new car.*

d   If the verb in a subordinate clause is in the perfect or pluperfect tense, the
    auxiliary verb goes after the past participle, at the end of the clause.

>   Sie **hat** einen neuen Wagen gekauft. Sie ist froh, weil sie einen neuen
>   Wagen gekauft **hat**.
>   *She has bought a new car. She's happy because she has bought a new car.*

e   Remember that subordinate clauses are separated from the main clause by a
    comma. If the subordinate clause is at the beginning of the sentence,
    separate it from the main clause with a comma then put the main verb next
    (second idea in the sentence). Because the subordinate clause ends in a verb,
    this gives the pattern: verb – comma – verb.

> (subordinate clause) verb – comma – verb (main clause)
> Wenn sie genug Geld hat, kauft sie sich einen neuen Wagen.
> *When she has enough money she'll buy herself a new car.*

f   In English we often miss out the word *that* at the beginning of some
    subordinate clauses. In German you normally have to put it in (*I know (that)*
    he's not there).

>   Ich weiß, **dass** sie einen Wagen hat.   *I know (that) she has a car.*

g However, with a few verbs like **hoffen, finden, glauben** and **denken** you can miss out the word **dass**, especially in spoken German. In that case the word order is just as in a main clause – but don't forget the comma.

> Ich glaube, wir **fahren** um 8 Uhr **ab**.   *I think we're leaving at 8.00.*

20 Asking questions

a To ask a question in German you invert the subject and verb.

> Du gehst in die Stadt. Gehst du in die Stadt?
> *You are going to town. Are you going to town?*

b You can add a question word (or phrase) before the verb. Here is a list of common question words:

wer ...?	*who ...? [» 44b, 46]*
was ...?	*what ...?*
wann ...?	*when ...? [» 61]*
wo ...?	*where ...?*
wohin / woher ...?	*where to / from ...?*
warum ...?	*why ...?*
wie ...?	*how ...?*
wie viel / wie viele ...?	*how much / many ...?*
was für ...?	*what sort of ...?*
welcher / welche / welches ...?	*which ...? [» 45]*
wofür / womit / worin (usw.) ...?	*for what / with what / in what ...? [» 14d]*

> **Wann** gehst du in die Stadt?   *When are you going to town?*
> **Um wie viel Uhr** kommst du zurück?   *What time are you coming back?*

21 Word order with conjunctions

a CONJUNCTIONS are words which join clauses together. There are two kinds: co-ordinating and subordinating.

b CO-ORDINATING CONJUNCTIONS join two clauses which are of equal status (two main clauses or two subordinate clauses). They have no effect on the word order in either clause – they are just added in as an extra word. If the subject in both clauses is the same, the subject may be omitted in the second clause. These are the most common co-ordinating conjunctions.

und	*and*	denn	*for*
aber	*but*	sondern	*but (not one thing, but another)*
oder	*or*		

c You normally separate the clauses with a comma, but you don't have to put one before **und** and **oder** if the meaning is clear without.

> Max isst gern Fleisch, aber Mina isst nur vegetarisch.
> *Max likes meat, but Mina eats only vegetarian food.*
> Bernd hat einen Hund und (er) geht jeden Tag mit ihm spazieren.
> *Bernd has a dog and (he) goes for a walk with it every day.*

Sie kam nicht mit ins Kino, sondern blieb zu Hause.
She didn't come to the cinema with us but stayed at home.

d SUBORDINATING CONJUNCTIONS join a subordinate clause to a main clause. They are preceded by a comma, and send the verb to the end of the subordinate clause. [« 19] These are the most common subordinating conjunctions.

dass	*that*	[» 77; « 19]
weil	*because*	
während	*whilst*	
als	*when*	[» 61]
wenn	*whenever, if*	[» 61]
da	*as, since*	
ob	*whether*	
bevor, ehe	*before*	[» 47d]
nachdem	*after*	[» 47d, 47e]
als ob	*as if*	[» 82]
bis	*until*	
seitdem	*since*	[» 48]
damit	*in order that*	
so dass	*so that*	
obgleich / obwohl	*although*	

Wir gingen ins Restaurant, nachdem wir das Konzert gesehen hatten.
We went to the restaurant after we had seen the concert.
Sie braucht einen Wagen, weil sie auf dem Land wohnt.
She needs a car because she lives in the country.

22 Time, Manner, Place

a If a sentence contains adverbs or adverbial phrases, they have to go in a particular sequence. The order is: time – manner – place (TMP). Ask yourself the questions when, how and where.

	TIME – WHEN	MANNER HOW	PLACE – WHERE (TO)
Sie fahren	morgen	mit dem Zug	nach Hamburg.
They're going to Hamburg tomorrow on the train.			

b If one of the elements of information is missing or if it has been put right at the beginning of the sentence, the order of the other two still follows the same pattern.

		MANNER – HOW	PLACE – WHERE (TO)
Morgen	fahren sie	mit dem Zug	nach Hamburg.
Tomorrow they're going to Hamburg on the train.			

	TIME – WHEN	PLACE – WHERE
Sie schlenderten	den ganzen Nachmittag	durch die Stadt.
They strolled through town all afternoon.		

A Insert the words in brackets into an appropriate place in each sentence. Make sure you have looked at the Time, Manner, Place rule.

1. Sabine ist nach Hamburg gefahren. (*mit dem Zug*)
2. Sie ist in die Innenstadt gegangen. (*am Vormittag*)
3. Sie ist zwei Stunden geblieben. (*dort*)
4. Sie hatte eine Verabredung um 13 Uhr und ist gegangen. (*zum Restaurant schnell*)

B Lots of people have rung Herr Hell's travel agency regarding the mini-breaks to Munich. Here are the answers to some of the questions callers asked about Munich. Reconstruct the questions using the question words provided.

1. Wegen des Oktoberfests ist München ein beliebtes Reiseziel im Herbst.
   Warum_____?
2. Das Oktoberfest ist das größte Bierfest der Welt.
   Was_____?
3. Das Oktoberfest beginnt eigentlich im September.
   Wann_____?
4. Das Oktoberfest dauert zwei Wochen.
   Wie lange_____?

C Brigitta went on one of the mini-breaks to Munich. Correct the word order of the sentences to reconstruct her account of one of the days she spent in Munich. Begin each sentence with the underlined word or phrase.

1. wir / <u>Am Samstagmorgen</u> / nach München / gefahren / mit dem Zug / sind
2. ins / sind / wir / gegangen / <u>Zuerst</u> / Deutsche Museum
3. haben / <u>Um 11 Uhr</u> / am Marienplatz / gesehen / das Glockenspiel / wir
4. in einem Café / schnell / haben / <u>Wir</u> / gegessen / zu Mittag
5. sind / nach Schwabing / mit der U-Bahn / <u>Nach dem Mittagessen</u> / wir / gefahren
6. dort / zwei Stunden / verbracht / <u>Wir</u> / haben
7. in der Fußgängerzone / haben / eingekauft / <u>Danach</u> / wir
8. zum Hotel / wir / sind / <u>Um 19 Uhr</u> / zurückgekehrt

D Herr Renz also went on a mini-break to Munich. His account of one of the days he spent there contains nine mistakes. Find the mistakes and write a corrected version of the account.

Wir sind nach München mit dem Zug gefahren und um 10.30 Uhr wir sind angekommen. Nach einer Kaffeepause wir sind sofort ins Deutsche Museum gegangen. Wir haben den ganzen Tag dort verbracht, denn das Museum riesig ist. Obwohl ich mich interessiere normalerweise nicht für technische Geräte, das Museum hat mir sehr gut gefallen. Ich möchte noch mal dahingehen, weil ich habe nicht alles gesehen. Am Abend wir haben in einem gemütlichen Restaurant gegessen und wir sind dann durch die Altstadt zu Fuß gegangen.

Rundreise in Deutschland

Herr Hell and his colleagues are now preparing new publicity material for the mini-breaks to Munich. They have made some notes on important items and phrases to include. Add the appropriate ending to the adjectives they use.

A Nominative

1. München: ohne Zweifel eine faszinierend____ Stadt.
2. München ist heutzutage ein beliebt____ Reiseziel für Touristen aus aller Welt.
3. Die wichtig____ Sehenswürdigkeiten sind vom Hotel aus zu Fuß erreichbar.
4. Der informativ____ Stadtrundgang findet viermal am Tag statt.
5. Gut____ Bier ist überall zu finden.

B Accusative

1. Wir bieten eine preiswert____ Reiseversicherung an.
2. Jeden Tag um 11 Uhr können Sie das berühmt____ Glockenspiel sehen.
3. Sie werden diese schön____ Woche in München nie vergessen.
4. Abends können Sie die lecker____ Spezialitäten der Gegend genießen.
5. Rufen Sie uns an, wenn Sie weiter____ Auskunft möchten.
6. Wir versprechen unseren Gästen einen angenehm____ Aufenthalt.

C Genitive

1. Im Herbst können Touristen die Attraktionen des weltberühmt____ Oktoberfests genießen.
2. In Hohenschwangau können Touristen das Schloss des letzt____ bayerisch____ Königs besichtigen.
3. 2,20 Euro in München bedeutet der Preis eines gut____ Biers.
4. Sie können die Vielfalt dieser lebendig____ Stadt genießen.
5. Die Eintrittskosten der verschieden____ Museen sind im Preis inbegriffen.

D Dative

1. Wir empfehlen der sportlich____ Klientele einen Besuch im Olympiastadion an.
2. Wir bieten unseren alt____ Kunden eine Ermäßigung von 10%.
3. Interessierte können unserem freundlich____ Personal ein Fax oder eine E-Mail schicken, wenn sie nähere Auskunft möchten.
4. Das Programm für Ihren Aufenthalt wird bestimmt Ihren persönlich____ Interessen entsprechen.

23 Adjectives

a   An ADJECTIVE is a 'describing word' which tells you something more about a noun. In German, nouns and articles change depending on their position in a sentence. Normally, the adjectives that are attached to the nouns have to change ('agree') too.

b   If an adjective stands by itself after a noun, it does not have to agree at all and never changes.

> Das Auto ist blau. Die Bluse ist blau.
> *The car is blue. The blouse is blue.*

c   If the adjective stands before the noun, it has to agree in three ways:

- gender (masculine, feminine or neuter)
- number (singular or plural)
- case (nominative, accusative, genitive or dative)

The adjective shows agreement by adding certain endings – and these follow set patterns.

d   There are three groups of adjective endings:

- those which are used with the definite article (**der** etc.). This group also includes **dieser** (*this*), **jener** (*that*), **jeder** (*each / every*), **welcher** (*which?*). [« 9; » 24b]
- those which are used with the indefinite article (**ein** etc.). This group also includes **kein** and all the possessive pronouns (**mein, dein, sein, ihr, unser, euer, Ihr**). [« 11; « 13; » 25]
- those which are used when there is <u>no article</u> at all. [» 26]

24 Adjectives with the definite article

a   Here are the adjective endings used with the definite article. [« 9]

	MASCULINE	FEMININE	NEUTER	PLURAL (all genders)
NOMINATIVE	<u>der gute Mann</u>	<u>die gute Frau</u>	<u>das gute Kind</u>	die guten Kinder
ACCUSATIVE	den guten Mann	<u>die gute Frau</u>	<u>das gute Kind</u>	die guten Kinder
GENITIVE	des guten Mannes	der guten Frau	des guten Kindes	der guten Kinder
DATIVE	dem guten Mann	der guten Frau	dem guten Kind	den guten Kindern

Note: this is not as complicated as it might seem at first – the only parts that don't end in **-en** are all together (in the nominative and accusative cases: the underlined examples in the grid) and they are all the same (**-e**).

> Die alte Frau in der blauen Bluse fährt das rote Auto des jungen Mannes.
> *The old woman in the blue blouse is driving the young man's red car.*

b   The following words all have the same pattern as the definite article and they use the same adjective endings, too. They are known as DEMONSTRATIVE ADJECTIVES and, though they are called adjectives, they really work like articles. [« 23d]

dieser	*this, these (that, those)*
jener	*that, those*
jeder	*each, every*
welcher ...?	*which ...? what ...?*

Note: although **jener** means *that*, it is not so common today and is usually replaced by **dieser**.

Jeder erfolgreiche Spieler bekommt diesen schönen Preis.
Every successful player gets this lovely prize.
Welche neuen CDs hast du? Zu diesen alten Liedern tanzen wir nicht!
What new CDs have you got? We're not dancing to these old songs!

25 Adjectives with the indefinite article

a These are the adjective endings used with the indefinite article. As there is no plural of **ein** the negative article (**kein**) has been used instead because it follows the same pattern.

	MASCULINE	FEMININE	NEUTER	PLURAL (all genders)
NOMINATIVE	ein guter Mann	eine gute Frau	ein gutes Kind	keine guten Kinder
ACCUSATIVE	einen guten Mann	eine gute Frau	ein gutes Kind	keine guten Kinder
GENITIVE	eines guten Mannes	einer guten Frau	eines guten Kindes	keiner guten Kinder
DATIVE	einem guten Mann	einer guten Frau	einem guten Kind	keinen guten Kindern

Note: this is not as complicated as it might seem at first. There are only three changes from the definite article adjective endings – the masculine nominative (**-er** instead of **-e**), and the neuter nominative and accusative (**-es** instead of **-e**).

Eine sportliche Frau fährt ein neues Rad.
A sporty woman is riding a new bike.
Ich habe keine neuen Ideen. *I've no new ideas.*

b The plural of the negative article (**keine**) has already been given. The singular of **kein** follows the same pattern as **ein** throughout – all you need to do is add **k-** to the different forms of **ein** – and the same adjective endings. [« 12]

Das ist kein schlechter Wein! *That's not a bad wine!*
Hast du kein sauberes Hemd? *Haven't you got a clean shirt?*

c The possessive adjectives (e.g. **mein**) also use the same adjective endings as the indefinite article. But watch out for **unser** and **euer**. Remember that they belong to this group and not to the <u>definite</u> article group, even though they end in **-er**. Here is a list of the possessive adjectives as a reminder. [« 13]

mein	*my*	unser	*our*
dein	*your (fam., sing.)*	euer	*your (fam., pl.)*
sein	*his, its*	Ihr	*your (form., sing. and pl.)*
ihr	*her, its*	ihr	*their*

Unser neues Zelt war sehr billig. (**Das** neu**e** Zelt ...)
Our new tent was very cheap.
Ihr groß**er** Keller ist ideal für eure nächst**e** Fete.
Their big party room is ideal for your next party.

26 Adjectives with no article

a Sometimes an adjective is used by itself with a noun (e.g. *hot drinks, cold water*). The adjective then takes on the endings that the definite article would have had (with slight changes in the neuter and in the genitive). [« 9]

	MASCULINE	FEMININE	NEUTER	PLURAL (all genders)
NOMINATIVE	gut**er** Wein	frisch**e** Milch	kalt**es** Wasser	heiß**e** Getränke
ACCUSATIVE	gut**en** Wein	frisch**e** Milch	kalt**es** Wasser	heiß**e** Getränke
GENITIVE	gut**en** Weins	frisch**er** Milch	kalt**en** Wassers	heiß**er** Getränke
DATIVE	gut**em** Wein	frisch**er** Milch	kalt**em** Wasser	heiß**en** Getränken

For this group of endings in particular, it is helpful to learn a few useful phrases as a pattern.

Schwarz**er** Kaffee schmeckt gut.   *Black coffee tastes good.*
Sie trinkt gern deutsch**en** Wein.   *She likes German wine.*
Jung**e** Leute haben gut**e** Ideen.   *Young people have good ideas.*
Reich**e** Leute mit groß**en** Häusern.   *Rich people with big houses.*

27 Adjectives used as nouns

a Just as in English (e.g. *the rich, the poor, the dead*), it is possible to use adjectives as nouns in German. The important difference is that the adjective must have a capital letter in German, and it still has endings as if it were being used as a normal adjective.

Der Alte arbeitete mit **den Armen**.
The old man was working with the poor.
Ein guter Vorgesetzter hat keine Zeit für **Faule**.
A good boss has no time for lazy people.

b Use the neuter definite article to say *the good thing, the bad thing* etc.

Das Gute an Richard ist seine Stimme.
The good thing about Richard is his voice.

28 Weak masculine nouns

a There is a fairly small but commonly used group of masculine nouns (mostly people and animals) which add **-n** or **-en** to the ending except in the nominative singular – just like masculine adjectives. They are known as WEAK MASCULINE NOUNS.

	SINGULAR	PLURAL
NOMINATIVE	der / ein Junge	die / keine Jungen
ACCUSATIVE	den / einen Jungen	die / keine Jungen
GENITIVE	des / eines Jungen	der / keiner Jungen
DATIVE	dem / einem Jungen	den / keinen Jungen

b Here are some of the most common weak masculine nouns.

Junge(n)	*boy*	Held(en)	*hero*
Herr(n) (Herren pl.)	*gentleman, Mr*	Nachbar(n)	*neighbour*
Mensch(en)	*human being*	Prinz(en)	*prince*
Student(en)	*student*	Vorfahr(en)	*ancestor*
Polizist(en)	*policeman*	Affe(n)	*monkey*
Tourist(en)	*tourist*	Bär(en)	*bear*
Kamerad(en)	*friend, comrade*	Elefant(en)	*elephant*
Bauer(n)	*farmer*	Löwe(n)	*lion*
Christ(en)	*Christian*	Nerv(en)	*nerve*
Name(n) (gen. sing. Namens)	*name*		
Friede(n) (gen. sing. Friedens)	*peace*		

Der Junge spricht mit Herrn Becker.   *The boy is talking to Mr Becker.*
Die Studenten haben ihren Nachbarn gestört.
The students disturbed their neighbour.
Der Käfig des Löwen war viel zu klein.   *The lion's cage was far too small.*

29 Something, nothing, a lot and everything

a You can use the word **etwas** with an adjective to say *something new, something interesting* etc. Just put a capital letter on the adjective and use the neuter of the third group of adjective endings. Note: there is no need for an article. [« 26]

Ich habe etwas Interessantes gelernt.   *I've learnt something interesting.*
Im Moment arbeite ich an etwas Neuem.
At the moment I'm working on something new.

b You can use **nichts** in the same way to say *nothing new* etc.

Aus dieser Situation kommt nichts Gutes.
Nothing good will come of this situation.
Ich spreche von nichts Unerwartetem.   *I'm talking about nothing unexpected.*

c You can use **viel** in a similar way to mean *a lot of / lots of*, but remember that there are several other uses of **viel**. [» 70a–c]

Sie hat viel Wertvolles auf dem Dachboden.
She has lots of valuable things in the attic.
Seine Kunst besteht aus viel Altem.   *His art consists of a lot of old stuff.*

d **Alles** is different from the other words in this section because it changes as well as the adjective. It behaves like the neuter definite article with the first group of adjective endings. Remembering this phrase may help you get the endings right.

Alles Gute!   *All the best.*

A Read this description of the town of Frankfurt and add endings on to the articles, possessive adjectives and adjectives.

Frankfurt ist ein___ kosmopolitisch___ Stadt. D___ deutsch___ Börse befindet sich in Frankfurt und d___ meist___ deutsch___ Banken haben ihr Hauptbüro hier. Viele ausländisch___ Firmen haben auch Filialen hier, deshalb hat Frankfurt ein___ wohlverdient___ Ruf als ein___ Zentrum d___ international___ Handel___ . Auch findet im Herbst die weltberühmt___ Buchmesse statt. Frankfurt braucht also gut___ Verkehrsverbindungen. D___ riesig___ Flughafen befindet sich am Stadtrand, regelmäßig___ Züge fahren in die Innenstadt. D___ modern___ U-Bahnnetz vereinfacht d___ Herumfahren in der Stadt selbst.

Frankfurt ist also vor allem ein___ kommerziell___ Stadt. Trotzdem ist sie kein___ kulturlos___ Stadt, sondern hat ein___ groß___ historisch___ Bedeutung. Karl d___ Groß___ hat ein___ Festung in der Nähe d___ heutig___ Stadtmitte gebaut und d___ erst___ Markt gegründet. Heutzutage ist d___ rot___ St. Bartholomäuskirche d___ bedeutendst___ Gebäude in der Altstadt. Literarisch eingestellte Touristen können d___ Geburtshaus d___ berühmt___ Dichter___ Goethe besichtigen. D___ Schirn – Kunsthalle ist auch ein___ Besuch wert. Nicht alle mögen d___ modern___ architekturisch___ Stil dies___ Museum___ aber d___ beeindruckend___ Ausstellungen gefallen immer. Hier können Sie abwechselnd alt ___ Meisterwerke sowie d___ neu___ Werke zeitgenössisch___ Maler sehen. Abends können Sie d___ lebendig___ Nachtleben der Stadt mitmachen. Gemütlich___ Kneipen, verrückt___ Discos, klassisch___ Konzerte – Frankfurt bietet jed___ Besucher ein___ groß___ Auswahl an Unterhaltungsmöglichkeiten.

B It can be dangerous being a tourist. Read this tourist's account of how he was pick-pocketed in the underground and insert the German word for each of the words in brackets. Take care – a number of the nouns are weak nouns. Remember to add an **-n** where necessary – there are no gaps to show you where.

Als ich letztes Jahr in Berlin war, hat mich jemand in der U-Bahn bestohlen. (*The*) U-Bahn war sehr voll und ich hatte (*a*) Junge, der neben mir stand, in Verdacht. Als ich aus der U-Bahn ausstieg, habe ich (*my*) Geldbeutel gesucht, aber er war nicht mehr da. (*A*) Herr, der auch in der U-Bahn war, konnte (*his*) Portemonnaie nicht finden. (*This*) Herr hat auch (*the*) Junge verdächtigt. (*A*) Student hat uns gesehen und hat angeboten, uns (*the*) Weg zur Polizeiwache zu zeigen. Unterwegs haben wir aber (*a*) Polizist schon getroffen. (*The*) Student hat (*to the*) Polizist erklärt, was passiert ist. (*The*) Polizist hat (*my*) Name und (*the*) Name (*of the*) Herr aufgeschrieben. Wir haben (*the*) Junge beschrieben. (*The*) Polizist war nicht sehr überrascht. (*This*) Junge hatte am Morgen schon (*a*) Tourist bestohlen. (*The*) Student war aber sehr überrascht. Er dachte, (*the*) Junge sei (*the*) Sohn (*of his*) Nachbar. Das war er auch in der Tat. Wir haben also beide (*our*) Geld zurückbekommen.

For more specific practice of adjectival nouns, **dieser**, **jeder** and **welcher**, see the revision section.

A Write out these sentences in the perfect tense.

1. Wir finden Italien sehr schön.
2. Ich empfehle das Hotel Adler in der Stadtmitte.
3. Sabine wandert in den Schweizer Alpen.
4. Sophie und Richard machen einen Tagesausflug nach Füssen.
5. Wir ruhen uns aus.
6. Ich beklage mich über den Lärm im Hotel.
7. Anne verbringt eine Woche auf der Insel Sylt.
8. Wir bleiben noch vier Tage in Berlin.
9. Ich kaufe viele Andenken.
10. Besucht ihr die neue Kunstgalerie?
11. Amüsieren Sie sich gut?
12. Pass auf! Du bekommst einen Sonnenbrand.
13. Wir langweilen uns sehr.
14. Ich kehre am Montag nach Hause zurück.
15. Sie probieren die Spezialitäten der Gegend.

B Read the following excerpt from a radio consumer programme about holiday problems. Herr Zademach is recounting his disastrous holiday. Join up the sentences using the conjunctions given in brackets. Decide whether the conjunction belongs at the front of the first clause or between the two clauses of the new sentence.

„Ich bin letztes Jahr nach Spanien gefahren. Ich hatte sehr viel Stress im Geschäft gehabt. Ich wollte unbedingt einen Tapetenwechsel. (*und*) / Ich habe eine spanische Insel gewählt. Ich wollte unbedingt gutes Wetter haben. (*weil*) / Es war mir auch wichtig. Ich konnte mich ausruhen. (*dass*) / Ich habe die Reise gebucht. Ich habe ein Zimmer in einem kleinen, ruhigen Hotel in der Nähe des Strands reserviert. (*als*) / Ich musste aber anschließend das Hotel wechseln. Die Klimaanlage war kaputt. (*weil*) / Das Reiseunternehmen hat mir ein ähnliches Hotel versprochen. Ich habe das akzeptiert. (*da*) / Der Urlaub war jedoch von Anfang an eine Katastrophe. Unser Flug hatte fünf Stunden Verspätung. (*denn*) / Wir sind endlich in Spanien angekommen. Wir mussten noch eine Stunde auf einen Bus warten. (*als*) / Ich habe das Hotel gesehen. Ich war empört. (*sobald*) / Ich hatte um ein ruhiges Hotel gebeten. Dieses Hotel war in der Stadtmitte neben einer Disco. (*während*) / Ich habe mich bei der Reiseleiterin beschwert. Sie wollte mir nicht helfen. (*aber*) / Ich bin dann mit dem Bus in die nächste Stadt gefahren. Das Reiseunternehmen hatte ein Büro dort. (*weil*) / Ich musste zwei Stunden warten. Der Manager hat mit mir gesprochen. (*bis*) / Er hat sich entschuldigt. Er wollte nichts unternehmen. (*aber*) / Ich habe mehrmals beim Reiseunternehmen in Deutschland angerufen. Ich konnte endlich in ein anderes Hotel ziehen. (*nachdem*) / Ich habe wiederholt um die Rückerstattung von einem Teil meines Gelds gebeten. Ich habe nichts bekommen. (*obwohl*)"

C In Germany there are many types of special train tickets you can buy. Find out about them by putting the following sentences in the correct order. Start each sentence with the underlined word or phrase. You may need to insert commas in some cases.

1. können / einen Monat lang / <u>Mit dem Tramper-Ticket</u> / reisen / Jugendliche / durch Deutschland.
2. unter 26 Jahre alt / wenn / ein Tramper-Ticket / muss / <u>Man</u> / sein / kaufen / will / man
3. günstig / <u>Wenn</u> / viele Länder / will / man / bereisen / das Interrail-Ticket / ist
4. darf / nur / <u>Normalerweise</u> / zweiter Klasse / man / fahren
5. mit dem ICE / fahren / darf / <u>Man</u> / wenn / zahlt / einen Zuschlag / man

D Translate these sentences into German. Each sentence contains a form of **dieser, welcher** or **jeder** as well as some of the other grammatical points you have learnt about in this section.

1. Which sights have you visited?
2. Every bedroom has a balcony and a TV.
3. This meal is delicious.
4. Which wine have you (*formal*) chosen?
5. We offer every guest a free map of the town.

E Now translate these sentences into German. Be careful: each sentence contains an adjectival noun as well as some of the other points you may have learnt about in this section.

1. The good thing about Spain is the weather.
2. In Hamburg the rich often live in Blankenese.
3. I have visited Berlin a few times, but I always discover something new.
4. This hotel is very expensive – have you nothing cheaper?

F Add the appropriate endings on to the articles, possessive adjectives and adjectives.

1. D____ italienisch____ Landschaft ist herrlich.
2. Ich möchte Berlin nicht noch einmal besuchen. Jemand hat dort mein____ neu____ Auto gestohlen und es war wirklich ein____ schlimm____ Erlebnis.
3. Hier gibt es nur teuer____ Geschäfte.
4. Gestern haben wir ein____ interessant____ Ausflug gemacht.
5. D____ Besondere an Berlin ist sein____ eigenartig____ Geschichte.
6. Wir fahren ziemlich oft zum Bodensee, weil die Familie mein____ best____ Freund____ ein____ schön____ Wohnung dort hat.
7. Faszinierend____ Sehenswürdigkeiten sind hier überall zu finden.
8. D____ Gute an München ist d____ kulturell____ Vielfalt.
9. In Tirol finden Touristen freundlich____ Einwohner und malerisch____ klein____ Dörfer.
10. Wenn Sie nach Hamburg fahren, sollen Sie d____ riesig____ Hafen besichtigen.

Die Schule

A Max is having a bad day at school! Here is a description of the first part of his day. Insert the correct form of the verbs in brackets in the present tense. You need to decide in each case if you need to use **du**, **ihr** or **Sie**.

7.30 Uhr

MAX   Mutti, _____ _____ (*wissen*), wo meine Schulmappe ist?

MUTTI   *Nein, Max.* _____ _____ (müssen) *besser auf deine Sachen aufpassen.*

8.20 Uhr

HERR DECKER *Also, Klasse 10,* _____ _____ (haben) *die Hausaufgaben bitte?*

MAX   Herr Decker, _____ _____ (*sein*) heute gut gelaunt?

HERR DECKER *Warum, Max?* _____ _____ (haben) *ein Problem? (to be continued…!)*

B Here are some school rules. Put them into the imperative (command) form of the verb. Write out the **du** and **ihr** form for each verb in brackets.

e.g. (*Kommen*) nicht zu spät in den Unterricht.
    → Komm nicht zu spät in den Unterricht!
    → Kommt nicht zu spät in den Unterricht!

1. (*Sprechen*) nicht während des Unterrichts.
2. (*Sein*) höflich zu dem Lehrer.
3. (*Machen*) die Hausaufgaben rechtzeitig.
4. (*Vergessen*) die nötigen Schulbücher nicht.
5. (*Rauchen*) nur in den Raucherzonen.

C Some pupils have written rules for the teachers. Put the verbs in brackets into the **Sie** form of the imperative.

1. (*Sein*) freundlich zu den Schülern.
2. (*Korrigieren*) pünktlich die Hausaufgaben.
3. (*Haben*) Verständnis für die Probleme Ihrer Schüler.
4. (*Benoten*) unsere Klassenarbeiten.
5. (*Vorbereiten*) Sie Ihren Unterricht immer gut.

D These school pupils are talking about the differences between the German school system and their own. Rewrite the following sentences using the infinitive construction with **zu**.

e.g. In der Oberstufe lernt man viele Fächer. Ich finde es schlecht.
    → Ich finde es schlecht in der Oberstufe viele Fächer zu lernen.

1. Es gefällt mir. Wir tragen keine Uniform.
2. Wir gehen sehr früh in die Schule. Ich finde es schlecht.
3. Ich bleibe nächstes Jahr sitzen. Ich habe keine Lust.
4. Wir haben nachmittags meistens keine Schule. Es ist prima.
5. Wir machen jedes Jahr eine Klassenfahrt. Ich finde es toll.

30 Modes of address

a When using the word for *you* in German, the subject pronoun and the part of the verb depend on how many people you are addressing (singular or plural) and what their relationship to you is (familiar or formal). The subject pronouns to choose from are **du**, **ihr** and **Sie**.

b The pronoun **du** is the FAMILIAR SINGULAR form of address. It is normally used in these circumstances:

- among members of the immediate family

  Mutti, du trägst schon wieder meinen Pullover!
  Mum, you're wearing my pullover again!

- between close friends

  Petra, kommst du heute mit ins Kino?
  Petra, are you coming to the cinema with me today?

- between young people (especially at school, college, social events etc.)

  Wie hast du die Arbeit gefunden?   *What did you think of the test?*

- from an older person to a younger one (the age when you stop being a 'younger person' is often difficult to determine; it varies depending on the situation and the people involved and may be from about 15 years old)

  LEHRERIN Jens, gibst du mir bitte dein Heft?
  TEACHER *Jens, would you give me your book please?*

- to an animal or pet

  Du bist ein braver Hund!   *What a good dog you are!*

- to be rude or show your displeasure to someone you would normally address in the formal way

  Du Idiot, du brauchst wohl eine Brille zum Autofahren!
  You idiot, you could do with glasses for driving!

c The pronoun **ihr** is the FAMILIAR PLURAL form of **du**, so it is used in all the above circumstances when addressing more than one person.

  Also Kinder, was habt ihr heute gemacht?   *Well, kids, what did you do today?*
  Ihr seid vielleicht blöd!   *You really are stupid!*

d The pronoun **Sie** (with a capital S) is the polite or FORMAL mode of address – it is the same in the singular <u>and</u> plural. It is normally used in these circumstances:

- from a young person to an adult (excluding members of the family)

  Herr Krohn, können Sie es uns bitte noch einmal erklären?
  Mr Krohn, can you explain it to us again, please?

- between adults (other than close friends; people may see each other every day at work, for instance, yet still remain on formal terms, even after years of knowing each other)

  Meine lieben Kollegen, Sie haben das gut gemacht.
  Colleagues, you have done well.

e   The uses of **du, ihr** and **Sie** apply equally to the object pronouns [» 36e, 36g] and the possessive adjectives [« 13].

> Hast du dich mit deinem Freund getroffen?   *Did you meet your friend?*
> Habt ihr euren Taschenrechner dabei?   *Have you brought your calculators?*
> Sie müssen Ihr Abschlusszeugnis haben.
> > *You must have your school leaving certificate.*

31 Imperative

a   The imperative is the form of the verb used for giving commands and instructions. There are three forms which correspond to the different modes of address. An exclamation mark is often added after commands.

b   To form the familiar singular, take the **du** form of the present tense and then omit **du** and the **-st** ending. If a strong verb has added an **Umlaut** in the present tense, delete it for the imperative. [« 3]

> Mach die Tür zu und setz dich!   *Shut the door and sit down.*
> Fahr vorsichtig!   *Drive carefully.*

c   To form the familiar plural, take the **ihr** form of the present tense and omit **ihr**. [« 3]

> Schlagt eure Bücher auf und lest weiter!
> *Open your books and carry on reading.*

d   For the formal form (singular and plural), take the **Sie** form of the present tense and turn round (invert) the subject and verb. [« 3]

> Nehmen Sie bitte Platz!   *Please sit down.*

e   There are very few exceptions to this rule, but **sein** is an important one.

> Sei ruhig!   *Be quiet!*
> Kinder, seid nicht so laut!   *Don't be so noisy, children!*
> Seien Sie bloß froh, dass sie da ist!   *Just be glad that she's there.*

f   The infinitive is sometimes used as a command instead of the imperative, particularly in lists of instructions and recipes. Notice that the infinitive goes to the end of the clause. [« 18, 19; » 32]

> Die Eier schlagen und zum Zucker hinzufügen.
> > *Beat the eggs and add them to the sugar.*
> Rechts fahren!   *Drive on the right.*

32 Infinitive constructions

a   The INFINITIVE is the standard form of the verb which is given in a dictionary and it is not restricted to any particular tense (another word for time). In English, all infinitives begin with *to*; in German they nearly all end in **-en** (a few just in **-n**).

arbeiten	*to work*
lernen	*to learn*
sich weigern	*to refuse*
basteln	*to make, build*

b   If there are two verbs in a sentence, the second one is usually in the infinitive. Infinitives are placed at the end of a main clause. [« 18]

Ich kann heute nicht arbeiten.   *I can't work today.*

c   In a subordinate clause, the verb which is not in the infinitive (often a modal verb) is sent past the infinitive to the end of the clause. [« 19]

…, weil ich heute nicht arbeiten kann.   *… because I can't work today.*

d   The modal verbs and the verb **werden** just need an infinitive to complete their meaning. [» 60b; « 4b, 4c]

Er will im Ausland studieren.   *He wants to study abroad.*

Sie wird bestimmt großen Erfolg haben.   *She will definitely be very successful.*

e   All other verbs and verb phrases need to add **zu** immediately before the infinitive. Here are some common phrases which need an infinitive:

hoffen … zu …	*to hope to*
vorhaben … zu …	*to plan to, intend to*
(keine) Lust haben … zu …	*to (not) want to*
die Absicht haben … zu …	*to have the intention to*

Sie hofft nächsten Sommer ein Praktikum in der Schweiz zu machen.
    She hopes to do work experience in Switzerland next summer.
Sie haben vor Deutsch zu studieren.   *They intend to study German.*
Ich habe keine Lust mich für den Job zu bewerben.
    I don't want to apply for the job.

f   If the infinitive is a separable verb, the word **zu** goes between the prefix and the main part of the verb, all as one word.

Ich habe keine Absicht heute auf**zu**stehen.
    I've no intention of getting up today.

g Use the phrase **um ... zu** with an infinitive to mean *in order to* (it often answers the question **war<u>um</u>**). **Um** goes at the beginning of the clause and **zu** + infinitive go at the end. In English this phrase is often translated as just *to*, but the word **um** is still needed in German.

> Wir arbeiten **um** Geld **zu** verdienen.   *We work (in order) to earn money.*
> Wir essen **um zu** leben und leben nicht **um zu** essen.
> > *We eat (in order) to live and not live (in order) to eat.*

h If you put the infinitive clause first in a sentence for emphasis, remember to invert the subject and verb of the main clause. [« 18]

> Um beruflich vorwärts zu kommen, **muss man** gut planen.
> > *To get on in your job you have to plan well.*

i There is normally no need to use a comma to separate an infinitive clause from the rest of the sentence, unless it makes the meaning clearer.

33 Infinitives as nouns

a The infinitive of many verbs can be made into a noun – in German all you do is add a capital letter. In English, most of these nouns end in *-ing*.

> Schwimmen ist gesund, aber Essen macht mir mehr Spaß.
> > *Swimming is healthy, but eating is more fun.*

b Nouns formed in this way are all neuter. [« 1]

> Er kann das ewige Meckern nicht leiden.
> > *He can't stand the constant grumbling.*

A Here is the second part of Max's bad day. Insert the correct form of the verbs in brackets – but take care: you need to decide from the context which ones are imperatives, as well as deciding in each case if you need to use **du**, **ihr** or **Sie**.

MAX   Es tut mir leid Herr Decker, ich konnte heute meine Schulmappe nicht finden. (*Geben*) mir bitte keine Strafarbeit!

HERR DECKER   *Was!! Max!! Schon wieder keine Hausaufgaben.* (Schreiben) *bis morgen bitte 250 Wörter über die industrielle Revolution. Ich rufe diesmal auch deine Eltern an.*

11.30 Uhr

HERR DECKER   *Hier Herr Decker. Guten Morgen, Frau Schmilz.* (Haben) *ein paar Minuten Zeit?*

FRAU SCHMILZ   Natürlich, Herr Decker.

HERR DECKER   *Max hat schon wieder seine Hausaufgaben nicht gemacht.*

FRAU SCHMILZ   (*Bestrafen*) meinen Sohn, wie (*wollen*), Herr Decker. Er ist faul und schlampig. Ich werde auch mit ihm sprechen.

13.30 Uhr. Max kommt nach Hause

FRAU SCHMILZ   *Also, Max. Ich habe mit deinem Vater gesprochen. Ab jetzt* (haben) *Hausarrest.*

MAX   (*Sein*) doch bitte verständnisvoll!

FRAU SCHMILZ   *Wir werden verständnisvoll sein, wenn du deine Hausaufgaben* (machen).

B The following pupils are discussing their plans for the future. Rewrite the sentences replacing the underlined verbs with the infinitives in brackets.

e.g. Ich <u>möchte</u> eine Weltreise machen. (*beabsichtigen*)
   → Ich beabsichtige eine Weltreise zu machen.

1. Ich <u>will</u> alle meine Prüfungen bestehen. (*hoffen*)
2. Wir <u>werden</u> in die Oberstufe gehen. (*vorhaben*)
3. Michael <u>möchte</u> Arzt werden. (*beschließen – perfect tense*)
4. Ich werde Fremdsprachen studieren. Meine Lehrer <u>finden das eine gute Idee.</u> (*empfehlen – perfect tense*)
5. Ich <u>will nicht</u> studieren. (*keine Lust haben*)

C Read the following extracts from various students' school reports. Replace the underlined clauses with a construction using **um ... zu**.

e.g. Michael muss besser aufpassen, <u>wenn er bessere Noten bekommen will.</u>
   → Michael muss besser aufpassen um bessere Noten zu bekommen.

1. Sandra muss mehr Vokabeln lernen, <u>wenn sie Fortschritte in Englisch machen will.</u>
2. Alex muss sich jetzt wirklich anstrengen, <u>damit er in die nächste Klasse kommt.</u>
3. Dirk soll sich besser vorbereiten, <u>damit er im Unterricht mehr teilnehmen kann.</u>
4. Elena soll regelmäßig englische Zeitschriften zu Hause lesen, <u>wenn sie ihre Sprachkenntnisse vertiefen will.</u>

Das Studium

Read the following people's opinions of life as a student and put the verbs in brackets into the imperfect tense.

A Weak verbs

MARKUS Ich (*studieren*) Germanistik an der Universität in Hamburg. Ich
(*wohnen*) zuerst in einem Studentenwohnheim und dann mit
Freunden in einer Wohngemeinschaft. Mein Studium (*dauern*) 10
Semester – ziemlich lang im Vergleich zu England. Ich (*studieren*)
auf Lehramt und (*machen*) anschließend mein Referendariat in
einem Gymnasium in Hamburg. Das Referendariat (*dauern*) noch
zwei Jahre. Das Schlechte an meinem Studium – es (*kosten*) sehr
viel Geld und ich (*schulden*) meinen Eltern sehr viel Geld am Ende,
obwohl ich nebenbei (*jobben*). Fast alle Studenten (*arbeiten*) am
Wochenende, aber wir (*verdienen*) nicht genug zum Leben. Das
Beste an meinem Studium – ich (*kennen lernen*) viele neue Leute,
darunter meine Frau. Sie (*studieren*) Anglistik und wir (*teilen*) eine
Küche im Wohnheim im ersten Semester. Wir (*sich verlieben*) sofort
und (*heiraten*) vor zwei Jahren.

B Strong and mixed verbs

THEO Ich (*gehen*) auch in Hamburg auf die Uni. Ich (*wollen*) ursprünglich
Medizin studieren, aber es (*geben*) einen NC[1] dafür und mein Abi-
Schnitt (*sein*) nicht gut genug. Ich (*beschließen*) also Chemie zu
studieren. Es (*gefallen*) mir in einer großen Stadt zu wohnen, aber die
Mieten (*sein*) ziemlich hoch und das (*sein*) ein großes Problem. Ich
(*bekommen*) BAFöG[2] und meine Eltern (*helfen*) mir, aber ich (*müssen*)
auch am Wochenende jobben. Mein Studium (*gefallen*) mir, obwohl
es zu lang (*sein*). Ich (*anfangen*) erst mit 30 zu arbeiten und bis dann
(*haben*) ich ziemlich hohe Schulden. Ich (*finden*) die Vorlesungen und
Seminare meistens interessant, aber sie (*sein*) oft ziemlich überfüllt.
Man (*können*) die Dozenten also nie so persönlich kennen lernen.
Das Beste an der Uni (*sein*) die Vielfalt an Vereinen und
Sportmannschaften. Ich (*teilnehmen*) an mehreren Skireisen und
(*werden*) auch Mitglied einer Theatergruppe.

---

[1] NC – conditions of entry to certain courses such as medicine require students to have achieved
particular marks in the Abitur exam. This is called the 'Numerus Clausus' or NC.
[2] BAFöG – a grant which some students receive from the state. At least some of this money must be paid
back once students find a full-time job.

34 Using the imperfect tense

a   In written German the IMPERFECT is the main form of the past tense. It can say what happened or did happen; it can describe a state or a continuous action in the past (what was happening); it is used to say what happened regularly or what used to happen.

> Als der neue Chef ins Büro **kam**, **lasen** wir alle Zeitung. Er **war** sehr böse. Das **passierte** nie beim alten Chef.
> *When the new boss came into the office, we were all reading the paper. He was livid. That never used to happen with the old boss.*

b   In spoken German the perfect tense is generally used instead of the imperfect, with the exception of some common verbs like **haben**, **sein**, **werden** and the modals.

> „Er **hat** mich **angesehen**, während ich ihm **erzählt habe**, warum wir das **gemacht haben**. Die Lage **wurde** schlimmer; ich **konnte** nichts dafür."
> *'He looked at me while I explained why we did that. The situation got worse. I couldn't do anything about it.'*

35 Forming the imperfect tense

a   To form the imperfect tense of weak verbs, remove **-en** or **-n** from the infinitive (this gives you the stem) then add these endings:

ich	-te	wir	-ten
du	-test	ihr	-tet
er / sie / es / man	-te	Sie	-ten
		sie	-ten

lernen	to learn
ich lernte	I learnt
du lerntest	you learnt
er / sie lernte	he / she learnt
wir lernten	we learnt
ihr lerntet	you learnt
Sie lernten	you learnt
sie lernten	they learnt

b   If the stem ends in **-d** or **-t** you need to add an extra **-e-** before the ending to make it easier to pronounce.

unterrichten	er unterricht**e**te
bilden	sie bild**e**ten

c   The imperfect of strong verbs involves a vowel change in the stem and a different set of endings. The stem change is the same throughout the verb and the endings are the same as those for the present tense of modal verbs. [« 4a] There are certain patterns to the vowel change but it is best to learn each strong verb individually. The verb table gives you the stem change. [» Appendix 2]
Here are the endings and two examples of the stem change. The imperfect of **sein** is used widely in written and spoken German.

ich	–	wir	-en
du	-st	ihr	-t
er / sie / es / man	–	Sie	-en
		sie	-en

fahren	*to go*
ich fuhr	*I went*
du fuhrst	*you went*
er / sie fuhr	*he / she went*
wir fuhren	*we went*
ihr fuhrt	*you went*
Sie fuhren	*you went*
sie fuhren	*they went*

sein	*to be*
ich war	*I was*
du warst	*you were*
er / sie war	*he / she was*
wir waren	*we were*
ihr wart	*you were*
Sie waren	*you were*
sie waren	*they were*

d There are a few verbs which are known as MIXED VERBS. In the imperfect they have the weak verb endings but there is a stem change (mostly to an **a**). Here are some of the most common ones:

haben	er hatte	*he had*
bringen	er brachte	*he brought*
denken	er dachte	*he thought*
brennen	er brannte	*he burned*
kennen	er kannte	*he knew*
nennen	er nannte	*he named*

e Modal verbs also follow the pattern of mixed verbs in the imperfect – the stem changes (except for **wollen** and **sollen**), and the endings are weak.

müssen	er musste	*he had to*
können	er konnte	*he could*
dürfen	er durfte	*he was allowed to*
mogen	er mochte	*he liked (to)*
wollen	er wollte	*he wanted to*
sollen	er sollte	*he was supposed to*

f Separable verbs change in the same way as weak or strong verbs; just remember to separate the prefix when necessary. [« 18]

Wir **fingen** sofort **an** zu reden, während sie **aufhörten**.
We began to speak immediately, whereas they stopped.

g Reflexive verbs do not require any special treatment in the imperfect. They change like any other verb and the reflexive pronoun is in the same position as in the present tense. [« 5a, 5b]

Er **wusch sich** schnell, dann **machte** er **sich** auf den Weg.
He washed quickly, then he set off.

h Compounds of any of the strong or mixed verbs follow the same pattern as their 'parent' verb.

entfliehen	er entfloh	*he fled*
verbringen	er verbrachte	*he spent*
bestehen	er bestand	*he withstood*

A Put these verbs into the imperfect tense.

1. ich (*lernen*)
2. wir (*fahren*)
3. du (*kommen*)
4. er (*gehen*)
5. sie (*aufstehen* – plural)
6. ihr (*spielen*)
7. du (*können*)
8. ich (*sein*)
9. Sie (*lesen*)
10. wir (*sehen*)
11. sie (*sich treffen* – plural)
12. sie (*machen* – sing.)
13. es (*passieren*)
14. sie (*sich befinden* – plural)
15. ich (*bleiben*)
16. er (*öffnen*)
17. wir (*beschließen*)
18. sie (*empfehlen* – plural)
19. er (*teilen*)
20. ich (*rauchen*)

B The imperfect is often used in literature to narrate events in the past. Read this account of David's first day at university, and put all the underlined verbs into the imperfect tense.

Er steht früh auf und schaut zum Fenster hinaus. Es ist noch dunkel, aber schon hört er in der Ferne das Rumpeln der S-Bahn. Großstadtgeräusche, denkt er sich. Er muss sich daran gewöhnen. Er trinkt langsam eine Tasse Kaffee und geht im Bademantel den Flur entlang zum Badezimmer. Unterwegs begegnet er seiner Nachbarin. Sie lächelt ihn freundlich an und das gibt ihm ein bisschen Mut. Er versucht alles wieder wie ein großes Abenteuer zu sehen, er vergisst kurz, dass er weit weg von zu Hause ist und dass er niemanden hier kennt. Um 8 Uhr packt er seine Tasche und verlässt das Haus. Es nieselt leicht. Am Bahnhof wartet er auf die S-Bahn. Nach 20 Minuten beginnt er sich Sorgen zu machen. Dann kommt eine Ansage. Wegen eines Unfalls haben alle Züge Verspätung. Er schaut besorgt auf seine Uhr. Die Vorlesung beginnt um 9 Uhr. Er will am ersten Tag nicht zu spät kommen. Endlich kommt der Zug und er steigt ein. Er versucht unterwegs zu lesen, aber kann sich nicht konzentrieren und schaut stattdessen die Stadt an. Der Zug fährt durch den Hauptbahnhof und kommt in Dammtor an. Er steigt aus. Alles wimmelt von Leuten, meistens Jugendlichen. Die anderen lachen, begrüßen sich. Er geht die Straße hoch und sucht die Adresse: Universität Hamburg, Von-Melle-Park 6. Es ist nicht weit, aber es ist schon 8.55 Uhr und er schwitzt vor lauter Aufregung. Plötzlich sieht er ein Hochhaus und auch das Schild. Er rennt hinein aber muss noch den Vorlesungssaal suchen. Schnell liest er die Liste an der Wand und stöhnt. Der Saal ist im zehnten Stock. Die Zeit, die er auf den Aufzug wartet, kommt ihm wie eine Ewigkeit vor. Endlich aber macht er die Tür des Saals auf und tritt leise ein. Ein paar Studenten schauen ihn an, aber der Dozent redet weiter. Er atmet tief ein, setzt sich auf den ersten freien Platz und beugt sich über seine Bücher.

Die Arbeitswelt

A Herr Held works in a bank. Read this account of a typical day and replace the underlined words with the correct subject pronoun.

1. <u>Herr Held</u> ist Bankkaufmann.
2. <u>Sein Arbeitstag</u> geht von 9 Uhr bis 17 Uhr.
3. <u>Die Bank</u> befindet sich in der Stadtmitte und es gibt immer viel zu tun.
4. <u>Sein Büro</u> befindet sich im zweiten Stock.
5. <u>Seine Kollegen</u> sind meistens sehr freundlich.

B Now replace these underlined words with direct object pronouns.

1. Herr Held erreicht <u>das Büro</u> gegen 8.30 Uhr.
2. Die Sekretärin hat <u>die Post</u> schon sortiert.
3. Herr Held liest <u>die wichtigsten</u> Briefe zuerst.
4. Zwischen 12 Uhr und 14 Uhr kommen viele Kunden in die Bank. Er bedient <u>die Kunden</u> am Schalter.

C Now replace these underlined words with indirect object pronouns (dative case).

1. Nach der Mittagspause schickt er <u>einem Kollegen</u> eine E-Mail.
2. Um 14 Uhr hat er einen Termin mit einer jungen Frau. Er erklärt <u>der jungen Frau</u>, wie sie ihre Erbschaft am besten investieren kann.
3. Am Ende des Tages diktiert er <u>der Sekretärin</u> ein paar Briefe.

D Frau Eberhardt is a careers adviser. In this interview she is discussing the importance of languages. Replace the underlined words with the appropriate subject, direct object or indirect object pronoun.

INTERVIEWER	*Sind Fremdsprachen wirklich so wichtig?*
FRAU EBERHARDT	Ja, <u>Fremdsprachen</u> sind sehr wichtig heutzutage, besonders in der Wirtschaft. <u>Die Wirtschaft</u> ist stark auf Export eingestellt und Firmen brauchen Arbeitnehmer mit guten Sprachkenntnissen.
INTERVIEWER	*In welchen anderen Bereichen sind <u>gute Sprachkenntnisse</u> besonders wichtig?*
FRAU EBERHARDT	Es gibt natürlich die typischen Sprachberufe. <u>Die typischen Sprachberufe</u> sind zum Beispiel Stewardess oder Auslandskorrespondent. Aber Fremdsprachen werden auch sehr wichtig im Bereich der Technik. <u>Der Bereich der Technik</u> ist heutzutage wirklich international.
INTERVIEWER	*Betonen Sie den Wert von Sprachen, wenn Sie Schüler beraten?*
FRAU EBERHARDT	Ja, ich betone <u>den Wert von Sprachen</u> sehr. Ich empfehle <u>den Schülern</u> immer eine Sprache zu studieren.
INTERVIEWER	*Und wenn sie sich für einen anderen Studiengang interessieren?*
FRAU EBERHARDT	Sie können <u>diesen Studiengang</u> mit dem Studium einer Sprache verbinden. Das ist kein Problem.

36 Pronouns

a   A PRONOUN is a word which replaces a noun that has already been used.

> Sabine ist meine Kollegin. **Sie** arbeitet mit **mir** seit zwei Jahren.
> *Sabine is my colleague. **She** has worked with **me** for two years.*

b   In German, pronouns change according to three factors:

- gender (masculine, feminine or neuter)
- number (singular or plural)
- case (nominative, accusative, genitive or dative)

c   Pronouns used as the subject of a verb (SUBJECT PRONOUNS) are in the nominative case. [« 8; « 30; » 67a]

ich	*I*	wir	*we*
du	*you (fam., sing.)*	ihr	*you (fam., pl.)*
er	*he, it*	Sie	*you (form., sing. and pl.)*
sie	*she, it*	sie	*they*
es	*it*		

> Was machen Helga und **ich**? **Wir** gehen aus. Wollt **ihr** mitkommen?
> *What are Helga and I doing? We are going out. Do you want to come?*

d   In German, *it* may be translated as **er**, **sie** or **es**, depending on the gender of the noun it is replacing. Similarly, **es** is not always translated as *it* because it may be referring to a person that is a neuter noun in German, e.g. **das Mädchen, das Fräulein**.

> er (der Stift) ist blau   *it (the pen) is blue*
> sie (die Welt) ist klein   *it (the world) is small*
> es (das Mädchen) ist angekommen   *she (the girl) arrived*
> sie (die Person) ist verschwunden *he / she (the person) disappeared*

e   Pronouns used as the direct object of a verb are in the accusative case. [« 8] These pronouns are also used after certain prepositions. [» 40a, 40b; » 42]

mich	*me*	uns	*us*
dich	*you (fam., sing.)*	euch	*you (fam., pl.)*
ihn	*him, it*	Sie	*you (form., sing. and pl.)*
sie	*her, it*	sie	*them*
es	*it*		

> Sie stellen **ihn** an.   *They are employing him.*
> Ich habe einen Brief für **Sie**.   *I've got a letter for you.*

f   Pronouns used as the indirect object of a verb are in the dative case. [« 8] These pronouns are also used after certain prepositions and with some verbs. [» 41a–c; » 42; » 56; » 57]

mir	*to me*	uns	*to us*
dir	*to you (fam., sing.)*	euch	*to you (fam., pl.)*
ihm	*to him, to it*	Ihnen	*to you (form., sing. and pl.)*
ihr	*to her, to it*	ihnen	*to them*
ihm	*to it*		

Schicken Sie **mir** eine E-Mail und ich reiche sie **ihm** weiter.
Send me an e-mail and I'll pass it on to him.
Sie arbeitet mit **uns**. Die Arbeit gefällt **ihr**.
She works with us. She likes the work.

g Here is a summary of the pronouns in the different cases.

NOMINATIVE	ich	du	er	sie	es	wir	ihr	Sie	sie
ACCUSATIVE	mich	dich	ihn	sie	es	uns	euch	Sie	sie
DATIVE	mir	dir	ihm	ihr	ihm	uns	euch	Ihnen	ihnen

37 man, jemand, niemand

a The subject pronoun **man** is the equivalent of *one* in English, but **man** is used much more often in German to mean *you, we, they* or *people in general*. [» 65]

Man hat ihn entlassen. *They sacked him.*
Man arbeitet um Geld zu verdienen. *We work to earn money.*

b The pronoun **man** is used only in the nominative case. It changes to the indefinite article for the accusative and dative cases, although these forms are not very common.

Wenn **man** da sitzt, sehen sie **einen**. *If you sit there they can see you.*
Sie erklärt **einem**, was **man** tun soll.
She explains to people what they should do.

c The words **jemand** (*someone*) and **niemand** (*no one*) usually change in the accusative (**jemanden, niemanden**) and dative (**jemandem, niemandem**), although this isn't compulsory.

Jemand kam ins Büro. Er störte **niemanden**, er sprach mit **niemandem**.
Someone came into the office. He disturbed no one, he spoke to no one.

38 Using direct and indirect objects together

a If you have a direct and an indirect object together, the indirect object (dative) comes <u>before</u> the direct object (accusative).

	INDIRECT OBJECT	DIRECT OBJECT
Du schickst	deinem Freund	einen Brief. *You send your friend a letter.*
Du schickst	ihm	einen Brief. *You send (to) him a letter.*

b The exception is where the direct object is a pronoun, then the direct object must come first.

	DIRECT OBJECT	INDIRECT OBJECT
Du schickst	ihn	deinem Freund. *You send it to your friend.*
Du schickst	ihn	ihm. *You send it (to) him.*

c Remember, in English we often miss out the word *to*, which makes the indirect object hard to spot. If you appear to have two objects in a sentence, try putting *to* in front of each one to find out which is in the dative.

A Read this interview with two people who are doing what might be considered untypical jobs. Replace the pronouns in brackets with the correct pronoun in German.

Claudia Boschert ist Azubi[1] in einer Autowerkstatt in Hindenlang.

INTERVIEWER	*Claudia, warum haben Sie diesen Beruf gewählt?*
CLAUDIA	Ich habe (*it*) gewählt, weil ich mich immer für Autos interessiert habe. Mein Vater hatte ein altes Auto, als ich klein war, und wir haben (*it*) zusammen repariert.
INTERVIEWER	*Und wie finden Sie die Arbeit?*
CLAUDIA	(*It*) gefällt (*me*) gut.
INTERVIEWER	*Sie sind aber die einzige Frau. Ist das nicht etwas problematisch?*
CLAUDIA	Nein, mein Chef behandelt (*me*) wie die Männer und (*he*) gibt (*me*) dieselben Chancen. Ich respektiere (*him*) sehr. (*He*) hat keine Vorurteile gegen Frauen.
INTERVIEWER	*Und die Kollegen?*
CLAUDIA	(*They*) sind alle Männer und (*they*) fanden es am Anfang etwas seltsam (*me*) im Team zu haben. Aber ich habe meinen Wert bewiesen und sie schätzen (*it*) jetzt.
INTERVIEWER	*Markus, Sie sind Erzieher in einem Kindergarten. Sehen Sie ihren Job nicht als einen Frauenberuf?*
MARKUS	Ich sehe (*it*) keineswegs als einen Frauenberuf. Durch meine Arbeit zeige ich den Jungen, dass Männer sich auch um Kinder kümmern können.
INTERVIEWER	*Und warum haben Sie sich für diesen Beruf entschieden?*
MARKUS	Ich interessiere mich schon lange für die Entwicklung von Kindern. Ich finde (*it*) höchst interessant. Für meine Diplomarbeit studiere ich das Rollenverhalten von kleinen Kindern und ich finde (*it*) wirklich faszinierend.

B Insert the words in brackets into the sentence in the correct order.

1. Ich habe _____ _____ geschickt. (*eine E-Mail, meinem Chef*)
2. Ich habe _____ _____ geschickt. (*sie, meinem Chef*)
3. Ich habe _____ _____ geschickt. (*eine E-Mail, ihm*)
4. Ich habe _____ _____ geschickt. (*sie, ihm*)
5. Ich habe _____ _____ geschrieben. (*einen Brief, der Frau*)
6. Ich habe _____ _____ geschrieben. (*ihn, der Frau*)
7. Ich habe _____ _____ geschrieben. (*einen Brief, ihr*)
8. Ich habe _____ _____ geschrieben. (*ihn, ihr*)

C **Translate into German.**

1. Someone gave me this letter but it belongs to him.
2. The new employee is dreadful. Nobody likes her.
3. I sent you (*familiar*) the information yesterday.
4. People need a good education in order to get a good job.

---

[1] Azubi – abbreviated form of **Auszubildende** or trainee

A Here are some tips from a careers magazine on how to apply successfully for a job. Write out each tip in each of the three forms of the imperative (**du / ihr / Sie**).

Die schriftliche Bewerbung

1. (*Sich informieren*) über die Stelle und die Firma.
2. (*Eingehen*) genau auf die Anforderungen der Stelle hin.
3. (*Achten*) auf Rechtschreibung.
4. (*Beilegen*) einen Lebenslauf.

Beim Vorstellungsgespräch

1. (*Sein*) selbstbewusst, aber nicht arrogant.
2. (*Stellen*) Fragen über die Firma und die Stelle.
3. (*Aufklären*) Fragen über Lohn und Arbeitszeiten gleich.
4. (*Sich anziehen*) formell – das macht immer einen guten Eindruck.

B Sarah has written a letter of application to a hotel in Germany regarding a summer job. Replace the underlined words with an appropriate word or phrase from the list below, changing the rest of the sentence as necessary.

Cambridge, den 14.5.2000

Sehr geehrter Herr Braun,

ich habe neulich Ihre Anzeige in dem Buch „Summer Jobs Abroad" gelesen und <u>möchte</u> mich um eine Stelle in Ihrem Hotel bewerben. Ich besuche zur Zeit ein Gymnasium und <u>werde</u> nächstes Jahr Deutsch an der Universität studieren. Ich <u>möchte</u> auch später im Tourismus arbeiten. Ich <u>möchte</u> den Sommer in Deutschland verbringen, <u>damit</u> ich meine Sprachkenntnisse verbessere.

Ich habe schon in einem Hotel gearbeitet. Ich <u>musste</u> im Restaurant arbeiten und die Kunden bedienen. Ich bin sehr kontaktfreudig und <u>kann gut</u> mit Menschen umgehen. <u>Ich würde sehr gern</u> als Kellnerin bei Ihnen arbeiten, aber ich <u>würde</u> auch eine andere Stelle akzeptieren.

Ich lege meinen Lebenslauf sowie Kopien meiner Zeugnisse bei und verbleibe

Mit freundlichen Grüßen
Ihre
Sarah Lloyd

---

finde es leicht / hoffe / bin daran interessiert / um...zu / es würde mir besonders Spaß machen / meine Aufgaben bestanden darin / es würde mich freuen / bin bereit / beabsichtige

C Read this extract **Arbeitstag** by the author Herta Müller about a rather topsy-turvy working day and rewrite it in the imperfect tense.

Morgens halb sechs. Der Wecker läutet. Ich stehe auf, ziehe mein Kleid aus, lege es aufs Kissen, ziehe meinen Pyjama an, steige in die Badewanne, nehme das Handtuch, wasche damit mein Gesicht, nehme den Kamm, trockne mich damit ab, nehme die Zahnbürste, kämme mich damit, nehme den Badeschwamm, putze mir die Zähne. Dann gehe ich ins Badezimmer, esse eine Scheibe Tee und trinke eine Tasse Brot. Ich lege meine Armbanduhr und die Ringe ab. Ich ziehe meine Schuhe aus. Ich gehe ins Treppenhaus, dann öffne ich die Wohnungstür. Ich fahre mit dem Lift vom fünften Stock in den ersten Stock. Dann steige ich neun Treppen hoch und bin auf der Straße. Im Lebensmittelladen kaufe ich mir eine Zeitung, dann gehe ich bis zur Haltestelle und kaufe mir Kipfel und, am Zeitungskiosk angelangt, steige ich in die Straßenbahn. Drei Haltestellen vor dem Einsteigen steige ich aus. Ich erwidere den Gruß des Pförtners und dann grüßt der Pförtner mich und meint, es ist wieder mal Montag und wieder mal ist eine Woche zu Ende. Ich trete ins Büro, sage auf Wiedersehen, hänge meine Jacke an den Schreibtisch, setze mich an den Kleiderständer und beginne zu arbeiten. Ich arbeite acht Stunden.

D The following article deals with the question of single-sex schools. Replace the underlined words with an appropriate pronoun. Remember – if you use **man** you may have to change the verb.

Lernen Mädchen besser ohne Jungs?
Heutzutage hat die gemischte Schule viele Gegner. <u>Die Gegner</u> behaupten, dass Mädchen in gemischten Schulen benachteiligt werden. Ein Hauptpunkt ist das intellektuelle Niveau. Vor 20 Jahren galt die These, dass <u>das intellektuelle Niveau</u> in gemischten Schulen besser sei, und dass vor allem die Mädchen davon profitierten. Die Jungen sollten <u>den Mädchen</u> im Bereich Lernen viel zu bieten haben. Heutzutage sind <u>die Leute</u> nicht mehr davon überzeugt. Ganz im Gegenteil. Die Jungen fördern nicht den intellektuellen Fortschritt der Mädchen, sondern stören <u>den intellektuellen Fortschritt der Mädchen</u>. Wir haben einige Schüler/innen nach ihren Meinungen gefragt…

Für gemischte Schulen
1. Die Atmosphäre in einer gemischten Schule ist ganz anders und, ehrlich gesagt, finde ich <u>die Atmosphäre in einer gemischten Schule</u> besser.
2. Ich finde es gut, wenn Jungen und Mädchen zusammen in der Schule sind, aber die Lehrer sollen <u>Mädchen und Jungen</u> mehr Möglichkeiten geben über Gleichberechtigung und Chancengleichheit zu diskutieren.

Gegen gemischte Schulen
1. Selbstbewusstsein ist ein großes Problem für viele Mädchen. Mädchen können <u>Selbstbewusstsein</u> viel besser in einer Mädchenschule entwickeln.
2. In gemischten Schulen bekommen die Jungen oft viel Aufmerksamkeit, aber die Mädchen brauchen <u>Aufmerksamkeit</u> auch. Ich hatte mal einen sehr schlechten Lehrer. <u>Der Lehrer</u> hat sich nur um die Jungen gekümmert. Endlich haben die Mädchen <u>dem Lehrer</u> gesagt, dass <u>der Lehrer</u> <u>die Mädchen</u> unfair behandelte, aber <u>die Mädchen</u> konnten <u>den Lehrer</u> nicht davon überzeugen.

Ausländer in Deutschland

A Malik, a refugee in Germany, is writing a letter to a German contact about his first impressions. Fill in an appropriate preposition in each gap.

Lieber Thomas,

endlich bin ich hier _____ Deutschland. Frankfurt ist ganz anders als _____ Hause, aber ich versuche mich anzupassen. Gestern ging ich _____ die Stadt, den Fluss _____ und versuchte mich zu orientieren. Ich wollte ein paar Sachen _____ meine Familie kaufen, aber da ich im Moment sehr wenig deutsches Geld habe, konnte ich mir nichts leisten. Ich hatte gerade genug dabei um mir _____ Mittag eine Wurst _____ der Imbissstube zu kaufen. Ich bin sehr froh hier zu sein, obwohl ich _____ den Willen meiner Eltern kam. Das Wohnheim ist schön gelegen, dem Park _____, aber es ist viel zu voll. Das Leben _____ dem Wohnheim ist nicht sehr einfach. _____ der hohen Zahl der Asylbewerber ist alles überfüllt. Ich teile mein Zimmer _____ sieben anderen Asylbewerbern. Mein Nachbar kommt _____ dem Iran. Er wohnt schon _____ einem Jahr hier. _____ des Tages langweile ich mich zu Tode. Ich gehe _____ den Park oder ich helfe _____ dem Heim. _____ dem Abendessen setzen wir uns zusammen _____ dem Freizeitraum und unterhalten uns. Aber _____ der Schwierigkeiten bereue ich nicht meine Entscheidung _____ Deutschland zu kommen.

Schreib mir bald
dein Malik

B In the 1950s and 1960s many **Gastarbeiter**, immigrant workers, came to Germany. Read the following passage about them and fill in the correct case ending. Remember to add an **-s** in the genitive and an **-n** in the dative plural where necessary.

Wegen d___ Wirtschaftswunder___ in d___ 50er Jahre___ brauchte Deutschland viele Arbeitskräfte. Durch d___ Erwerb von Gastarbeitern hoffte die deutsche Regierung die leeren Arbeitsplätze zu besetzen. Die meisten Gastarbeiter kamen aus d___ Türkei, obwohl andere Länder, sowie Italien und Portugal, auch stark vertreten waren. Die Gastarbeiter waren alle Männer und die meisten kamen zuerst ohne ihr___ Familien. Sie arbeiteten hauptsächlich in d___ Fabriken, in d___ Gastronomie und bei d___ Müllabfuhr und trugen viel zu d___ Aufbau Deutschlands nach d___ zweiten Weltkrieg bei. Die meisten kamen aus ein___ Grund: sie wollten in d___ Bundesrepublik viel Geld verdienen und dann in d___ Heimat zurückkehren. Von d___ 14 Millionen Gastarbeiter___, die nach Deutschland kamen, kehrten 11 Millionen zurück. Diejenigen, die blieben, spielen heute noch eine wichtige Rolle in d___ deutschen Wirtschaft: „Ohne d___ Gastarbeiter, kein Wohlstand."

Help Yourself to Advanced German Grammar **61**

39 Prepositions

a   PREPOSITIONS are words which say something about the position of nouns and pronouns. In German they change the case of the noun they are with (they are said to 'govern' it). The prepositions which govern the accusative and the dative cases are the most common – and you need to make sure you know them.

b   It is sometimes impossible to give one translation to cover all the meanings of each preposition – some German phrases are translated by a completely different preposition in English. Some of the alternatives are given in the lists below, but you should use a dictionary and learn prepositional phrases as you meet them.

> Ich warte **seit** einer Stunde **auf** meinem Freund **auf** dem Bahnhof.
> *I've been waiting **for** an hour **for** my friend **at** the station.*
> **Seit** meiner Ankunft sind viele Leute **mit** großen Koffern **mit** dem Taxi abgefahren.
> ***Since** my arrival lots of people **with** big cases have departed **by** taxi.*

40 Prepositions and the accusative

a   These prepositions govern the accusative case.

bis	*until, as far as*
durch	*through*
für	*for*
gegen	*against (versus)*
ohne	*without*
um	*around*
wider	*against (contrary to)*
entlang	*along*

> Er ging **wider** seinen Willen **durch** den Park, den Bach **entlang**.
> *He went against his will through the park, along the stream.*
> Die Revolutionäre kämpften **gegen** die Regierung.
> *The revolutionaries were fighting against the government.*

b   Try to learn these prepositions as an alphabetical list – **entlang** is at the end of the list to remind you that it goes <u>after</u> the noun. Or you might use a mnemonic to help you (*fudge bow* perhaps!).

41 Prepositions and the dative

a   These prepositions take the dative case.

aus	*out of*
außer	*except for*
bei	*at the house/place of*
mit	*with, by*
nach	*to, after*
seit	*since, for* [» 48]
von	*from, of, by*
zu	*to, at*
gegenüber	*opposite*

Wir fuhren **mit** unseren Freunden **zu** einer Party.
We went with our friends to a party.
Sie arbeitet **seit** einem Jahr **bei** einem internationalen Konzern in Japan.
She has been working for a year for an international company in Japan.

b   Try to learn these prepositions as an alphabetical list – **gegenüber** is at the end of the list to remind you that it sometimes goes after the noun, although it usually goes before. Alternatively, you might use a mnemonic to help you (**a**ardvarks **b**egin **m**unching **n**on **s**avoury **v**egetarian **z**oo **g**rass!).

c   In some cases (singular only) the preposition and the definite article are joined together e.g. **zu dem** and **zu der** are often shortened to **zum** and **zur**. Similarly, **von dem** becomes **vom** and **bei dem** becomes **beim**.

42 Prepositions and the accusative or dative

a   These prepositions govern either the accusative or the dative.

an	*at, on(to)*
auf	*on(to)*
hinter	*behind*
in	*in(to)*
neben	*next to, near*
über	*over*
unter	*under*
vor	*in front of, before*
zwischen	*between*

b   They take the accusative if there is a change of place or state. This usually means that some form of motion is involved. In the sentence *I'm putting the pen on the desk*, the pen has changed place from my hand to the desk, so the accusative is used.

Ich lege den Stift **auf den** Schreibtisch.   *I'm putting the pen on the desk.*

c   They take the dative if there is <u>no</u> change of place or state. This usually means that there is no motion involved.

Der Stift liegt **auf dem** Schreibtisch.   *The pen is on the desk.*

d   Do not assume that whenever there is motion you have to use the accusative. Compare these two examples – the key idea is <u>change</u> of place.

> Sie liefen **in der** Sporthalle.   *They were running **in** the gym.*
> Sie liefen **in die** Sporthalle.   *They were running **into** the gym.*

e   Try to learn these prepositions as an alphabetical list, or learn them in groups (**in – an – auf; über – unter; hinter – vor; neben – zwischen**).

f   **in dem** and **in das** can be shortened to **im** and **ins**. Similarly, **an dem** and **an das** become **am** and **ans**.

g   If these prepositions are used 'figuratively' with a verb, they usually govern the accusative. This is in phrases like *to think about, to talk about, to wait for.* [« 55]

> Wir warteten **auf den** Bus, redeten **über das** Konzert und dachten **an die** schönen Zeiten.
> *We waited for the bus, talked about the concert and thought about the good times.*

If you were to use the dative case, it would have a much more literal meaning. For example, **wir warteten auf <u>dem</u> Bus** would mean you were actually on top of the bus, waiting!

43 Prepositions and the genitive

a   These prepositions govern the genitive. They are much less common, so learn a few of them in set phrases as they occur.

trotz	*despite*	innerhalb	*(on the) inside (of), within*
während	*during*	oberhalb	*above*
wegen	*because of*	unterhalb	*below*
(an)statt	*instead of*	diesseits	*on this side of*
außerhalb	*(on the) outside (of)*	jenseits	*beyond*

> trotz der Kälte   *despite the cold*
> während seines Aufenthaltes *during his stay*
> wegen des Krieges   *because of the war*
> innerhalb der Stadt   *within the town*
> diesseits der Grenze   *on this side of the border*

b   You will sometimes see or hear **trotz** and **wegen** used with the dative case. Although this is not strictly correct, it is quite common today, especially in speech.

c   The preposition **wegen** can be used in phrases like *because of me* and *as far as I am concerned*. Notice these special forms.

meinetwegen	*because of me*
seinetwegen	*because of him*
ihretwegen	*because of her / them*

> Ich habe das ihretwegen gemacht.   *I did it because of her (on her account).*
> Meinetwegen können wir hier bleiben.
> *As far as I'm concerned, we can stay here. (If you ask me, …)*

44 Prepositions with pronouns

a   You can use prepositions with pronouns when they refer to people. Just remember to use the correct case of the pronoun. [« 36]

> Ich spreche jeden Tag **mit ihm**.   *I talk to him every day.*
> Er dachte die ganze Zeit **an uns**.   *He thought about us all the time.*

b   If you are asking a question using a preposition and *who(m)*, use the correct case of **wer**. [» 46]

> **Mit wem** sprichst du?   *Who are you talking to? (With whom are you talking?)*
> **Auf wen** wartet er?   *Who is he waiting for? (For whom is he waiting?)*

c   If you use a preposition with the German for *it* you don't need to use a pronoun at all. Just join **da-** on to the beginning of the preposition. If the preposition begins with a vowel you add **dar-** which makes pronunciation easier.

> Ich habe einen Computer. Ich arbeite im Moment **damit**. Ich lasse mich nie **davon** trennen.
> *I have a computer. I'm working with it at the moment. I'm never separated from it.*
> Sie denkt **daran**. Alle reden **darüber**.
> *She's thinking about it. Everyone's talking about it.*

d   If you are asking a question which involves a preposition and the word *what* (referring to a thing, not a person), add **wo-** or **wor-** to the beginning of the preposition. In a question in English the preposition and the pronoun are often separated but they must stay together in German.

> **Womit** schreibst du?   *What are you writing with? (With what …?)*
> **Worüber** sprechen sie?   *What are they talking about? (About what …?)*
> **Worauf** sitzt er?   *What is he sitting on? (On what …?)*

e   You need to remember the difference between the question forms **wo, wohin** and **woher**.
The answer to a question starting with **wo** usually has a preposition which <u>does not</u> indicate any motion or change of place.

> Wo wohnst du? In Hamburg.   *Where do you live? In Hamburg.*

Wohin and **woher** require an answer that shows <u>some change</u> of place. In English the word *to* is often omitted but **hin** must be included in the German.

> Wohin fährst du? Nach Ulm.   *Where are you going (to)? (To) Ulm.*
> Woher kommst du? Aus Köln.   *Where are you from? (From) Cologne.*

The **hin** and **her** parts can be separated from **wo**, particularly in spoken German.

> **Wo** fährst du **hin**?   *Where are you going (to)?*
> **Wo** kommst du denn **her**?   *Where on earth have you come from?*

A Asghar, another refugee, gives this account of his experience. Fill in the gaps in the text with the correct endings.

Wir flohen aus unser____ Heimat, weil man uns dort verfolgte. Ich bin Mitglied von ein____ Organisation, die für d____ Demokratie kämpft, wir kämpfen also gegen d____ Regierung. Durch mein____ Mitgliedschaft dieser Organisation bekamen meine Familie und ich viele Probleme. Ich habe meine Stelle verloren und die Kinder konnten nicht mehr in d____ Schule gehen, weil die anderen Kinder sie bedrohten. Wegen d____ Verfolgung haben wir uns endlich zu d____ Flucht entschlossen, aber wir hatten nicht genug Geld Ausweise für mich, mein____ Frau und d____ Kinder zu kaufen. Ich kam zuerst hierher um von hier aus die Reise für d____ Rest der Familie zu organisieren. Ich wohnte zuerst bei mein____ Onkel. Er wohnt seit ein____ Jahr in Deutschland in ein____ Einzimmerwohnung in Hamburg. Er hatte Kontakte zu unser____ Partnerorganisation hier in d____ Bundesrepublik und sie hat die Ausreise meiner Familie organisiert. Sechs Wochen nach mein____ Ankunft in Deutschland kam meine Frau mit d____ Kinder____ . Bis d____ Ankunft meiner Familie an d____ Hamburger Flughafen habe ich mir ständig Sorgen gemacht. Wir konnten nicht alle bei mein____ Onkel wohnen, also haben wir zuerst in ein____ Sammelunterkunft für Asylbewerber außerhalb d____ Stadt gewohnt. Nach ein____ halben Jahr zogen wir in ein____ Wohnung in d____ Innenstadt. Am Anfang war es schwierig. Ich ging jeden Tag zu d____ Arbeitsamt, konnte aber keine Stelle finden. Wir bekamen zwar Geld von d____ Staat, aber ich wollte arbeiten. Während dies____ Zeit studierte ich an d____ Volkshochschule um mein Deutsch zu verbessern und endlich bekam ich eine Stelle in ein____ Büro. Die Kinder gehen hier in d____ Schule und lernen Deutsch. Außer mein____ Frau sind wir alle sehr glücklich, aber es fiel ihr schwer sich von ihr____ Familie zu trennen.

B Replace each underlined noun with a pronoun to form a phrase using **da-**, and then to form a question, as in the example.

e.g. Er arbeitet mit Maschinen.
　　→ Er arbeitet damit. / Womit arbeitet er?

1. Er interessiert sich sehr für Kurse an der Volkshochschule.
2. Er hatte Angst vor Verfolgung in seiner Heimat.
3. Er spricht selten über seine Erfahrungen.
4. Er erinnert sich ungern an die Vergangenheit.

C Fill in the correct form of **meinetwegen** etc. to complete the statements.

1. Mein Freund wohnte schon in Deutschland und ich kam _____ hierher.
2. Ich finde das Leben in Deutschland schön; _____ können wir den Rest unseres Lebens hier bleiben.
3. Mir gefällt es gut hier, aber meine Frau fühlt sich nicht wohl; _____ überlege ich es mir nach Hause zurückzukehren.
4. Ich wollte meine Heimat nicht verlassen, aber ich hatte Angst um die Kinder. _____ bin ich ausgewandert.

Europa

Read the following information about the history and institutions of the European Union and fill in the blanks with the appropriate relative pronoun.

A Nominative case

1. Die EU, _____ sich aus der Europäischen Gemeinschaft für Kohle und Stahl (EGKS) entwickelt hat, ist zum größten Teil ein Erfolg gewesen.
2. Die 15 Länder, _____ zur EU gehören, machen zu bestimmten Themen eine gemeinsame Politik.
3. Der Binnenmarkt, _____ am 1.1.93 vollendet wurde, vereinfacht den Handel zwischen den Mitgliedsstaaten.
4. Das Europäische Parlament, _____ einmal im Monat zusammentrifft, hat seinen Sitz in Straßburg.

B Accusative case

1. Die Vorteile, _____ wir durch die EU bekommen, sind zahlreich.
2. Es gibt auch Nachteile: der zollfreie Einkauf, _____ viele hoch schätzten, wurde Ende Juni 1999 abgeschafft.
3. Die Einheitswährung ist eine Entwicklung, _____ die Briten bis jetzt abgelehnt haben.
4. Das Hauptziel der EU, _____ schon die Gründer der EGKS feststellten, ist Zusammenarbeit innerhalb Europas zu fördern.

C Genitive case

1. Das Europäische Parlament, _____ Mitglieder von den EU-Bürgern direkt gewählt werden, besitzt noch nicht dieselbe Rechte wie nationale Parlamente.
2. Die Europäische Kommission, _____ Aufgaben den Entwurf neuer Gesetze einschließen, hat ihren Sitz in Brüssel.
3. Der Ministerrat, _____ Mitglieder die Außenminister der Mitgliedsstaaten sind, ist das wichtigste gesetzgebende Organ der EU.
4. Unter den Ländern, _____ künftige Mitgliedschaft der EU zur Zeit diskutiert wird, sind Polen und die Türkei.

D Dative case

1. Das Europäische Parlament, mit _____ viele EU-Bürger sich kaum beschäftigen, spielt trotzdem eine große Rolle in der europäischen Demokratie.
2. Europäische Gesetze, nach _____ alle Mitgliedsstaaten sich richten müssen, gelten vor nationalem Recht.
3. Die EGKS, aus _____ die EU sich entwickelte, wurde 1951 gegründet.
4. Der Ministerrat, mit _____ die Europäische Kommission eng zusammenarbeitet, hat die Macht Gesetze zu erlassen.

There is another way to express a preposition + relative pronoun. Can you work out what it would be for each of the dative case examples?

45 Relative pronouns

a   There are various ways of joining two sentences together. One way is to use a RELATIVE PRONOUN. In English this is *which, who, whose, of whom* or *that* and it avoids repeating a noun which is the same in each of the sentences.

> Die Soldaten schützten das Dorf. Das Dorf war isoliert.
> *The soldiers protected the village. The village was isolated.*
> Die Soldaten schützten das Dorf, **das** isoliert war.
> *The soldiers protected the village which was isolated.*

b   The new sentence now contains two clauses – a main clause (*The soldiers protected the village*) and a RELATIVE CLAUSE (*which was isolated*) which contains information relating to the main clause. In German these clauses are separated by a comma. Notice that the verb in the relative clause (**war**) is at the end – it follows the rules for subordinate clauses. [« 19]

c   The relative pronouns act in the same way as the definite articles, except for the genitive (which is not particularly common) and the dative plural.

	MASCULINE	FEMININE	NEUTER	PLURAL (all genders)
NOMINATIVE	der	die	das	die
ACCUSATIVE	den	die	das	die
GENITIVE	dessen	deren	dessen	deren
DATIVE	dem	der	dem	denen

d   The relative pronoun must match the noun it replaces in gender (masculine, feminine or neuter) and number (singular or plural). However, its <u>case</u> depends on the part it plays in the relative clause. If you're not sure what case to use, think of the relative clause as a separate sentence and check what part the noun/pronoun plays in it.

> Sie aßen den Kuchen, **der** auf dem Tisch war.
> *They ate the cake which was on the table.* (***The cake*** *(nom.) was on the table.)*
> Sie aßen den Kuchen, **den** sie eben gebacken hatte.
> *They ate the cake which she had just baked.* (*She had baked* ***the cake*** *(acc.).)*
> Der Kuchen, **den** wir essen, schmeckt gut.
> *The cake that we are eating tastes good.* (*We are eating* ***the cake*** *(acc.).)*
> Das ist die Frau, **deren** Tochter in Frankreich studiert.
> *That's the woman whose daughter is studying in France.*
> Er hat ein Auto, **dessen** Höchstgeschwindigkeit nur bei 80 km/h liegt.
> *He's got a car whose top speed is only 80 km/h.* (*... the top speed of which ...*)

e   The relative clause usually goes immediately after the noun it relates to and is surrounded by commas – they act like brackets around the 'extra' information.

f   In English the relative pronoun can sometimes be omitted, but never in German.

> Der Mann, mit dem ich sprach, kam aus Luxemburg.
> *The man (that) I was speaking to came from Luxemburg.*

g Sometimes an interrogative pronoun can replace a preposition and relative pronoun. This is more common in spoken German. [« 44d]

> Die Sache, **worüber** ihr gerade sprecht, ist mir sehr wichtig.
> (worüber = über die ...)
> *The matter about which you are just talking is very important to me.*

46 Interrogative pronouns

a The words *who*, *whom* and *whose* are used in different ways in sentences. They can be used as relative pronouns. However, if you want to ask a question you must use one of the INTERROGATIVE PRONOUNS. Which one you use depends on what part it plays in the question – its case. Here are the different forms of **wer**. [« 20]

NOMINATIVE	ACCUSATIVE	GENITIVE	DATIVE
wer	wen	wessen (+ *noun*)	wem

b If *who* is the subject of the sentence, use **wer**.

> Wer spricht Deutsch?   *Who speaks German?*

c If *who* or *whom* is the direct object of the sentence or is used with a preposition which takes the accusative, use **wen**.

> Für wen sind die Schuhe?   *Who are the shoes for? (For whom are the shoes?)*

d If *who* or *whom* is the indirect object of the sentence or is used with a preposition which takes the dative, use **wem**. [« 8e; « 41] Some verbs (like **helfen**) take the dative and so need **wem** in a question. [» 56, 57]

> Mit wem fährst du nach Berlin?
> *Who are you going to Berlin with? (With whom are you going to Berlin?)*
> Wem hat er geholfen?   *Who did he help?*

e To ask a question with *whose*, use **wessen** with a noun (which can be any gender, singular or plural).

> Wessen Freund ist das?   *Whose friend is that?*
> Wessen Schuhe hast du?   *Whose shoes have you got?*

f There are times when question words can be used in subordinate clauses. This is usually when there is an INDIRECT QUESTION. A DIRECT QUESTION is something like this:

> Wer hat die Nachrichten gesehen?   *Who has seen the news?*

Examples of indirect questions could be:

> Ich weiß nicht, wer die Nachrichten gesehen hat.
> *I don't know who has seen the news.*
> Können Sie mir sagen, wer die Nachrichten gesehen hat?
> *Can you tell me who has seen the news?*

Indirect questions can be introduced by any of the question words and they follow the same rules as other subordinate clauses. [« 19; « 20b]

A The Channel Tunnel is a recent achievement with a long history. Read the passage and fill in the gaps with the correct relative pronouns.

Der Tunnel unter dem Ärmelkanal, _____ Bau 1985 von der britischen Premierministerin Margaret Thatcher und dem französischen Präsidenten Mitterrand initiiert wurde, hat sich in den letzten Jahren zu einem Erfolg entwickelt. Jedoch ist die Idee eines Tunnels, _____ die Reise zwischen England und Frankreich vereinfachen sollte, nichts Neues. Schon Napoleon träumte davon, aber bis Ende des zwanzigsten Jahrhunderts blieb die Idee ein Traum, _____ viele sogar für Unsinn hielten. Ein Tunnel hat offensichtlich Vorteile. Schnelle Züge ersetzen eine Schifffahrt, _____ anderthalb Stunden dauert. Seekrankheit, _____ die Überfahrt zu einem Höllenerlebnis machen kann, ist hier kein Problem. Aber viele beklagten sich über die Kosten, _____ ständig stiegen, und die Briten zahlten einen weiteren Preis: den Verlust des Inselstatus, auf _____ sie sehr viel Wert legen. Mitterrand, _____ den Tunnel zusammen mit der britischen Königin 1994 eröffnete, sah zu, wie das Projekt, für _____ er sich eingesetzt hatte, in Erfüllung ging. Und der Tunnel, _____ so viele nicht wollten, ist inzwischen Teil des Alltags geworden. Außerdem profitieren Reisende von der Konkurrenz, _____ zwischen dem Tunnel und den Fährbetrieben besteht. Vor allem die Briten, _____ Reisemöglichkeiten durch den Inselstatus immer beschränkt waren, nutzen den Tunnel aus um übers Wochenende kurz nach „Europa" zu fahren. Hauptzweck: Einkaufen, vor allem Tabak und Alkohol, _____ in Frankreich viel billiger sind.

B Many opportunities are offered to young people through the EU. Read the following statements about the organisation **Europäischer Feriendienst** and replace each underlined word with a relative pronoun to join up the sentences.

e.g. Europäischer Feriendienst ist eine Organisation. <u>Die Organisation</u> veranstaltet Ferien für junge Europäer.
→ Europäischer Feriendienst ist eine Organisation, <u>die</u> Ferien für junge Europäer veranstaltet.

1. Die Jugendlichen nehmen daran teil. <u>Die Jugendlichen</u> kommen aus verschiedenen Ländern.
2. Europäischer Feriendienst ist eine Organisation. Das Ziel <u>der Organisation</u> ist die Förderung der Verständigung zwischen jungen Europäern.
3. Die Jugendlichen wohnen in Gastfamilien. Die Organisation findet <u>die Gastfamilien</u>.
4. Auf dem Programm stehen Ausflüge und andere Unterhaltungsmöglichkeiten. Europäischer Feriendienst legt <u>das Programm</u> fest.

Wohltätige Zwecke

A Carina is a nurse working for the Red Cross in Third World countries. Read this account of her arrival in an African village and put the verbs in brackets into the pluperfect tense.

Die Szene war schlimmer, als ich (*sich vorstellen*). Durch meine Arbeit mit dem Roten Kreuz (*erleben*) ich schon Armut und Not, aber ich (*sehen*) noch nie so viel Elend. Die Soldaten (*zerstören*) das Dorf und (*mitnehmen*) alle Vorräte an Essen. Die Leute (*versuchen*) Hütten zu bauen, aber die meisten (*schlafen*) in den letzten Nächten draußen auf dem Boden. Die Dürre (*ruinieren*) die neue Ernte und die meisten (*essen*) in der vorigen Woche gar nichts. Die Soldaten (*verminen*) die ganze Gegend und die Leute (*haben*) zu viel Angst das Dorf zu verlassen und Hilfe zu suchen. Die Soldaten (*schlachten*) auch die Rinder. Einige (*essen*) sie, aber sie (*zurücklassen*) andere und die Leichen von den toten Tieren (*verseuchen*) das Trinkwasser. Viele (*erkranken*) an Cholera und über zwanzig Kinder (*sterben*) schon. Andere Krankheiten (*sich verbreiten*) auch. Ein einheimischer Arzt, der Einzige in der ganzen Gegend, (*vorbeikommen*) und (*verteilen*) Medikamente, aber seine Vorräte (*reichen*) noch lange nicht. Er (*versprechen*) mehr Medikamente zu besorgen, aber er (*zurückkommen*) noch nicht. Er (*sich fürchten*) vielleicht vor den Soldaten oder vielleicht (*halten*) er den Versuch für hoffnungslos. Bis wir mit Essen und Arzneimittel ankamen, (*aufgeben*) die meisten Bewohner auch die Hoffnung.

B Fill in the gaps in the sentences with either **seit** or **seitdem**.

1. _____ vier Jahren herrscht Bürgerkrieg in diesem Land.
2. _____ die Dürre die Ernte zerstört hat, gibt es sehr wenig zu essen.
3. _____ dem Anfang des Jahres arbeitet das Rote Kreuz in diesem Dorf.
4. _____ der Ankunft der Roten-Kreuz-Arbeiter geht es den Einwohnern viel besser.
5. _____ mehr Ärzte in der Gegend arbeiten, sind die Todeszahlen gesunken.
6. _____ die Medien über die Lage berichten, bekommt das Rote Kreuz mehr Spenden für die Betroffenen.
7. _____ dem Abzug der Soldaten aus der Gegend, haben die Einwohner weniger Angst.
8. _____ die Vereinten Nationen Druck auf die Regierung ausüben, ist es einfacher für das Rote Kreuz den Leuten zu helfen.

47 Pluperfect tense

a   If you are familiar with the perfect tense, the PLUPERFECT TENSE is very straightforward. It is exactly the same as the perfect tense except that the auxiliary (**haben** or **sein**) is in the imperfect tense (not the present). This puts everything one tense further back into the past.

> Er **hatte** den Film schon **gesehen**, also ist er zu Hause geblieben.
> *He had already seen the film, so he stayed at home.*
> Bevor sie nach Deutschland kamen, **hatten** sie in der Türkei **gearbeitet**.
> *Before they came to Germany, they had worked in Turkey.*
> Da sie spät **angekommen war**, hat sie den Zug verpasst.
> *As she had arrived late, she missed the train.*

b   If a verb takes **sein** as its auxiliary in the perfect tense, it will do so in the pluperfect, too. Here are the auxiliaries for the pluperfect in full. [« 14c; » Appendix 1]

haben	sein	
ich hatte	ich war	*I had*
du hattest	du warst	*you had*
er / sie / es hatte	er / sie / es war	*he / she / it had*
wir hatten	wir waren	*we had*
ihr hattet	ihr wart	*you had*
Sie hatten	Sie waren	*you had*
sie hatten	sie waren	*they had*

c   If the past participle of a verb is strong or irregular in the perfect tense, it is the same in the pluperfect. [« 14d–g; » Appendix 2]

d   Here are some words which are particularly common with the pluperfect tense.

schon ..., als ...	*already ..., when ...*
bevor	*before*
ehe	*before*
nachdem	*after*

> Er hatte die Diamanten schon versteckt, als die Polizei ankam.
> *He had already hidden the diamonds when the police arrived.*
> Bevor er entfliehen konnte, hatte man das Gebäude umgeben.
> *Before he could escape they had surrounded the building.*
> Ehe wir nach Indien zogen, waren wir viel in Asien gereist.
> *Before we moved to India we had travelled a lot in Asia.*
> Nachdem sie den Dokumentarfilm gesehen hatten, haben sie der Hilfsorganisation Geld gespendet.
> *After they had seen the documentary, they made a donation to the charity.*

e   When starting a sentence with **nachdem** (as in the example above), remember to put the auxiliary at the end of the subordinate clause, followed by a comma, then the verb of the main clause (verb – comma – verb). [« 19]

48 seit and seitdem

a **Seit** is a preposition which governs the dative case. [« 41a–c] **Seitdem** is a subordinating conjunction. [« 19] They can both be translated as *since* and they both need special care when choosing what tense to use.

b As a preposition, **seit** must be used with a noun and the tense of the verb is either the present or the imperfect. In English we tend to use the perfect and pluperfect instead. In the first example, the present is used because he is still asleep now. And in the second example, the imperfect is used because she was sitting there for some time in the past.

> Seit dem Anfang des Films schläft er.
> *He has been asleep since the beginning of the film.*
> Seit ihrer Ankunft saß sie wortlos in der Ecke.
> *Since her arrival she had sat silently in the corner.*

c Similarly, you should use the present or the imperfect with **seitdem** where English uses the perfect and pluperfect. [« 19]

> Seitdem sie hier arbeitet, haben wir nichts zu tun.
> *Since she's been working here (and she still is working here), we've nothing to do.*
> Seitdem wir in Rumänien waren, hatten wir viele neue Gebäude gesehen.
> *Since we had been in Romania, we had seen lots of new buildings.*

d Sometimes it is better to use **seit** + noun rather than **seitdem** + verb because the construction is simpler. Look at these two ways of saying the same thing.

> Seitdem ich in Berlin angekommen bin, fühle ich mich sehr wohl.
> *Since I arrived in Berlin I have felt really good.*
> Seit meiner Ankunft in Berlin fühle ich mich sehr wohl.
> *Since my arrival in Berlin I have felt really good.*

e Remember that **seit** can also mean *for* a certain length of time. The use of the present and imperfect still applies here.

> Ich wohne seit vier Jahren hier.
> *I have lived here (and still do) for four years.*
> Sie waren seit drei Monaten in Australien unterwegs, als sie die Nachricht bekamen.
> *They had been travelling in Australia for three months when they got the news.*

A It is not only in the Third World that people need help. Read this account of a young German girl who became homeless. Decide which tense the verbs in brackets should be in – either the pluperfect or the imperfect.

Vor zwei Jahren (*weglaufen*) ich von zu Hause. Es (*sein*) nicht das erste Mal. Ich (*weglaufen*) schon zweimal, aber meine Mutter und mein Stiefvater (*erwischen*) mich bei den ersten beiden Versuchen. Damals (*planen*) ich die Sache nicht sehr gut. Das erste Mal (*sein*) schlimm. Ich (*wegsein*) noch nie von zu Hause und ich (*wissen*) nicht wohin. Das zweite Mal (*wollen*) ich zuerst bei einer Freundin schlafen, aber ihre Mutter (*anrufen*) meine Eltern und sie (*abholen*) mich. Der Grund, warum ich weggehen (*wollen*), (*sein*) einfach: meine Eltern. Schon vor meiner Geburt (*sich trennen*) meine Mutter von meinem Vater. Als ich sechs Jahre alt war, (*kennen lernen*) sie meinen Stiefvater. Kurz darauf (*heiraten*) sie ihn. Schon vor der Hochzeit (*rauslassen*) er seine Wut auf mich. Zuerst (*sagen*) ich nichts, aber nachdem er mich ein paar Mal (*verprügeln*), (*erzählen*) ich meiner Mutter alles. Sie (*glauben*) mir nicht. Nachdem er meine Mutter (*heiraten*), (*werden*) es schlimmer. Jedesmal, wenn er zu viel (*trinken*), (*schlagen*) er mich. Endlich (*können*) ich es nicht mehr aushalten und ich (*weglaufen*). Beim dritten Versuch (*gelingen*) es mir. Ich (*sparen*) schon ein bisschen Geld und ich war sicher, dass es auf der Straße nicht schlimmer sein (*können*). Aber ich (*sich täuschen*). Nachdem ich zwei Nächte auf der Straße (*verbringen*), (*sein*) ich verzweifelt. Am dritten Tag (*gehen*) ich in die Telefonzelle und (*wollen*) meine Eltern anrufen. Dann (*sehen*) ich ein Plakat vom Kinderschutzbund[1]. Ich (*hören*) schon vom Kinderschutzbund, aber bis zu diesem Zeitpunkt (*denken*) ich nicht daran mich bei ihnen zu melden. Ich (*anrufen*) und (*gehen*) zur Beratungsstelle. Die Sozialarbeiterin (*sehen*) sofort, dass jemand mich (*verprügeln*) und (*organisieren*) für mich einen Platz in einem Wohnheim. Sie (*informieren*) auch meine Eltern und die Polizei, aber meine Eltern (*melden*) mich noch nicht als vermisst.

B Translate the following sentences into German.

1. Elke has been working for the child protection agency for two years.
2. Since she has been working there she has helped over 300 children.
3. Before she worked there she had spent three years as a nurse in the Third World.
4. Since her return to Germany she has written about her experiences there.
5. She had always liked working with young people.[2]
6. There are more problems in Germany than she had imagined.
7. Since the media have been reporting on the problems of young people, she has found that society has become more aware.

---

[1] *Kinderschutzbund*: the German charity for child protection.
[2] Use *gefallen*

A The following newspaper article describes an attack by a group of right-wing radicals on a home for asylum seekers in Germany. Fill in the missing relative pronouns.

Schon am frühen Abend begann der Krawall vor dem Asylbewerberheim. Die Jugendlichen, _____ einer rechtsextremistischen Organisation gehören, warfen Molotowcocktails und bedrohten die Bewohner des Heims. Die Organisation, _____ Motto „Keine Toleranz für Ausländer" lautet, ist eine kleine jedoch gefährliche politische Partei. Die Bewohner des Heims, _____ hauptsächlich Frauen und Kinder waren, sahen erschrocken zu, wie die Masse vor dem Heim immer größer wurde. Die Polizei, _____ ziemlich spät auftauchte, konnte nur mit Mühe die Menge überzeugen wegzugehen. Die ausländische Bevölkerung reagierte heftig auf die Angriffe, vor _____ sie die Polizei schon gewarnt hatten. „Das war ein Angriff, _____ wir schon lange befürchtet haben", meinte einer. Rudolf Hoth, der Polizeichef, _____ die ausländische Bevölkerung vorwirft nicht genug gegen Rechtsextremismus zu unternehmen, verteidigte sich: „Gegen Verbrechen, _____ noch nicht passiert sind, kann ich nichts machen." Die rechtsextremistische Partei, _____ Anführer die gestrige Nacht im Gefängnis verbrachten, drohte mit weiterem Krawall.

B Read this further eye witness account of the attack and put the verbs in brackets into the correct tense (present, imperfect or pluperfect).

Die Täter (*planen*) den Attentat offensichtlich schon im Voraus und (*sich vorbereiten*) gut. Sie (*mitbringen*) Waffen und (*drohen*) den Bewohnern des Heims sie anzugreifen. Ich (*sein*) schockiert, aber nicht sehr überrascht, als ich sie (*sehen*). Seitdem die Asylanten in dem Heim (*wohnen*), (*protestieren*) die Rechtsextremisten. Wir (*denken*) alle schon, dass so was passieren würde. Nachdem die Skinheads ein paar Molotowcocktails (*werfen*), (*versuchen*) sie die Tür des Heims aufzubrechen. Ein Nachbar von mir (*anrufen*) aber die Polizei schon und in dem Moment (*ankommen*) mehrere Streifenwagen. Wir (*fürchten*) Schlägereien zwischen den Rechtsradikalen und den Polizisten, aber der Führer der Gruppe (*beschließen*) offensichtlich schon keinen Krawall zu beginnen. Die Polizisten (*verhaften*) ihn und ein paar andere, die sie schon als die Haupttäter (*identifizieren*).

C Make the statements into questions by replacing the underlined sections with an interrogative pronoun as in the example.

e.g. Die EGKS war die Idee <u>Jean Monnets, des Beiraters des französischen Außenministers Schuman</u>.
   → Wessen Idee war die EGKS?

1. <u>Konrad Adenauer</u> war Bundespräsident zur Zeit der Gründung der EGKS.
2. Der europäische Rat spricht über <u>die Grundlinien der EU</u>.
3. Viele Bauer protestieren gegen <u>die Agrarpolitik der EU</u>.
4. <u>Beethovens</u> neunte Symphonie ist die europäische Hymne geworden.
5. Die Grünen setzen sich im europäischen Parlament für <u>eine gemeinsame Umweltpolitik</u> ein.

D Young people give their opinions about Europe. Fill in the case endings.

ALIX   Es ist schon gut, dass man innerhalb d___ europäisch___ Union frei reisen darf. Ich finde es prima über d___ Grenze zu fahren ohne mein___ Pass vorzuzeigen.

THOMAS   Vorteile auf d___ einen Seite bringen auch Nachteile. Ich finde, dass wir Grenzen brauchen. Die Grenzlosigkeit macht es zu einfach für Drogenhändler Drogen aus d___ Ausland in unser___ Land zu schmuggeln.

SARA   Ich bin für d___ europäische Einheit. Nur mit ein___ gemeinsam___ Politik können wir Probleme wie Umweltverschmutzung lösen.

CLAUDIA   Durch d___ freien Verkehr haben wir viel mehr Möglichkeiten. Man darf zum Beispiel in jed___ Mitgliedsstaat studieren oder arbeiten.

KARL   Wenn ich zwischen d___ europäischen Einheit und unser___ Selbstständigkeit entscheiden müsste, würde ich die Letztere wählen. Ich bin für d___ Zusammenarbeit zwischen d___ europäisch___ Ländern, aber ich möchte nicht, dass das europäische Parlament Gesetze einführt, die gegen d ___ Wünsche der Deutschen sind.

SUSANNE   Wir brauchen die europäische Einheit wegen d___ international___ Handel___. Nur zusammen können wir mit d___ Vereinigten Staaten konkurrieren.

ELIAS   Seit d___ Gründung der Gemeinschaft in d___ 50er Jahren hat es keine Kriege zwischen d___ Mitgliedsstaaten gegeben. Seit d___ Ende des zweiten Weltkriegs haben wir endlich gelernt unsere Probleme anders zu lösen. Die EU hat viel zu d___ Frieden in Europa beigetragen. Die EU muss jetzt versuchen jenseits d___ Grenzen der Mitgliedsstaaten positiv zu wirken.

SANDRA   Ich finde die EU gut, aber ich halte nichts von d___ Einheitswährung.

PAUL   Ich arbeite bei ein___ international___ Firma. Durch d___ Euro ist der Handel mit d___ Ausland viel einfacher geworden.

E Read this article about refugees from Rwanda and translate it into German.

Yesterday 10,000 refugees from Rwanda set off for home[1]. The refugees, who had fled to Zaire during the war in Rwanda, had spent two years in a camp there. Aid organisations, which had been expecting the return of the refugees for several weeks, gave them food and medicine at the border then sent them on to[2] their home villages. The refugees, many of whom had eaten little in the last week, were weak and tired. 'They had obviously suffered a lot and we couldn't do much to help them,[3]' said one aid worker[4].

[1] to set off: *sich auf den Weg setzen*
[2] use *in*
[3] use *helfen* (to do ... to help)
[4] *Hilfsarbeiter*

Sport

DIAGNOSTIC

A Sporttrends der Deutschen

Put the adjectives in brackets into their comparative form.

1. (*Wenig*) Deutsche als Engländer spielen Golf – wahrscheinlich weil es in Deutschland (*teuer*) ist.
2. Viele treiben Sport um (*gesund*) zu werden.
3. Sport spielt eine (*wichtige*) Rolle im Leben vieler Deutschen als vor zwanzig Jahren.
4. Die Anzahl an Bundesbürgern, die einem Fitnessklub angehören, ist deshalb viel (*hoch*) als vor 20 Jahren.
5. Neue Sportarten wie Skysurfing werden immer (*populär*).

B Deutsche Sportler

Put the adjectives in brackets into their superlative form.

1. Michael Schumacher ist wahrscheinlich der (*bekannte*) deutsche Sportler.
2. Steffi Graf ist die (*erfolgreiche*) Tennisspielerin des letzten Jahrzehnts.
3. 1985 wurde Boris Becker der (*junge*) Sieger in der Wimbledon Tennismeisterschaft.
4. 1992 hat Jan Ullrich als erster Deutscher seit 19 Jahren das (*schwere*) Radrennen der Welt, die Tour de France, gewonnen.

C Extremsport

In this article Erich describes the attraction of the extreme sport of bungy-jumping. Put the adjectives/adverbs in brackets into their comparative form.

Ich habe jetzt schon zehnmal Bunjeespringen gemacht und bin jedes Mal (*weit*) gesprungen. Es hat mir jedes Mal (*gut*) gefallen. Nichts ist (*spannend*) als das Gefühl frei zu fallen. Ob es gefährlich ist? Natürlich ist das Risiko tödlich zu verunglücken (*hoch*) als bei anderen Sportarten, aber Extremsportler üben ihre Sportarten oft viel (*vorsichtig*) als andere Sportler aus. Es wird auch viel (*gründlich*) kontrolliert, ob man fit genug ist das überhaupt zu machen.

D Skifahren

This article is written by a ski instructor. Put the adverbs in brackets into their superlative form.

Skifahren lernt man (*leicht*), wenn man noch Kind ist. Man kann sich dann (*gut*) bewegen und man gewöhnt sich (*schnell*) an die Skier. Man hat dann auch (*wenig*) Angst vor dem Berg. Wenn ich unterrichte, betone ich immer, wie wichtig die Sicherheit ist. Die besten Skifahrer sind nicht diejenigen, die (*schnell*) fahren, sondern die, die (*stilvoll*) und (*sicher*) fahren. So sage ich es immer im Unterricht. Unfälle passieren nämlich (*häufig*), wenn die Leute zu schnell fahren und außer Kontrolle geraten.

49 Comparative adjectives

a   In German you can compare nouns in a similar way to English, usually by adding **-er** to the end of the adjective which describes the noun. If the adjective has only one syllable, you sometimes put an **Umlaut** on the vowel if it is **a, o, u** or **au**. In English, longer adjectives and ones ending in *-ing* have *more* before them, but German is much simpler – just add **-er**.

klein, kleiner	*small, smaller*
jung, jünger	*young, younger*
gesund, gesünder	*healthy, healthier*
langweilig, langweiliger	*boring, more boring*

b   A few irregular adjectives do not follow any particular rule.

hoch, höher	*high, higher*
gut, besser	*good, better*
viel, mehr	*much / many, more*

c   As with all adjectives, the comparative must change its ending if it precedes a noun. [« 23d] This means that sometimes you may have **-erer** (or even **-ererer**) at the end of an adjective, as in these examples:

(lang, länger) ein längerer Aufenthalt	*(long, longer) a longer stay*
(groß, größer) mit größerer Sicherheit	*(great, greater) with greater safety*
(bitter, bitterer) ein bittererer Apfel	*(bitter, more bitter) a more bitter apple*

d   If *than* follows the comparison, use **als**. [» 53]

Das Leben in der Wüste ist schwieriger **als** in der Stadt.
Life in the desert is more difficult than in the town.

e   A useful construction is **je ... desto** (*the more ..., the more ...*) which uses comparatives.

Je schneller der Wagen, **desto** gefährlicher ist er.
The faster the car, the more dangerous it is.

f   Another common construction is **immer** with the comparative.

Mein Hund wird immer dicker.
My dog is getting fatter and fatter. (more and more fat)

50 Superlative adjectives

a   To say *the most* in German, you usually add **-st** or **-est** to the adjective. You then need the correct form of the definite article and the appropriate endings. [« 24a]

	MASCULINE	FEMININE	NEUTER	PLURAL (all genders)
NOMINATIVE	der kleinste	die kleinste	das kleinste	die kleinsten
ACCUSATIVE	den kleinsten	die kleinste	das kleinste	die kleinsten
GENITIVE	des kleinsten	der kleinsten	des kleinsten	der kleinsten
DATIVE	dem kleinsten	der kleinsten	dem kleinsten	den kleinsten

b The vowel sometimes adds an **Umlaut** in the same way as comparatives (**jung, jünger, der jüngste**) and some superlatives are irregular. [« 49]

> der beste Wagen   *the best car*
> der höchste Berg   *the highest mountain*
> der meiste Fettgehalt   *the most fat content*
> der nächste Zug   *the next / nearest train*
> Das älteste Mitglied unserer Familie isst die meisten Pralinen.
> *The oldest member of our family eats the most chocolates.*

c Sometimes the noun can be omitted, especially when it is obvious what is being referred to. The adjective is then usually written with a capital letter because it takes on the role of the noun. [« 27]

> Unsere Mannschaft ist die Beste.   *Our team is the best.*

51 Adverbs

a ADVERBS describe verbs – they tell you something more about when, how or where something happened. You can recognise a lot of adverbs in English because they often end in *-ly* (*quickly, slowly*).

b Most German adverbs are exactly the same as their corresponding adjective and they don't need any endings.

> Er war ein fleißiger Junge.   *He was a hard-working boy. (adjective)*
> Er hat fleißig gearbeitet.   *He worked hard. (adverb)*
> Das Essen ist gut.   *The meal is good. (adjective)*
> Sie isst gut.   *She eats well. (adverb)*

c Sometimes an ADVERBIAL PHRASE is used rather than just one word.

> Wir essen jede Woche mit Freunden in einem vegetarischen Restaurant.
> *We eat every week (when) with friends (how) in a vegetarian restaurant (where).*

d In German, if you have two or more adverbs together, they usually come in a certain order – time (when), manner (how), place (where). [« 22]

e Comparative adverbs are just the same as comparative adjectives, with the same irregularities. In English they usually have the form *more -ly* or end in *-(li)er*. [« 49]

> Busse fahren langsamer als Züge.   *Buses travel more slowly than trains.*

f Superlative adverbs are formed by using **am** with **-(e)sten** on the end of the adverb. Those adverbs which add an **Umlaut** in the comparative do so in the superlative, and there are a few irregular forms. In English they usually have the form *(the) most ...* or *(the) -(li)est*. [« 50]

besser, am besten; höher, am höchsten	*better, best; higher, highest*
mehr, am meisten; näher, am nächsten	*more, most; nearer, nearest*
Schiffe fahren am langsamsten.	*Ships travel most slowly.*
Sie schreien am lautesten.	*They are shouting (the) loudest.*

52 gern

a You can use the adverb **gern** to show that you <u>like</u> doing something. As with all adverbs, it says more about the verb – in this case how much you like doing something.

| Ich schwimme gern. | *I like swimming. (I swim gladly.)* |
| Wir gingen gern in Restaurants. | *We liked going to restaurants.* |

b The comparative and superlative forms are irregular but quite common. They are used to say that you prefer (doing) something (**lieber**) or like it best of all (**am liebsten**).

Sie spielt **gern** Fußball, aber sie spielt **lieber** Basketball und **am liebsten** spielt sie Tennis.
She likes playing football, but she prefers (playing) basketball and she likes tennis best of all.

c Remember that these are adverbs – they describe a <u>verb</u> and you cannot use them to say you like a <u>noun</u> or <u>pronoun</u>. To do that you can use the modal verb **mögen** or the verb **gefallen**. To say you prefer something, use the separable verb **vorziehen**. [» 52c; « 4; « 32f]

| Ich mag Äpfel, aber ich ziehe Birnen vor. | *I like apples but I prefer pears.* |
| Baseballmützen gefallen ihm sehr. | *He likes baseball caps a lot.* |

53 *as* and *than*

a When using adjectives and adverbs to compare two things there are some useful phrases that you can apply.

| so groß wie | *as big as* | nicht so groß wie | *not as big as* |
| genauso groß wie | *just as big as* | größer als | *bigger than* |

Er fährt so schnell wie eine Schnecke! *He drives as fast as a snail!*
Sie ist älter als ich, aber nicht so alt wie meine Schwester.
She is older than me but not as old as my sister.
Sie haben einen neueren Wagen als wir. *They have a newer car than us.*

b Be careful what case you use after **als** and **wie**. The English can be misleading because it uses pronouns like *me* and *us* when the German is often **ich** and **wir**. To help you get it right, imagine that the sentence continues to explain things more fully. Compare these examples.

Er liebt sie mehr als ich.   *He loves her more than me (i.e. more than **I** love her).*
Er liebt sie mehr als mich.
*He loves her more than me (i.e. more than he loves **me**).*
Ich sprach nicht so lange mit ihr wie du.
I didn't talk to her as long as you (did).
Ich sprach nicht so lange mit ihr wie mit dir.
I didn't talk to her as long as (to) you.

54 More about modal verbs

a   Modal verbs have some special uses, particularly in the perfect and pluperfect tenses. The past participle of modals is normally formed with **ge...t** when there is no infinitive in the clause. [» 17]

Das hat er immer gewollt.   *He always wanted that.*
Sie haben seine Haltung nicht gemocht.   *They didn't like his attitude.*

b   If the perfect or pluperfect tense of a modal verb is used with an infinitive, the past participle is not formed in the normal way. In fact, it looks just like the infinitive. This means that there appear to be two infinitives at the end of the clause.

Sie hat ihren Freund nicht **verlassen wollen**.
She didn't want to leave her friend.
Wir hatten die Drogen **zerstören müssen**.   *We had had to destroy the drugs.*

c   The word order becomes more complicated in subordinate clauses in the perfect and pluperfect tenses. Normally, you would expect the auxiliary verb to be sent to the end of the subordinate clause [» 19], but the two infinitives act as a barrier and prevent the auxiliary from going past them to the end.

Sie ist geblieben, weil sie ihren Freund nicht **hat verlassen wollen**.
She stayed because she didn't want to leave her friend.

d   In speech, it is best to avoid such complicated constructions. Use the imperfect instead.

Sie ist geblieben, weil sie ihren Freund nicht **verlassen wollte**.
She stayed because she didn't want to leave her friend.

e   Notice how the use of different tenses can change the meaning of a sentence. Learn these examples and then apply them to different situations.

Das hat er machen sollen.
He was supposed to do that. (i.e. he should have, but didn't)
Das soll er gemacht haben.
He is supposed to have done that. (i.e. it is alleged that he did it)
Sie hat die Arbeit machen müssen.   *She (has) had to do the work.*
Sie muss die Arbeit gemacht haben, denn sie sieht jetzt fern.
She must have done the work because she's watching TV now.

A Doping im Sport

Replace the adjectives and adverbs in brackets with their appropriate comparative or superlative form.

Warum greifen Sportler zu Drogen? Die Gründe scheinen klar zu sein. Jeder Sportler will (*schnell*) laufen, (*weit*) springen. Der Druck auf Sportler immer (*gut*) Leistungen zu bringen wird jedes Jahr (*groß*) – aber die Risiken auch. Der Deutsche Sportbund hat neulich angekündigt, dass er sich noch (*stark*) der Drogenbekämpfung widmen will. Urinproben werden (*regelmäßig*) durchgeführt und wenn nur der (*klein*) Verdacht bleibt, dass ein Sportler sich gedopt hat, wird er allen möglichen Tests unterzogen. Außerdem werden schuldige Sportler (*streng*) bestraft. Der (*berühmt*) Dopingskandal bleibt heute noch der von Ben Johnson bei den Olympischen Spielen in Seoul, aber es gibt auch andere Fälle. Der (*umstritten*) Fall in Deutschland war der von der Sprinterin Katrin Krabbe, die behauptete, jemand habe ihre Urinprobe manipuliert. Sportler, die sich dopen, riskieren nicht nur ihre Karriere, sondern auch ihre Gesundheit. Die (*häufig*) Nebenwirkungen sind Übelkeit und Kopfschmerzen, aber die regelmäßige Einnahme von Steroiden kann zu (*ernst*) Krankheiten führen. In den (*schlimm*) Fällen kann Doping sogar zu einem frühzeitigen Tod führen.

B Tipps für Skifahrer

Insert either **wie** or **als** into the gaps in the sentences.

1. Anfänger sollten sich Skier aussuchen, die ungefähr so groß _____ sie selbst sind.
2. Fortgeschrittene können Skier benutzen, die 10 bis 15cm größer _____ sie selbst sind.
3. Gute Stiefel sind genauso wichtig _____ gute Skier. Kaufen Sie Stiefel von guter Qualität.
4. Mode ist nicht so wichtig _____ Wärme. Tragen Sie immer feste Kleidung.
5. Wetterverhältnisse auf dem Berg sind oft anders _____ im Tal. Seien Sie gut auf schlechtes Wetter vorbereitet.
6. Fahren Sie langsamer _____ sonst auf unbekannten Pisten.
7. Achten Sie auf Skifahrer, die nicht so gut fahren _____ Sie.

C

Rewrite the following sentences using the words in brackets. In some cases you may also have to introduce a new verb.

e.g. Mein Lieblingssport ist Tennis. (*am liebsten*)
→ Ich spiele am liebsten Tennis.

1. Ich finde Wassersportarten schrecklich, weil ich schlecht schwimme. (*nicht gefallen*)
2. Mein Fitnessklub ist schon in Ordnung, aber es ist besser, Sport draußen zu treiben. (*gern ... lieber*)
3. Skifahren ist schon gut, aber ich finde Snowboarden besser. (*vorziehen*)
4. Ich finde Extremsport super. Es ist mein Traum Fallschirmspringen zu machen. (*gern ... am liebsten*)

Die Abhängigkeit

A Fill in the gaps with the appropriate preposition.

Ich habe schon mit meinen Eltern _____ Alkohol gesprochen und sie haben mich _____ den Gefahren gewarnt, aber ich habe nicht _____ ihre Worte geachtet. Damals war ich in einer Clique, die am Wochenende immer trinken ging. Ich habe mich auch _____ einen Jungen verliebt, der zur selben Clique gehörte. Mit ihm habe ich auch immer sehr viel getrunken. Ich habe mit meinen Eltern _____ meinen Freund gestritten. Sie hatten Angst _____ seinem Einfluss auf mich und meinten, ich könnte mich nicht _____ ihn verlassen, aber ich habe nicht zugehört. Endlich zogen wir zusammen. Damals war mir noch nicht klar, dass er ein Problem mit dem Alkohol hatte. Am Anfang beschränkte er die Sauferei _____ das Wochenende. Obwohl er dann schon sehr viel trank, habe ich das nicht unbedingt _____ ein Problem gehalten. Er war immer sehr lieb und kümmerte sich so gut _____ mich, dass die Trinkerei mir nicht so wichtig schien. Aber dann merkte ich, dass er immer _____ der Flasche griff, wenn er Stress hatte. Seine ganze Lebensfreude schien _____ dem Alkohol abzuhängen – keine Frage auch nur einen Tag lang _____ den Alkohol zu verzichten. Er ist _____ einen Teufelskreis von Abhängigkeit geraten und konnte sich nicht mehr befreien. Langsam wurde es mir bewusst, dass sein Alkoholkonsum beängstigend geworden war. Er wollte aber zunächst nicht _____ seine Abhängigkeit glauben, aber endlich habe ich ihn davon überzeugt, dass er eine Entzugsbehandlung machen sollte. Er wartet jetzt _____ eine weitere Behandlung. Wir sehnen uns beide _____ einem alkoholfreien Leben.

B Sara is a member of a self-help group for former drug addicts. Read her account and choose the correct word (accusative or dative) for each space.

Ich gehöre (*eine / einer*) Selbsthilfegruppe für Drogenabhängige an. Am Anfang war ich (*mich / mir*) nicht sicher, was ich (*mich / mir*) darunter vorstellen sollte, aber die Gruppe gefällt (*mich / mir*) sehr gut. Einmal in der Woche treffe ich (*mich / mir*) mit anderen Drogenabhängigen und meinem Berater Johann. Wir teilen (*unsere / unserer*) Erfahrungen und besprechen (*unsere / unserer*) Probleme. Johann hat (*mich / mir*) sehr geholfen. Er hört (*mich / mir*) immer zu – was sehr wichtig ist, da ich (*meine / meinen*) Eltern (*meine / meinen*) Probleme schlecht anvertrauen kann. Es war sehr schwierig für sie (*mich / mir*) als Drogenabhängige zu akzeptieren. Es entsprach (*ihr / ihrem*) Weltbild nicht. Johann gratuliert (*mich / mir*) immer, wenn ich Fortschritte mache, und er tadelt (*mich / mir*) nie. Aber ich enttäusche (*ihn / ihm*) ungern und versuche immer (*seinen / seinem*) Rat zu folgen.

55 Verbs with prepositions

a One of the problems with prepositions for English students of German is that the same English preposition is translated by different German prepositions in different contexts. This is particularly true when they are used with verbs (*to depend on, to think about* etc.). There is also the added complication of which case to use when you have a choice between accusative and dative.

Try to learn the verb, preposition and case together as a unit and perhaps learn set phrases which will help you remember them. Below are some groups of common verbs and prepositions.

b As a general (but not infallible) rule, for prepositions that govern the accusative or dative, use the accusative for figurative meanings and the dative for literal meanings.

> Wir warten **auf den** Bus.   *We are waiting for the bus.*
> Wir warten **auf dem** Bus.   *We are waiting on top of the bus.*

c *about* is often translated by **über**.

schreiben über (+ acc.) / von (+ dat.)	*to write about*	lachen über (+ acc.)	*to laugh about*
sprechen über (+ acc.) / von (+ dat.)	*to talk about*	nachdenken über (+ acc.)	*to think about, consider*
sich ärgern über (+ acc.)	*to get annoyed about / at*	**but:**	
		denken an (+ acc.)	*to think about / of*
		zweifeln an (+ dat.)	*to have doubts about, doubt*
sich freuen über (+ acc.)	*to be glad about*	fragen nach (+ dat.)	*to ask about / for*
sich beklagen über (+ acc.)	*to complain about*	sich erkundigen nach (+ dat.)	*to inquire about*
sich streiten über (+ acc.)	*to argue about*	warnen vor (+ dat.)	*to warn about / of / against*
sich amüsieren über (+ acc.)	*to be amused about*	weinen um (+ acc.)	*to cry about*

d *at*

blicken auf (+ acc.)	*to look at*
sehen auf (+ acc.)	*to look at*

e *for*

streben nach (+ dat.)	*to strive for*	trauern um (+ acc.)	*to mourn for*
sich sehnen nach (+ dat.)	*to long for*	weinen um (+ acc.)	*to cry for*
greifen nach (+ dat.)	*to reach for*	hoffen auf (+ acc.)	*to hope for*
hungern nach (+ dat.)	*to hunger for*	warten auf (+ acc.)	*to wait for*
dürsten nach (+ dat.)	*to thirst for*	sich vorbereiten auf (+ acc.)	*to prepare for*
bitten um (+ acc.)	*to ask for, request*	halten für (+ acc.)	*to take for, consider as*
kämpfen um (+ acc.)	*to fight for*		

f *from*

retten vor (+ dat.)	*to rescue from*
schützen vor (+ dat.)	*to protect from*
leiden an (+ dat.)	*to suffer from*

g *in*

vertrauen auf (+ *acc.*)	to trust in	glauben an (+ *acc.*)	to believe in
fehlen an (+ *dat.*)	to be lacking in	Freude haben an (+ *acc.*)	to take pleasure in
mangeln an (+ *dat.*)	to be lacking in	sich interessieren für	to be interested in
teilnehmen an (+ *dat.*)	to take part in	(+ *acc.*)	

h *of*

halten von (+ *dat.*)	to think (have an opinion) of	sich erschrecken vor (+ *dat.*)	to be afraid of
denken an (+ *acc.*)	to think of (call to mind)	riechen nach (+ *dat.*)	to smell of
sterben an (+ *dat.*)	to die of	schmecken nach (+ *dat.*)	to taste of
Angst haben vor (+ *dat.*)	to be afraid of	sich kümmern um (+ *acc.*)	to take care of, look after
sich fürchten vor (+ *dat.*)	to be afraid of		

i *on*

ankommen auf (+ *acc.*)	to depend on	rechnen auf (+ *acc.*) / mit (+ *dat.*)	to count on
abhängen von (+ *dat.*)	to depend on	zählen auf (+ *acc.*)	to count on
bestehen auf (+ *dat.*)	to insist on	sich verlassen auf (+ *acc.*)	to rely on
arbeiten an (+ *dat.*)	to work on		

j *to*

sich freuen auf (+ *acc.*)	to look forward to	zeigen auf (+ *acc.*)	to point to
beschränken auf (+ *acc.*)	to restrict to	sich beziehen auf (+ *acc.*)	to relate to, refer to
trinken auf (+ *acc.*)	to drink to	sich wenden an (+ *acc.*)	to turn to
achten auf (+ *acc.*)	to pay attention to	antworten auf (+ *acc.*)	to reply to

k *with*

sich verlieben in (+ *acc.*)	to fall in love with
weinen vor (+ *dat.*)	to weep with / for (joy etc.)
lachen vor (+ *dat.*)	to laugh with (relief etc.)
zittern vor (+ *dat.*)	to tremble with (fear etc.)

l Sometimes German needs a preposition where there isn't one in English.

sich erinnern **an** (+ *acc.*)	to remember
zweifeln **an** (+ *dat.*)	to doubt
werden **zu** (+ *dat.*)	to become
verzichten **auf** (+ *acc.*)	to renounce, give up
gelten **für** (+ *acc.*)	to be considered

m Sometimes English has a preposition where there isn't one in German.

suchen	to look **for**
hören	to listen **to**
anstreben	to strive **for**

n If you use the verbs in the above lists without a noun or pronoun, but use a clause instead, they usually keep the preposition and put **da-** or **dar-** on the beginning of it. [« 39]

Ich denke an den Marathonlauf. *I'm thinking about the marathon.*
Ich denke **daran**, heute früh ins Bett zu gehen.
I'm thinking of going to bed early today.
Er freut sich auf den Flug. *He's looking forward to the flight.*
Er freut sich **darauf**, nach Amerika zu fliegen.
He's looking forward to flying to America.

56 Verbs with the dative

a A small number of verbs are followed by the dative case when you might
expect the accusative (for a direct object). The most common ones are:

danken	*to thank*
helfen	*to help*
folgen	*to follow*

Er dankte **ihnen** für ihre Hilfe. *He thanked them for their help.*
Wir helfen **den Obdachlosen**. *We help the homeless.*
Sie folgte **dem Wagen**. *She followed the car.*

b Here are some other verbs which require the dative case.

angehören	*to belong to*	glauben	*to believe*
begegnen	*to meet*	gratulieren	*to congratulate*
dienen	*to serve*	passen	*to suit*
entsprechen	*to correspond to*	schaden	*to harm*
gefallen	*to please*	vertrauen	*to trust*
gehören	*to belong to*	zuhören	*to listen to*
gehorchen	*to obey*		

Es entsprach **meinen** Erwartungen, glauben Sie **mir**.
It lived up to my expectations, believe me.
Hören Sie **ihm** zu. Er schadet **niemandem**.
Listen to him. He does nobody any harm.

57 Reflexive verbs and the dative

a Some reflexive verbs have a direct object, so the reflexive pronoun (which
would normally be the direct object) has to be in the dative. The only
difference from other reflexive verbs is that **mich** and **dich** become **mir** and
dir. The other pronouns remain the same. [« 36f; « 5]

Ich putze **mir** die Zähne. *I clean my teeth.*
Du kämmst **dir** die Haare. *You brush your hair.*
Er hat **sich** das Bein gebrochen. *He has broken his leg.*

b Here are some other reflexive verbs which have dative pronouns. The
pronoun often has the meaning *to / for yourself.*

sich etwas versprechen	*to promise yourself something*
sich etwas vorstellen	*to imagine / visualise something*
sich sicher sein	*to be sure*

Ich bin **mir** nicht sicher, aber ich hatte es **mir** größer vorgestellt.
I'm not sure, but I'd imagined it to be bigger.

58 lassen

a   One meaning of **lassen** is *to let* or *to allow*. You can take this a stage further and use it to say you have something done (rather than do it yourself). Then **lassen** is sometimes reflexive, with the pronouns in the dative.

Er ließ das Buch fallen.　　　　　*He dropped the book (let it fall).*
Wann lässt du dir die Haare schneiden?　*When are you having your hair cut?*

b   In the perfect tenses of these constructions the past participle is the same as the infinitive. Remember, in a subordinate clause, the auxiliary cannot be sent beyond the barrier of the two infinitives, so it goes just before them. [« 54]

Wir haben uns ein Haus bauen lassen.　*We've had a house built.*
Wir haben kein Geld mehr, weil wir uns ein Haus haben bauen lassen.
We've no more money because we've had a house built.
Sie hatten eine Panne, obwohl sie das Auto eben hatten reparieren lassen.　*They broke down, even though they had just had the car repaired.*

59 Impersonal verbs

a   Some verbs can be used IMPERSONALLY. This means that they are used only with the subject pronoun **es**. The most common one is **es gibt** (*there is / are*), but here are some others.

gelingen	*to succeed*	es gelingt mir das zu tun	*I succeed in doing that*
gefallen	*to be pleased*	es gefiel ihm, dass ...	*he was pleased that ...*
schwer fallen	*to find it difficult*	es fällt mir schwer das zu tun	*I find it difficult to do that*
fehlen	*to lack*	es fehlt uns an Geld	*we need some money*
gehen	*to be (well, etc.)*	es ging ihnen gut	*they were well*
werden	*to become*	es wurde ihm unwohl	*he became unwell*
sich freuen	*to be glad*	es freut mich, dass ihr kommt	*I'm glad that you're coming*
sich lohnen	*to be worth it*	es lohnt sich (nicht) das zu tun	*it's (not) worth doing that*

b   Notice that many of these impersonal expressions use the dative for the person who is the subject in English.

Es fehlte **dem Jungen** am nötigen Engagement.
***The boy** lacked the necessary commitment.*
Es gelang **ihr** die Drogen aufzugeben.
***She** succeeded in giving up the drugs.*

A Fill in the gaps with the missing prepositions and add the correct case ending on to the articles.

Man spricht _____ d____ Gefahren von Ecstasy in der Schule, Werbung im Fernsehen warnt _____ d____ oft katastrophalen Folgen: trotzdem scheinen Jugendliche wenig Angst _____ d____ Technodroge zu haben. 38 000 Ecstasy-Verbraucher gibt es in Deutschland – die Statistik bezieht sich _____ ein____ Umfrage der Münchener Therapieforschung. Zeigt sie _____ ein____ Versagen im Bereich Drogenaufklärung oder sehnen sich Jugendliche so sehr _____ d____ aufputschenden Wirkung der Droge, dass sie _____ d____ Gefahren nicht nachdenken? Da mehrere Jugendliche _____ d____ Missbrauch von Ecstasy gestorben sind, kann man nicht mehr _____ d____ Gefahr zweifeln. Aber im Vergleich zu Heroin halten manche Ecstasy nicht _____ ein____ harte Droge. Therapieforscher hoffen _____ ein____ Modewende, die die Popularität der Droge vermindert, aber bis es so weit ist, rechnen sie _____ ein____ Welle von Drogentoten.

B Rewrite the following sentences, replacing the underlined phrases with the impersonal verbs in brackets.

e.g. Ich habe aufgehört zu rauchen, weil <u>ich kein Geld hatte</u>. (*fehlen*)
  → Ich habe aufgehört zu rauchen, weil es mir an Geld fehlte.

1. <u>Ich habe es geschafft</u> das Rauchen aufzugeben. (*gelingen*)
2. Am Anfang <u>hatte ich nicht viel</u> Motivation. (*fehlen*)
3. Jetzt <u>bin ich froh</u>, dass ich nicht mehr nach Zigaretten rieche. (*freuen*)
4. <u>Mein Mann ist auch froh,</u> dass ich nicht mehr rauche. (*gefallen*)
5. Das Rauchen <u>hat keinen Sinn</u> – es ist teuer und ungesund. (*sich lohnen*)

C Translate into English.

Die Statistik von 1000 Drogentoten pro Jahr, obwohl schon erschreckend, entspricht keineswegs der Anzahl an Bundesbürgern, die jährlich an den Folgen ihrer Alkohol- oder Medikamentensucht sterben. Es handelt sich hier auch nicht um Fälle von Überdosierung, sondern um die Wirkungen von einem längeren Missbrauch von Alkohol oder Medikamenten. Es wird geschätzt, dass es bis zu 2 Millionen Bundesbürgern schwer fallen würde auf diese legalen Suchtmittel zu verzichten. Wenige würden sich als abhängig bezeichnen, aber sie gefährden immerhin ihre Gesundheit. An den Folgen übermäßigen Alkoholkonsums wird nicht mehr gezweifelt: er schadet der Leber und kann zu einem frühzeitigen Tod führen.

D Translate into German.

Many young people begin to take drugs because of peer pressure. They promise themselves that they will only try it once[1] but let themselves be influenced by others and soon find it difficult to say no. Young addicts can turn to a variety of organisations although they must sometimes wait for therapy.[2] Such organisations can only help them, if they really want to have themselves treated. Addicts who lack the necessary motivation frequently do not succeed in giving up drugs.

[1] Use an infinitive construction with *zu*   [2] Use *Therapieplatz*

Gesund essen

A The Schnabel family has made New Year's resolutions regarding its eating habits. Put the underlined verbs into the future tense.

HERR SCHNABEL Wir <u>ernähren uns</u> alle gesünder. Ich habe gelesen, dass immer mehr Männer am Herzinfarkt sterben, weil sie zu viel Fett essen. Ich <u>vermeide</u> Fett also so viel wie möglich.

FRAU SCHNABEL Du <u>trinkst</u> auch weniger Bier – Bier ist genauso schlecht für die Gesundheit. Ich <u>versuche</u> gesünder zu kochen. Ich <u>ersetze</u> Vollmilch mit fettarmer Milch zum Beispiel. Ich <u>kaufe</u> auch mehr Bioprodukte und <u>backe</u> Brot selbst. Die Kinder <u>dürfen</u> weniger Süßigkeiten kaufen und ich <u>lege</u> schokoladenfreie Tage <u>ein</u>. Kinder, <u>macht</u> ihr sonst noch etwas?

STEFFI Ich <u>frühstücke</u> jeden Tag und <u>trinke</u> Milch oder Saft statt Cola. Das <u>ist</u> schwierig für mich, aber ich <u>strenge</u> mich <u>an</u>.

DAVID Ich <u>tue</u> mein Bestes mehr Obst und Gemüse zu essen. Aber Mutti, <u>belohnst</u> du uns nicht, wenn wir es schaffen?

FRAU SCHNABEL Ja, ich bin mir sicher, dass wir viel Geld <u>sparen</u>. Ich <u>hebe</u> das Geld <u>auf</u>, und ihr könnt dann entscheiden, was wir damit machen.

B Frau Zademach discusses the differences between eating habits now and when she was young. Insert **wenn, wann** or **als** into the gaps to complete her account.

_____ ich klein war, hatten wir ganz andere Essgewohnheiten als heutzutage. Wir aßen jeden Tag Fleisch mit Kartoffeln, normalerweise zu Mittag, _____ wir von der Schule kamen. _____ es eine Fete gab, kochte meine Mutter immer etwas Besonderes – eine Gans zum Beispiel. Wir hatten immer feste Mahlzeiten, was heute nicht immer der Fall ist. _____ ich vor kurzem meinen Enkel besuchte, fragte ich ihn, _____ er normalerweise zu Abend isst. Seine Antwort – „ _____ ich Hunger habe!" _____ er wenig Zeit hat, frühstückt er auf dem Weg zur Arbeit, was ich nicht sehr gesund finde. Aber auf der anderen Seite, achtet er auf seine Gesundheit. Er weiß zum Beispiel nicht mehr, _____ er zum letzten Mal Pommes aß. _____ ich Kind war, aßen wir viel mehr Fett und Zucker. Aber wir waren auch viel aktiver als die Kinder heutzutage. Wir mussten immer 3 km laufen, _____ wir zur Schule gingen. Durch meine Kinder und Enkel habe ich aber viele neue Gerichte probiert. _____ ich bei meinem Enkel war, habe ich zum ersten Mal etwas Vietnamesisches gegessen und das hat sehr gut geschmeckt. Ich möchte Gerichte aus anderen Ländern, zum Beispiel indisches Essen, ausprobieren, aber ich weiß nicht, _____ ich die Gelegenheit haben werde, da ich selten ins Restaurant gehe. _____ ich koche, bleibe ich lieber bei den traditionellen Gerichten.

60 Future tense

a One common way of expressing the FUTURE is to use the present tense, just as in English. This is particularly for things that are happening in the near future.

> Heute Abend esse ich Salat. *I'm eating salad this evening.*
> Nächstes Jahr läuft er im New Yorker Marathon.
> *Next year he's running in the New York marathon.*

b Another way of expressing the future is to use the present tense of **werden** with an infinitive. This form of the future is used especially for more distant events and it also expresses determination, probability or a prediction. Remember, the infinitive usually goes at the end of the main clause.
[« 18] The verb **werden** is strong, so here is a reminder of its present tense:

ich	werde	wir	werden
du	wirst	ihr	werdet
er / sie / es	wird	Sie / sie	werden

> In hundert Jahren **wird** das Leben ganz anders **sein**.
> *In 100 years life will be very different.*
> Nächstes Jahr **werden** wir nicht dieselben Fehler **machen**.
> *Next year we won't make the same mistakes.*
> Du **wirst** dich bald besser **fühlen**. *You will soon feel better.*

In the last example, notice where the reflexive pronoun is – straight after **wirst** and not with **fühlen**.

c In subordinate clauses, **werden** is sent past the infinitive to the end of the clause. [« 19]

> Ich weiß nicht, ob sie Zeit **haben wird**.
> *I don't know whether she will have the time.*
> Wir hoffen, dass du dich bald besser **fühlen wirst**.
> *We hope that you will soon feel better.*

61 *when*

a There are three words for *when* in German, each with its own particular usage: **als**, **wenn** and **wann**.

b The subordinating conjunction **als** is used to mean *when* with a verb in the past tense. It tells you that something happened at one particular time in the past. Remember to put the verb at the end of the subordinate clause.
[« 18, 19; » 69b]

> Es war schon dunkel, **als** er nach Hause **kam**.
> *It was already dark when he came home.*
> **Als** die Fete vorbei **war**, konnten wir uns ausruhen.
> *When the party was over, we could relax.*

c   Use **wenn** to mean *when* in the present and future, remembering again to put the verb at the end of the subordinate clause.

> **Wenn** er **ankommt**, fangen wir an.   *When he arrives we'll start.*

d   You also use **wenn** in the past tense if something happened regularly. This is best thought of as *whenever*.

> **Wenn** wir in die Stadt **fuhren**, nahmen wir den Bus.
> *When(ever) we went to town, we took (used to take) the bus.*
> Mir wurde immer übel, **wenn** ich Fisch **aß**.
> *I was always ill when I ate fish.*

e   **Wenn** also means *if*, so make sure you have the correct translation. [» 79]

> **Wenn** er nicht bald **kommt**, dann fangen wir trotzdem an.
> *If he doesn't come soon we'll start anyway.*

f   If you are asking the question *when?* in any tense you must use **wann**.

> Wann kommt der nächste Bus?   Wann haben Sie das gemacht?
> *When is the next bus?*   *When did you do that?*

g   You must also use **wann** in an indirect question (and remember to send the verb to the end).

> Ich weiß nicht, **wann** der nächste Bus **kommt**.
> *I don't know when the next bus is (coming).*
> Können Sie mir sagen, **wann** Sie das **gemacht haben**?
> *Can you tell me when you did that?*

62 Time expressions

a   Expressions of time are often idiomatic, but very useful to know and frequently used. When you use them in a sentence, remember the word order rules: if the time word or phrase is first in the sentence, the verb comes next; if you use it with other adverbs or adverbial phrases, the Time, Manner, Place rule applies. [« 22]

b   Here are some useful expressions of time. Phrases beginning with *this*, *next*, *last* and *every* are in the accusative. The phrases which are in the genitive tend to be more general expressions.

gestern	*yesterday*	(im Jahre) 1999	*in 1999*
vorgestern	*the day before yesterday*	in den Achtzigerjahren	*in the eighties*
letzten Montag	*last Monday*	am Mittwoch	*on Wednesday*
(-morgen)	*(morning)*	im August	*in August*
letzten Juli	*last July*	am ersten Mai	*on the first of May*
vor einem Monat	*one month ago*	eines (schönen) Tages	*one (fine) day*
vor zehn Jahren	*ten years ago*	am folgenden Tag	*the next / following day*
vor einiger Zeit	*some time ago*		
am Tag vorher	*(on) the day before*	im folgenden Monat / Jahr	*the following month / year*

jetz	*now*	heute Abend	*tonight, this evening*
heutzutage	*nowadays*	zu diesem Zeitpunkt	*at this moment in time*
heute	*today*	dieses Jahr	*this year*

morgen	*tomorrow*	nächsten Sonntag	*next Sunday*
übermorgen	*the day after tomorrow*	(-nachmittag)	*(afternoon)*
morgen früh	*tomorrow morning*	nächste Woche	*next week*
morgen Nachmittag	*tomorrow afternoon*	in einer Woche	*in a week's time*
morgen Abend	*tomorrow evening*	innerhalb eines Monats	*within a month*

jedes Jahr	*every year*	donnerstags	*on Thursdays*
jeden Tag /	*every day /*	morgens / nachmittags	*in the mornings /*
Morgen / Abend	*morning / evening*		*afternoons*
jeden Freitag(-abend)	*every Friday*	abends / nachts	*in the evenings /*
	(evening)		*at night*
jede Nacht	*every night*	tagsüber	*in the daytime*

den ganzen Tag / Abend / Winter	*all day / evening / winter*
alle zwei Tage / Monate / Wochen	*every other day / month / week*
drei Jahre (lang)	*for three years*
ein paar Stunden	*for a few hours*

63 Numbers

a   A selection of the cardinal numbers is given below. When they are written out in full (e.g. on cheques), they are written as one long word (up to a million). Note that the word **eins** only has the **-s** on the end when you are counting, calculating, giving the time or the score, or quoting decimals. It can also be used with larger numbers before a noun.

1	eins	11	elf	21	einundzwanzig	101	(ein)hundert(und)eins
2	zwei	12	zwölf	22	zweiundzwanzig	110	(ein)hundertzehn
3	drei	13	dreizehn	30	dreißig	200	zweihundert
4	vier	14	vierzehn	40	vierzig	201	zweihundert(und)eins
5	fünf	15	fünfzehn	50	fünfzig	300	dreihundert
6	sechs	16	sechzehn	60	sechzig	345	dreihundertfünfundvierzig
7	sieben	17	siebzehn	70	siebzig	1000	(ein)tausend
8	acht	18	achtzehn	80	achtzig	1001	(ein)tausend(und)eins
9	neun	19	neunzehn	90	neunzig	1200	(ein)tausendzweihundert
10	zehn	20	zwanzig	100	(ein)hundert	9000	neuntausend

1 000 000	eine Million
2 000 000	zwei Millionen
2 500 000	zwei Millionen fünfhunderttausend
1 000 000 000	eine Milliarde

b   A comma is used to indicate a decimal point. It is not used to separate numbers above one thousand – in this case a space is used instead.

1,2	*1.2*
15 000	*15,000*

c To form the ordinal numbers (*first*, *second* etc.), add **-t** to numbers up to 19 (*first* and *third* are slightly irregular) and **-st** to 20 and above. These words are now adjectives and they need the appropriate endings. [« 24] To abbreviate ordinal numbers (*1st* etc.) simply place a dot after the number.

erst- (1.)	*first (1st)*	zwanzigst-	*20th*
zweit- (2.)	*second (2nd)*	vierundfünfzigst-	*54th*
dritt- (3.)	*third (3rd)*	hundertst-	*hundredth*
viert- (4.)	*fourth (4th)*	tausendst-	*thousandth*
neunzehnt- (19.)	*nineteenth (19th)*	millionst-	*millionth*

Ich hab es dir schon zum **dritten** Mal gesagt. *I've told you three times already.*
Mein **erster** Tag war interessant. *My first day was interesting.*

d If the ordinals are used by themselves they usually have a capital letter.

Sie war **die Erste** im Weitsprung. *She was first in the long jump.*
Er kam als **Achter** daran. *He was the eighth to go.*

e If you add a capital letter and **-el** to the ordinal you have the fraction.

ein Viertel, drei Achtel *a quarter, three eighths*

f Notice these phrases.

zu zweit / dritt / viert *in twos / threes / fours*

g There are many different words for *number*, each with a specific meaning.

die Zahl(en)	*number(s) (e.g. from 1 to 20)*
die Ziffer(n), in Ziffern	*numeral(s), in figures*
die Nummer(n)	*number(s) (of a house, room etc.)*
die Eins / Zwei / ...	*(number) one / two / ... (always feminine)*
eine (große) Anzahl von	*a (large) number / quantity of*

64 Quantity, *some / any*

a For a quantity of something in German, there is no need for the word *of* – just use the quantity and the substance.

ein Kilo Äpfel	*a kilo of apples*	viel Geld	*a lot of money*
zwei Flaschen Milch	*two bottles of milk*	viele Leute	*lots of people*

b The words *some* and *any* can usually be omitted altogether in German. In the singular you may add **etwas**, and you can use **einige** or **ein paar** in the plural to mean *a few*. In the negative (*not any*), you must use the appropriate form of **kein**. [« 11; » 70]

Hast du Geld? Ich habe (**etwas**) Geld.
Have you any money? I have some money.
Er hat **kein** Geld und es gibt hier **keine** Geldautomaten.
He hasn't any money and there aren't any cash machines here.
Wir haben **einige** Bücher gesehen.
We saw some (a few) books.

A Rewrite the sentences in the future tense.

Wenn es so weiter geht ...

1. Frauen leben immer noch länger als Männer.
2. Immer mehr Leute benutzen alternative Heilmittel.
3. Die Bevölkerung als Ganzes wird dicker.
4. Mehr Kinder leiden an Übergewicht.
5. Immer mehr Männer sterben an Herzinfarkten.
6. Es gibt mehr Vegetarier.
7. Wir essen nur noch genetisch manipulierte Obst und Gemüse.
8. Wegen der Rinderwahn traut sich niemand mehr Rindfleisch zu essen.
9. Wegen der Wasserverschmutzung können wir nur noch Mineralwasser trinken.
10. Wir ersetzen manche Mahlzeiten durch Vitamintabletten.

B Read this interview and insert **wann**, **wenn** or **als** into the spaces as appropriate.

Jakob Zwickler, Ökogärtner

INTERVIEWER	*Wie alt ist Ihre Gärtnerei?*
HERR ZWICKLER	Fünfzig Jahre alt. _____ mein Vater die Gärtnerei damals gründete, produzierte er hauptsächlich Tomaten und Kopfsalat. _____ ich den Betrieb vor 15 Jahren übernahm, experimentierte ich mit anderen Produkten.
INTERVIEWER	_____ *haben Sie begonnen naturschonende Obst und Gemüse zu pflanzen?*
HERR ZWICKLER	Vor fünf Jahren, _____ das Interesse an Ökogemüse unter den Verbrauchern stieg.
INTERVIEWER	*Wie unterscheidet sich der Ökoanbau vom normalen Anbau?*
HERR ZWICKLER	Wir benutzen möglichst keine chemischen Pflanzenschutzmittel. _____ wir düngen, ziehen wir immer die im Boden vorhandenen Nährstoffe in Betracht. Wir wissen noch nicht genau _____ , aber wir hoffen bald als IP- Betrieb[1] anerkannt zu werden.
INTERVIEWER	*Warum kosten die Ökoprodukte mehr?*
HERR ZWICKLER	_____ man chemische Mittel verwendet, kann man auf eine größere Ernte pro Hektar rechnen.
INTERVIEWER	*Schmecken die Ökoprodukte wirklich besser?*
HERR ZWICKLER	_____ ich mein Ökogemüse zum ersten Mal probierte, konnte ich es kaum glauben. Total lecker.

C Translate the following tips on healthy eating into German.

1. The first meal of the day is very important. Eat breakfast every morning.
2. Eat lots of fruit and vegetables every day.
3. Eat the biggest meal of the day at lunchtime.
4. Drink a litre of water every day.
5. Don't eat too much in the evenings.
6. Take advantage of good weather – eat lots of fruit and salads in summer.

[1] a business which is recognised as using methods which are not harmful to nature (Swiss)

A Complete this passage by inserting the appropriate comparative or superlative form of the adjective or adverb in brackets. You will also need to add endings where appropriate.

AIDS ist eine der (*gefährlich*) Krankheiten unserer Zeit. Nach Schätzungen der WHO wird AIDS in 10 Jahren die (*häufig*) Todesursache von jungen Erwachsenen sein. Sexueller Kontakt ist der (*üblich*) Ansteckungsweg. Enthaltsamkeit und Treue zum Partner sind also die (*gut*) Schutzmittel gegen AIDS. Obwohl AIDS natürlich auch für Europa ein Problem ist, besteht ein (*dringend*) Problem in den Ländern der Dritten Welt, die eine (*hoch*) Zahl an Infizierte als Europa haben. Der Grund dafür lässt sich leicht erklären. Die Krankheit verbreitet sich (*schnell*) dort, wo die sexuelle Aufklärung (*schlecht*) ist und wo es (*schwierig*) ist Kondome zu besorgen. Aber wie lange noch soll AIDS unheilbar bleiben? Gegen keine andere Krankheit wird (*dringend*) einen Impfstoff gesucht, aber ob die Wissenschaftler bald erfolgreich sein werden, bleibt fragwürdig. AIDS ist eine der (*kompliziert*) Krankheiten, da sie sich (*oft*) als andere Krankheiten verändert. Mit AIDS kann man jedoch (*lang*) leben als mit anderen Krankheiten. Von der Ansteckung bis zum Ausbruch der Krankheit dauert es durchschnittlich 11,1 Jahre, aber es wird vermutet, dass alle Infizierte (*früh*) oder (*spät*) an AIDS erkranken. AIDS wird also von vielen als die (*wichtig*) medizinische Angelegenheit unserer Zeit betrachtet, besonders da man jetzt anerkannt hat, dass Drogenabhängige und Homosexuelle nicht mehr (*gefährdet*) sind. Drei von vier neuen Infektionen sind auf heterosexuellen Geschlechtsverkehr zurückzuführen.

B Choose the correct word from the alternatives in brackets to complete the text.

Der Trend, dass es schick ist zu (*einen / einem*) Fitnessklub zu gehören, lässt nicht nach. Christoph Renz, Trainer bei einem populären Fitnessstudio in der Kölner Innenstadt, erklärt (*das / dem*) Fitnessphänomen: „Unsere Kunden sind meistens berufstätig und sowohl unser Angebot als auch unsere Öffnungszeiten passen zu (*ihren / ihrem*) Lebensstil. Manche Kunden haben sogar (*für / um*) längere Öffnungszeiten gebeten. Die Leute kümmern sich heutzutage sehr viel (*über / um*) (*ihre / ihrer*) Gesundheit und es ist einfacher (*einen / einem*) Fitnessstudio als (*eine / einer*) Sportmannschaft anzugehören, weil man ganz unabhängig Sport treiben kann. Das Angebot ist auch sehr groß und man braucht kein bestimmtes Niveau. Was man hier macht, kommt ganz (*an / auf*) (*die / den*) persönlichen Wünsche an. Jedes Mitglied bekommt ein Programm, das (*seinen / seinem*) Fitnessniveau und (*seine / seinen*) Vorlieben entspricht. Wir bestehen keineswegs (*darauf / daran*), dass ein Kunde Joggen in sein Programm einplant, wenn Joggen (*ihn / ihm*) überhaupt nicht gefällt. Die Kunden sollen sich (*auf / in*) ihre Besuche freuen. Jedoch muss der Kunde (*damit / darüber*) rechnen, zwei Trainingsstunden pro Woche einzuplanen, wenn er eine deutliche Verbesserung sehen will." Die Studios dienen aber nicht nur (*den / dem*) Fitness, sondern auch (*die / der*) Entspannung. Nach der Trainingsstunde kann man sich (*auf / über*) (*eine / einer*) Sauna oder (*ein / einem*) Bad im

Whirlpool freuen oder sich mit Freunden in der Saftbar treffen. Heutzutage kann man sich luxuriöser (*wie / als*) je zuvor (*die / der*) Pflege seines Körpers widmen.

C Fill in the prepositions and case endings.

Passivrauchen

Experte streiten sich immer noch _____ d___ Auswirkungen von Passivrauchen. Einige halten Passivrauchen _____ ungefährlich, während andere dar___ bestehen, dass Passivrauchen _____ d___ gleichen Krankheiten wie Rauchen führen kann. Ob gefährlich oder nicht, viele Nichtraucher beklagen sich _____ d___ Rauchen in öffentlichen Gebäuden. Frau Ilse Schmelzle hat sich so sehr _____ d___ Rauchen in Restaurants geärgert, dass sie in ihrer Heimatstadt eine Aktionsgruppe gegründet hat, die raucherfreie Restaurants anstrebt. „Ich kämpfe _____ d___ Rechte aller Nichtraucher", sagt sie. „Manche Restaurants haben immer noch keine Nichtraucherzonen und ich habe mich oft dar___ beklagt. Jedesmal, wenn ich von einem Restaurant nach Hause kam, roch meine Kleidung _____ Zigaretten. Ich habe mich vergebens _____ Restaurants für Nichtraucher erkundigt – es gab keine." 1997 gründete Frau Schmelzle die Aktionsgruppe. Sie schrieb Flugblätter _____ d___ Passivrauchen, die _____ d___ Gefahren warnten. Ein Restaurateur, Markus Bender, hat sich _____ d___ Gruppe interessiert und hat _____ d___ Flugblatt reagiert. Sein Restaurant ist jetzt an zwei Tagen in der Woche eine Nichtraucherzone. Das Experiment ist bis jetzt ein Erfolg gewesen. An den Nichtrauchertagen hat es Herrn Bender noch nie _____ Kunden gefehlt. Ganz im Gegenteil. „Ich habe mir immer Sorgen _____ d___ Passivrauchen gemacht", sagt Herr Bender. „Ich habe aber nicht da___ gerechnet, dass ich durch die Nichtrauchertage so viele neue Kunden gewinnen würde. Ich denke jetzt dar___, das Rauchen im Restaurant ganz zu verbieten." Frau Schmelzle freut sich sehr _____ Herrn Benders Entschluss. Ihrer Meinung nach zeigt Herr Benders Erfolg _____ d___ Abneigung der Mehrheit in verqualmten Restaurants zu essen. Sie arbeitet jetzt _____ ein___ neuen Flugblätteraktion und hofft dar___, dass mehr Restaurants Herrn Benders Beispiel folgen werden. „Im Moment sind meine Restaurantbesuche auf Herrn Benders Restaurant beschränkt. Aber ich freue mich dar___, bald mehr Auswahl zu haben."

D Rewrite these sentences, replacing the underlined verbs in the present tense with the future tense.

1. Alkohol <u>schadet</u> Ihnen nicht, wenn Sie ihn in Maßen konsumieren.
2. Hören Sie auf zu rauchen – Sie <u>fühlen</u> sich sofort besser.
3. Treiben Sie regelmäßig Sport. Nicht nur <u>sind</u> Sie dann gesünder, Sie <u>schlafen</u> auch besser.
4. Leute, die gesund essen, verringern die Möglichkeit, dass sie später an Herzbeschwerden <u>leiden</u>.
5. Vermeiden Sie Fett und treiben Sie Sport – so <u>nehmen</u> Sie am schnellsten <u>ab</u>.
6. Obwohl es schwierig sein kann, den Lebensstil drastisch zu ändern, <u>spüren</u> Sie bald die Vorteile.

Die Umwelt

A Rewrite these sentences putting the verbs in brackets into the following tenses: the present, imperfect, perfect and pluperfect of the passive.

Luftverschmutzung

1. Der Treibhauseffekt (*verursachen*) durch zu viel CO_2 in der Atmosphäre.
2. Die Temperaturen (*erhöhen*) durch das CO_2.
3. Schadstoffe aus Autos und aus der Industrie (*blasen*) auch in die Luft.
4. Durch diese Verschmutzung (*produzieren*) saurer Regen.
5. Bäume und Pflanzen (*schädigen*) vom sauren Regen.

B Here are some predictions regarding future measures to protect the environment. Rewrite the sentences putting the verbs in brackets into the future tense of the passive.

1. Traditionelle Autos (*verbieten*).
2. Solarautos (*verkaufen*).
3. Alternative Energiequellen (*entwickeln*).
4. Die Industrie (*kontrollieren*) strenger.
5. Weniger Abgase (*blasen*) in die Luft.

C Here are some more suggestions for how to protect the environment. Rewrite the sentences so that the underlined words become the subject. In each case you will have to use the infinitive form of the passive.

e.g. Man könnte alternative Energiequellen entwickeln.
  › Alternative Energiequellen könnten entwickelt werden.

1. Man sollte strengere Tempolimits einführen.
2. Man muss neue Maßnahmen zum Umweltschutz treffen.
3. Man sollte die gefährlichen Abgase aus der Industrie verringern.
4. Man könnte verbleites Benzin verbieten.
5. Man könnte Wasser oder Sonne zur Stromerzeugung nutzen.

D Read the following sentences about the explosion in the Chernobyl nuclear power station. Rewrite these active sentences in the passive form using the underlined words as the new subject.

1. Vor dem Unfall hatte man das Kraftwerk in Tschernobyl für eines der sichersten in Europa gehalten.
2. Am 26. April 1986 explodierte ein Reaktor. Der Reaktor strahlte radioaktive Teilchen in die Luft.
3. Der Wind verteilte die Teilchen über Europa.
4. Man hat rund 135 000 Menschen aus der näheren Umgebung evakuiert.
5. Man riet den Bürgern vieler europäischer Länder bei Regenwetter nicht ins Freie zu gehen und kein Obst aus dem Garten zu essen.
6. Die anderen Reaktoren funktionieren noch, aber man wird sie im Jahre 2002 abschalten.

65 The passive

a   In most clauses, the subject carries out the action of the verb, e.g. *the man read the book* (*the man* is the subject). Sometimes the clause can be turned round so that the subject has something done to it, e.g. *the book was read by the man* (this time *the book* is the subject). This can be done in all the tenses (*is read, was read, will be read* etc.) and is known as the PASSIVE.

b   The passive is made up of two parts, rather like the perfect tense: an auxiliary and a past participle. In German, the auxiliary is **werden**, and the past participle is exactly the same as for the perfect tense. [« 14d–g]
The passive is most commonly used in the THIRD PERSON, so you need to learn the third person singular and plural of **werden** in the main tenses. [» Appendix 1]

c   Present tense: **wird** and **werden**

Deutsch **wird** in Österreich **gesprochen**.
German is spoken in Austria.
Vier Sprachen **werden** in der Schweiz **gesprochen**.
Four languages are spoken in Switzerland.

d   Imperfect: **wurde** and **wurden**

Das Museum **wurde** von vielen Touristen **besucht**.
The museum was visited by lots of tourists.
Die Kuchen **wurden** schnell **aufgegessen**.
The cakes were quickly eaten up.

e   Perfect: **ist ... worden** and **sind ... worden** (Notice that it is not **geworden** as it would sound odd with two past participles together.)

Das Essen **ist** schon **bezahlt worden**.
The meal has already been paid for.
Die Plätze **sind** alle **aufgenommen worden**.
The places have all been taken up.

f   Pluperfect: **war ... worden** and **waren ... worden**
Der Fluss **war** schon **verschmutzt worden**.
The river had already been polluted.
Die Kuchen **waren** alle **aufgegessen worden**.
The cakes had all been eaten up.

g   Future: **wird ... werden** and **werden ... werden**

Die Autobahn **wird** nicht **gebaut werden**.   *The motorway will not be built.*
Die Tiere **werden geschützt werden**.   *The animals will be protected.*

h   You can also use the infinitive form of the passive, such as with modals or in an infinitive clause.

Er **konnte** von seiner Frau **identifiziert werden**.
He could be identified by his wife.
Sie fuhren nach Indien um vom Guru **gelehrt zu werden**.
They went to India to be taught by the guru.

i To translate *by*, i.e. to express the person or thing which causes the action, you normally use **von** with the dative.

> Sie wurde **von** einem Auto überfahren.   *She was run over by a car.*
> Er ist **von** einem Polizisten verhaftet worden.
> > *He has been arrested by a policeman.*

If something more general and abstract causes the action, you normally use **durch** with the accusative.

> Wir wurden **durch** den starken Verkehr aufgehalten.
> *We were delayed by the heavy traffic.*
> Das kann nur **durch** Ausdauer erzielt werden.
> *This can only be achieved by persistence.*

If you are referring to the instrument causing the action, you normally use **mit** with the dative.

> Er wurde **mit** einem Messer getötet.   *He was killed by (with) a knife.*

66 The impersonal passive

a You can use the passive impersonally to express something that is more of a general action.

> Es wird getanzt und gesungen.   *There's singing and dancing.*
> Es wird Deutsch gesprochen.   *German is spoken. (They're speaking German.)*
> Es wurde die ganze Nacht diskutiert.   *There was discussion all night long.*

b If a verb has an indirect object or is followed by the dative, you use an IMPERSONAL PASSIVE. Frequently the word **es** is omitted and the dative noun or pronoun comes first. [« 56, 57; « 8e]

> Mir wurde gesagt, dass … (Es wurde mir gesagt, dass …)   *I was told that …*
> Dem Besucher wurde ein T-Shirt geschenkt.   *The visitor was given a T-shirt.*

67 Avoiding the passive

a Sometimes it is better to avoid the passive and to make the clause ACTIVE. You can use **man** to do this. [« 37]

> Das macht **man** in der heutigen Gesellschaft nicht.
> > *That isn't done in today's society.*
> **Man** gab ihm einen großen Scheck.   *He was given a large cheque.*

b Sometimes it is possible to turn a phrase round and use a noun instead of the passive verb.

> Diese Tiere wurden endlich **geschützt**.
> Endlich erfolgte **der Schutz** dieser Tiere.
> *These animals were finally protected.*

c Also, some verbs can be made reflexive to avoid the passive.

> Das lässt sich leicht erklären.   *That can easily be explained.*

A Put the verbs in brackets into an appropriate passive form. The tenses required are given.

Die Tropenwälder

Bäume sind ein wichtiger Teil unserer Umwelt, aber sie (*schädigen – pres.*) ständig. Die Wälder (*bedrohen – pres.*) von zwei Gefahren – Waldsterben und Abholzung. Die Regenwälder in Südamerika (*fällen – pres.*) immer noch, obwohl ihre Wichtigkeit für das Leben auf der Erde schon vor Jahren (*anerkennen – imp.*). Nicht nur dienen sie als die Lungen des Planeten, sondern auch zahlreiche Tierarten (*beherbergen – pres.*) dort. Durch den Raubbau an den Tropenwäldern (*vernichten – pres.*) Tier- und Pflanzenarten und Naturvölker (*vertreiben – pres.*) aus ihrer Heimat. Letztes Jahr (*zerstören – imp.*) über 16 Millionen Hektar Regenwald. Wenn es so weiter geht, (*konfrontieren – pres.*) die Menschheit mit riesigen Klimaveränderungen. Auch in Deutschland (*gefährden – pres.*) die Wälder. Vor kurzem (*bezeichnen – imp.*) zwei Drittel des deutschen Waldes als krank. Das Hauptproblem ist Luftverschmutzung. Die Schadstoffe in der Luft (*einatmen – pres.*) von den Bäumen. Für die Menschen ist das schon vorteilhaft, weil die Luft, die wir einatmen, schon von den Bäumen (*säubern – perf.*). Aber Schadstoffe (*produzieren – pres.*) jetzt in so großen Mengen, dass sie nicht mehr von den Bäumen (*verkraften – infin.*) können. Der Wald (*vergiften – pres.*) langsam. Aber der Wald kann noch (*retten – infin.*). Wenn er von Luftverschmutzung (*befreien – pres.*), kann er sich in einigen Jahren erholen. Dringende Maßnahmen müssen aber (*einleiten – infin.*), wenn wir die Lungen des Planeten erhalten wollen.

B Transform these sentences from the active to the passive form, making the underlined word(s) the subject of the sentence.

    e.g. Man trennt <u>Müll.</u>
       → Müll wird getrennt.

1. In Deutschland recycelt man <u>viel mehr Müll</u> als in England.
2. Auf vielen Behältern erhebt man <u>ein Pfand von 50 Pfennig</u>.
3. 1998 verkaufte man <u>72% aller Getränke</u> in Mehrwegflaschen.
4. In der Zukunft wird man <u>noch mehr Getränke</u> in Mehrwegflaschen verkaufen.
5. Man kann auf anderen Weisen <u>Müll</u> wiederverwerten.
6. Man sollte <u>Altpapier</u> sammeln und zum Container bringen.
7. Vor einigen Jahren haben die Deutschen <u>die Umweltinitiative „Der Grüne Punkt"</u> eingeführt.
8. <u>Verpackungen</u>, die man recyceln konnte, bezeichnete man mit einem grünen Punkt.
9. Die deutsche Bevölkerung hat <u>diese Initiative</u> weitgehend unterstützt.
10. Man sammelte <u>so viel Müll</u>, dass man ihn nicht mehr verarbeiten konnte.

Die Kommunikation

A Read the following statements regarding the role of computers and replace the underlined words with an appropriate possessive pronoun.

1. Manche Arbeitnehmer haben Angst vor Computern. <u>Meine Arbeitnehmer</u> haben alle Fortbildung gemacht und können gut mit Computern umgehen.
2. Meine Frau und ich haben beide einen Computer zu Hause, aber ich benutze <u>den Computer meiner Frau</u> häufiger, weil er moderner ist.
3. Meine Tochter und mein Sohn besuchen unterschiedliche Schulen. <u>In ihrer Schule</u> gibt es wenige Computer, aber <u>in seiner Schule</u> gibt es ziemliche viele. Man merkt das schon, wenn es um ihre Computerkenntnisse geht: <u>seine Computerkenntnisse</u> sind viel besser als <u>ihre Computerkenntnisse</u>.
4. Meine Firma hat ein besseres Computernetz als <u>Ihre Firma</u>. Das hilft uns leistungsfähiger zu arbeiten.
5. Die Computertechnik entwickelt sich sehr schnell. Die neuesten Computer können sehr viel machen im Vergleich <u>zu unserem Computer</u>.

B Choose the correct word from the box below to fill the gaps. You may use each word in the box only once.

Gespräch über Handys

ERWIN Ach, du telefonierst _____ wieder. Immer diese Handys!

ALF *Hast du dir immer _____ keins angeschafft?*

ERWIN _____ der Gedanke daran, so viel Geld für das Telefonieren auszugeben, hält mich davon ab.

ALF *Es ist _____ teuer, aber ich finde es nicht übertrieben.*

ERWIN Wie _____ ? Kostet eine Einheit nicht viel mehr als sonst?

ALF *_____ , aber ich finde es gut ständig erreichbar zu sein.*

ERWIN Was kostet _____ eine Einheit?

ALF *Das kommt darauf an, wann du telefonierst, im Durchschnitt _____ 70 Pfennig.*

ERWIN Du bist _____ verrückt. Das ist mehr _____ doppelt so teuer _____ die Telefonzelle.

ALF *Ja, aber wie ich _____ sagte, ist es _____ praktisch. Besonders _____ ich geschäftlich viel unterwegs bin.*

ERWIN Das mag _____ wahr sein, aber ich würde lieber eine Telefonzelle suchen!

noch	als	denn	schon	da
ja	schon	denn	etwa	zwar
wohl	wie	doch	schon	ganz

68 Possessive pronouns

a A POSSESSIVE PRONOUN replaces a possessive adjective and noun – e.g. *my car* and *her horse* become *mine* and *hers*.

There are three forms of the possessive pronoun in German. The first, and the most commonly used, has the same endings as **dieser**. [« 24b] This means that it is identical to the possessive adjective except in the masculine nominative and the neuter nominative and accusative. Here is *mine* in full.

	MASCULINE	FEMININE	NEUTER	PLURAL
NOMINATIVE	meiner	meine	mein(e)s	meine
ACCUSATIVE	meinen	meine	mein(e)s	meine
GENITIVE	meines	meiner	meines	meiner
DATIVE	meinem	meiner	meinem	meinen

The others follow the same pattern:

deiner, deine, dein(e)s, deine etc.	*yours (fam., sing.)*
seiner, seine, sein(e)s, seine etc.	*his, its*
ihrer, ihre, ihr(e)s, ihre etc.	*hers, its*
unserer, unsere, unser(e)s, unsere etc.	*ours*
eu(e)rer, eu(e)re, euer(e)s, eu(e)re etc.	*yours (fam., pl.)*
Ihrer, Ihre, Ihr(e)s, Ihre etc.	*yours (form.)*
ihrer, ihre, ihr(e)s, ihre etc.	*theirs*

Ich habe meinen Pass, aber wo ist **deiner**?
I've got my passport, but where is yours?
Er fährt mit seiner Gruppe und sie mit **ihrer**.
He's travelling with his group and she with hers.

b The second way of forming possessive pronouns is to treat **mein, dein** etc. as adjectives with the definite article. These are formed with the appropriate adjective endings, but without the noun. This form is slightly more literary. *Mine* would be as follows:

	MASCULINE	FEMININE	NEUTER	PLURAL
NOMINATIVE	der meine	die meine	das meine	die meinen
ACCUSATIVE	den meinen	die meine	das meine	die meinen
GENITIVE	des meinen	der meinen	des meinen	der meinen
DATIVE	dem meinen	der meinen	dem meinen	den meinen

Once again, the others follow the same pattern:

der deine etc.	*yours*	der uns(e)re etc.	*ours*
der seine etc.	*his, its*	der eu(e)re etc.	*yours*
der ihre etc.	*hers, its*	der Ihre etc.	*yours*
		der ihre etc.	*theirs*

Unser Land ist reicher als **das eure**.   *Our country is richer than yours.*
Ich streite mich oft mit meinen Eltern, aber er kommt gut mit **den seinen** aus.   *I argue a lot with my parents but he gets on well with his.*

c The third form of possessive pronouns is similar to the previous one, but
with **-ig-** added before the ending. This form is fairly common but not as
neat as the other ones. *Mine* is as follows:

	MASCULINE	FEMININE	NEUTER	PLURAL
NOMINATIVE	der meinige	die meinige	das meinige	die meinigen
ACCUSATIVE	den meinigen	die meinige	das meinige	die meinigen
GENITIVE	des meinigen	der meinigen	des meinigen	der meinigen
DATIVE	dem meinigen	der meinigen	dem meinigen	den meinigen

And again, the others follow the same pattern:

der deinige etc.	*yours*	der uns(e)rige etc.	*ours*
der seinige etc.	*his, its*	der eu(e)rige etc.	*yours*
der ihrige etc.	*hers, its*	der Ihrige etc.	*yours*
		der ihrige etc.	*theirs*

Bitte grüß **die deinigen**. *Please give my regards to yours (your family).*
Das ist der Chef seiner Firma und das ist der Chef **der meinigen**.
That's the boss of his firm and that's the boss of mine.

d The genitive is often avoided by using **von** with the dative pronoun.

Er ist ein Freund **von mir**. (Er ist einer meiner Freunde.)
He's a friend of mine.

69 Some tricky German words

a There are several words in German, usually quite short, which are difficult
to translate but which make a sentence sound more 'German'. Other words
may have several different meanings in English, or one English word may
have several meanings in German. Here are a few of the words that can
cause problems. Use a good dictionary to find other useful phrases.

b **als**

than	Er ist größer **als** ich.	
	He is bigger than me. [« 49]	
as if	Sie tut, **als** wäre sie krank (**als ob** sie krank wäre).	
	She's pretending to be ill. [» 82a, 82b]	
when	**Als** wir ankamen, war er schon weg.	
	When we arrived he had already left. [« 61]	
(nothing) but	Du machst **nichts als** Unsinn.	
	You do nothing but nonsense.	

c **da**

as, since	**Da** es regnet, bleiben wir hier.	
	Since it's raining, we're staying here.	
here	**Da** bin ich.	*Here I am.*
there	Sie stand **da** und weinte.	*She stood there and cried.*
then	**Da** kamen sie auf mich zu.	*Then they came up to me.*

d denn

for (because) Sie blieben zu Hause, **denn** es regnete. [« 21]
then Was machst du **denn** da?
What (on earth) are you doing there then?

e doch The first meaning is in answer to a negative question; the second is used for emphasis.

yes Sind Sie noch nicht fertig? **Doch!**
Haven't you finished yet? Yes (I have).
(for emphasis) Mach **doch** bitte die Tür auf!
*Would you **please** open the door!*
after all Trotz der Warnung hat er es **doch** gemacht.
Despite the warning he did it after all.

f eben

level / even Der Tisch ist jetzt ganz **eben**. *The table is quite level now.*
just (now) Er hat das **eben** gemacht. *He's just done it.*
just (for emphasis) Es ist **eben** nicht da. *It's just not there.*

g etwa

approximately Es ist **etwa** 10 Kilometer entfernt. *It's about 10km away.*
by any chance Hast du **etwa** ein Messer? *Have you a knife by any chance?*

h etwas

some (singular) Ich habe **etwas** Geld. *I have some money.*
something Er hat **etwas** gesehen – **etwas** Seltsames.
He saw something – something strange. [« 24]
somewhat Sie war etwas berührt. *She was somewhat moved.*

i ganz

quite (fairly) Ich bin **ganz** (ziemlich) müde. *I'm quite tired.*
quite (completely) Ich bin **ganz** (völlig) erschöpft. *I'm quite exhausted.*
all Sie war **ganz** allein. *She was all alone.*
not quite Er war nicht **ganz** fertig. *He was not quite ready.*

j ja

(for emphasis) Du spinnst **ja**! *You really are mad!*

k mal As a noun (with a capital letter) **Mal** means *time* or *occasion* and there are a few other useful phrases with **mal**.

(used as a noun) zum ersten **Mal**; das letzte **Mal**; voriges **Mal**
for the first time; the last time; the time before

When **mal** is combined with another word to form an adverb it does not need a capital letter.

time Ich habe das schon **dreimal** gesagt.
I've already said that three times.
just Sie möchte **mal** ins Kino.
She'd just like to go to the cinema (some time).
now ... now **mal** dies **mal** das *now one thing, now another*

l   noch (nicht)

still	Sind Sie **noch** da?	*Are you still there?*
(not) yet	Er ist **noch nicht** fertig.	*He's not ready yet.*
(any) more	Hast du **noch** Geld dabei?	
	Have you got any more money on you?	
another	**Noch** ein Stück Kuchen?	*Another piece of cake?*

m   schon

already	Wir sind **schon** da.	*We're already there.*
the very	**Schon** der Gedanke macht mich kalt.	
	The very thought makes me cold.	
(for emphasis)	Es wird ihnen **schon** gelingen.	*They'll succeed all right.*

n   wie

as	Sie ist so groß **wie** er.	*She's as tall as he is.* [« 49]
as	**Wie** ich schon sagte, ...	*As I've already said, ...*
when	**Wie** sie ankamen, merkte ich es. (Als sie ankamen, ...)	
(colloquial)	*When they arrived I noticed it.*	
how? / what?	**Wie** hast du das gemacht? **Wie** heißt das?	
	How did you do that? What's it called?	

o   wohl

well	Ich fühle mich sehr **wohl**.	*I feel really well.*
probably	Das ist **wohl** das Beste.	*That's probably best.*

p   zu

too	Dieser Stuhl ist **zu** groß.	*This chair is too big.*
to	Wenn es zu heiß wird, kommt er **zu** mir.	
	If it gets too hot he comes to me.	
closed	Die Tür ist **zu**.	*The door is closed.*

q   zwar

in fact, indeed	Er ist **zwar** der Präsident, aber trotzdem ein Mensch.
	He is indeed the president, but nevertheless a person.

70 Some more quantities

a   Use **viel** to say *a lot (of)* or *much* in the singular. Notice that **viel** does not normally change in different cases. [« 29c]

Sie verdienen **viel** Geld, aber mit **viel** Mühe.
They earn a lot of money but with a lot of effort.
Hast du **viel** Zeit?   Nein, nicht **viel**.
Have you much time?   No, not much.

b Use **viele** to say *a lot (of)* or *many* in the plural. Remember that the ending on **viele** may change, depending on its case (**viele, viele, vieler, vielen**). Note also that **viele** is an adjective, so if you add another adjective, it will have exactly the same ending.

> In **vielen** kleineren Städten haben wir **viele** junge Leute gesehen.
> *In many smaller towns we saw lots of young people.*

c Remember that you can use **viele** like any other adjective to mean *many*.

> Sie hat die **vielen** Gäste empfangen.   *She welcomed the many guests.*
> Er hat eine von seinen **vielen** CDs gespielt.   *He played one of his many CDs.*

d To say *little* or *few* you can use **wenig** and **wenige** in the same way as **viel** and **viele**.

> Er hat **wenig** Zeit und **wenige** Freunde.   *He has little time and few friends.*
> In **wenigen** Sekunden hatten die **wenigen** Zuschauer alles gesehen.
> *In a few seconds the few spectators had seen everything.*

e To say *a little*, use **ein wenig** or **ein bisschen** and for *a few* use **ein paar**. These are all invariable. Remember not to confuse the last one with **ein Paar** (*a pair*).

> Er hat **ein wenig** Geld und er kann sich **ein paar** Andenken leisten.
> *He has a little money, and he can afford a few souvenirs.*

f To say *all*, *everything* or *all the*, use the correct form of **aller**. This usually changes like **dieser** and takes the same group of adjective endings. [« 24b; « 24, 25]

> Hast du **alles**?   *Have you got everything?*
> Unter **allen** Umständen sollte man Gurt tragen.
> *You should wear a seatbelt in all circumstances.*
> **Alle** berechtigten Personen durften hinein.
> *All the entitled people were allowed in.*

g *Both* is expressed by some form of **beide**. This is an adjective and needs the appropriate endings.

> Sie sind **beide** da.   *They are both there.*
> Meine **beiden** Brüder sind älter als ich.
> *Both my brothers (My two brothers) are older than me.*
> **Beides** ist erreichbar.   *Either is attainable.*

71 Present participles

a In English the PRESENT PARTICIPLE ends in *-ing* (e.g. *playing, going*). In German you add **-end** to the stem of the verb (e.g. **spielend, gehend**).

b The present participle in German is not used very much in its simple form. Used as an adverb or in adverbial phrases it comes at the beginning of a sentence.

> **Singend** stieg er auf die Mauer.   *Singing he climbed on to the wall.*
> **Mit einer Dame sprechend** kam sie ins Zimmer.
> *She came in to the room talking to a lady.*

c   It is more common to use the present participle as an adjective – you just
add the appropriate endings. This is a good way of avoiding relative clauses.

> Die **wartende** Frau lächelte mich an.
> *The woman who was waiting (The waiting woman) smiled at me.*
> Ein mit einer Dame **sprechendes** Mädchen kam ins Zimmer.
> *A girl, who was talking to a lady, came into the room.*

d   It is very important to know when <u>not</u> to use the present participle in
German because there are several cases when the English *-ing* is not a
present participle. When you have for example *I am ...-ing*, this is expressed
by the appropriate tense of the verb in German.

> ich spiele   *I **am playing** (present)*
> er spielte   *he **was playing** (imperfect)*
> wir werden spielen   *we **will be playing** (future)*

e   When you want to say that you like, dislike or prefer doing something, use
(**nicht**) **gern** or **lieber** with the appropriate tense of the verb. [« 52a]

> Ich **lese gern** Krimis.   *I **like reading** detective stories.*
> Er **spielte nicht gern** Fußball.   *He **didn't like playing** football.*
> Wir **hören lieber** Radio.   *We **prefer listening** to the radio.*

f   Phrases such as *by doing* are best translated by **indem**, usually with the
present or imperfect tense.

> Sie ärgern die Leute, **indem** sie Geld verlangen.
> *They are annoying the people **by demanding** money.*
> Er wurde bekannt, **indem** er einen erfolgreichen Film drehte.
> *He became famous **by making** a successful film.*

72 Negatives

a   To make a sentence NEGATIVE you usually add **nicht,** but it can be difficult
to know where to put it in a sentence. Generally, **nicht** goes at or near the
end of the clause. Past participles, infinitives and separable prefixes still
remain at the end of the clause, however.

> Er sah die Kamera **nicht**.   *He didn't see the camera.*
> Sie hatte ihn zu der Zeit **nicht** erwartet. Sie rief ihn **nicht** an.
> *She had not expected him at that time. She didn't phone him.*

b   You usually put **nicht** <u>before</u> an adverb or adverbial phrase and <u>before</u> an
adjective that has no endings.

> Sie sind **nicht** mit dem Zug gekommen.   *They didn't come by train.*
> Das ist **nicht** gut.   *That's not good.*

c   You can put **nicht** immediately before a word or phrase you want to negate
or stress.

> Wir können das heute **nicht** machen.   *We can't do that today.*
> Wir können das **nicht** heute machen (sondern morgen).
> *We can't do that <u>today</u> (but tomorrow).*

d   Remember that *not a* and *not any* are translated by **kein(e)**. [« 12]

A Negate each of the following sentences by inserting the word **nicht** in the appropriate place.

1. Schüler brauchen jetzt wegen schwieriger Hausaufgaben verzweifeln.
2. Sie bekommen Hilfe von den Lehrern, sondern vom Internet durch den Online-Service.
3. Der Gründer des Online-Hausaufgabendiensts erklärt: jeder hat in seinem Computer Hausaufgaben, die er braucht.
4. Warum soll er diese Hausaufgaben anderen zugänglich machen?
5. Lehrer haben die Web-Seite begrüßt.
6. „Schüler können die Hausaufgaben anderer einreichen und wir merken das", meint einer.
7. Wenn sie aber die Hausaufgaben machen, sind die Folgen klar.
8. Sie vertiefen ihre Kenntnisse.
9. Schüler haben mit dieser Ansicht übereingestimmt.
10. „Natürlich wird man lernen, wenn man die Hausaufgaben einfach abschreibt", meinte einer.
11. „Aber es ist dumm sie als Quelle zu benutzen."
12. Eine letzte Warnung: alles, was im Internet steht, ist wahr.
13. Die Schüler könnten schon Hausaufgaben benutzen, die richtig sind.

B Translate the following sentences into German, taking care how you translate the present participles.

Internet-Cafés

1. The success of Internet cafés is not surprising.
2. The cafés are successful by offering customers the opportunity to use the Internet in a relaxing atmosphere.
3. Changing attitudes also mean that more and more people are interested in computers.
4. The café makes a profit by charging a little more than normal for using the Internet.
5. The employees in the café are helpful and encouraging.
6. Internet cafés are doubtless a growing industry.
7. Increasing numbers of cafés are opening in city centres.

Die Technik

A Here are some headlines from the future. Rewrite them in the future perfect tense as in the example.

Zukunftsvision

e.g. 2050: Wir haben Kolonien auf dem Mars gegründet.
→ Bis 2050 werden wir Kolonien auf dem Mars gegründet haben.

1. 2010: Wissenschaftler haben eine Impfung gegen AIDS entdeckt.
2. 2020: Die ersten genetisch manipulierten Kinder sind geboren.
3. 2030: Genforscher haben Menschen geklont.
4. 2030: Wir haben Schulen durch Online-Unterricht ersetzt.
5. 2040: Luftverschmutzung hat den Regenwald total zerstört.
6. 2050: Urlaub im Weltraum ist eine Realität geworden.
7. 2055: Politiker haben die endgültige Vereinigung Europas vollendet.
8. 2060: Die Banken haben Bargeld abgeschafft.

B Complete this passage by filling the gaps with one of these four phrases:
sowohl ... als auch, **nicht nur ... sondern auch**, **weder ... noch**,
entweder ... oder.

Das Auto der Zukunft

_____ sorgt das Auto der Zukunft für Komfort und Sicherheit, _____ ist es
umweltfreundlich. Es braucht _____ Benzin _____ Diesel. Es kann _____ mit
Sonnen- _____ mit Windenergie betrieben werden. _____ Wissenschaftler
_____ Verbraucher haben dieses Auto auf den Markt willkommen
geheißen. _____ Angst vor dem Neuen _____ die niedrigere Geschwindigkeit
des Autos, das höchstens 120 Stundenkilometer fahren kann, haben
Verbraucher davon abgeschreckt. _____ der günstige Preis des Autos
selbst, _____ die hohen Benzinpreise haben seinen Platz auf dem Markt
gesichert. Die Regierung hat auch neulich angekündigt, dass auf das
Umweltauto keine Steuern fällig werden, eine Maßnahme, die _____ von
Verbrauchern _____ von Umweltgruppen gelobt wurde.

C Read this passage on animal experimentation and fill in the gaps using **bis**,
bis auf or **bis zu**.

_____ Ende des Jahres werden _____ 2 Millionen Tieren in deutschen
Labors sterben. Sind solche Tierversuche aber wirklich nötig? Es gibt zwar
Alternativen wie Computersimulation, aber _____ Tests für Kosmetika, die
verboten sind, wird die meiste Forschung immer noch mit Tieren
durchgeführt. _____ die Regierung Ersatzmethoden anerkennt, werden Tiere
weiterhin im Namen des Fortschritts leiden und sterben.

73 The future perfect tense

a The FUTURE PERFECT expresses what 'will have happened' at some point in the future. It is not used much in everyday German, but it is quite easy to form and you just have to be careful about word order. As its name implies, it combines the future (**werden** + infinitive) and the perfect (auxiliary + past participle) – all you need is the future of the auxiliary (**haben** or **sein**) with the past participle. Any verbs that are strong or irregular in the perfect are the same in the future perfect, and the auxiliaries are the same. [« 14, 60b]

Bis nächstes Jahr **wird** er es **geschafft haben**.
By next year he will have managed it.
Nach drei Wochen **werden** wir durch fünf Länder **gefahren sein**.
After three weeks we will have driven through five countries.

b In a subordinate clause the part of **werden** is sent to the end.

Wir werden nie wissen, ob man im Jahre 2200 die Zeitkapsel **entdeckt haben wird**.
We'll never know whether they will have discovered the time capsule in 2200.

c The future perfect can express the probability that something has happened.

Sie **wird** den Bus **verpasst haben**. (Sie hat den Bus wohl verpasst.)
She's probably missed the bus.

d In practice, the future perfect is often replaced by the perfect.

Bis nächsten Sommer **habe** ich alle Prüfungen **gemacht**.
By next summer I'll have done all the exams.

e You can also use the future perfect in the passive.

Bis morgen **wird** das **gemacht worden sein**.
By tomorrow that will have been done.

74 bis

a The preposition **bis** governs the accusative case. It can be associated with time or place. For time, its main meanings are *until, up to, by*.

Bis wann bleibt ihr?   *How long (Until when) are you staying?*
Wir sind **bis** morgen / bis Ende der Woche da.
We'll be there until tomorrow / up to the end of the week.
Er wird das **bis** heute Abend nicht schaffen.   *He won't manage it by tonight.*

b When **bis** is associated with place, its main meanings are *as far as, up to, to*.

Sie sind **bis** Amsterdam geflogen.   *They flew to (as far as) Amsterdam.*
Ich habe die Zeitschrift nur **bis** Seite 12 gelesen.
I've only read the magazine up to page 12.

c **Bis** is often combined with the preposition **zu** (dative) to mean *up to* a certain point.

Wir können **bis zu** 20 Personen mitnehmen.   *We can take up to 20 people.*

Wir gehen **bis zum** Dom, dann kehren wir zurück.
We'll go as far as the cathedral, then we'll come back.

d It is combined with **auf** (accusative) to mean *except (for)* or *right down to*. These can be contradictory, so if there's any doubt, use **außer** with the dative (*except for*) or **einschließlich** with the genitive (*including*).

Sie waren alle da **bis auf** den Fahrer (einschließlich des Fahrers).
They were all there, right down to the driver.
Bis auf eine Person (Außer einer Person) sind wir alle fertig.
Except for one person, we are all ready.

e **Bis** is also a conjunction. As a subordinating conjunction it means *until* the time when something happens, and it sends the verb to the end of the clause. [« 21]

Ich warte, **bis** sie zurückkommt.   *I'll wait until she gets back.*
Bis es dunkel wird, möchte ich zu Hause sein.
I'd like to be home before (by the time) it's dark.

f As a co-ordinating conjunction **bis** means *to*.

Da waren 30 **bis** 40 (30–40) Leute.   *30 to 40 people were there.*

75 Some useful phrases

a To say *either … or …*, use **entweder … oder …**. Notice the word order when these words are at the beginning of a clause – they are added in without affecting the position of the verb. [« 21b]

Entweder du nimmst dich zusammen **oder** du verlierst deine Stellung.
Either you pull yourself together or you'll lose your job.
Er will **entweder** mit dir **oder** mit mir sprechen.
He wants to speak to either you or me.

b To say *neither … nor …*, use **weder … noch …** This time, **noch** <u>does</u> affect the position of the verb.

Sie haben **weder** Zeit **noch** Lust das zu tun.
They have neither the time nor the will to do that.
Er hat ihn **weder** kritisiert, **noch** hat er ihm geholfen.
He neither criticised him nor helped him.

c To say *not only … but also …*, use **nicht nur …, sondern auch …** [« 21b]

Wir sind **nicht nur** Deutsche, **sondern auch** Europäer.
We are not only German but also European.
Sie haben **nicht nur** Bonn verlassen, **sondern** sind **auch** nach Berlin gezogen.
Not only did they leave Bonn but they also moved to Berlin.

d To say *both … and …*, use **sowohl … als auch …**

Sowohl die Amerikaner **als auch** die Russen waren sich darüber einig.
Both the Americans and the Russians were in agreement.
Er hat **sowohl** in Dresden studiert **als auch** dort gearbeitet.
He both studied and worked in Dresden.

A Here are some more predictions about how technology may affect our future. Reformulate these sentences by putting them into the passive form of the future perfect, using the underlined word or phrase as the subject.

e.g. Wegen Luftverschmutzung werden wir Autos verboten haben.

→ Wegen Luftverschmutzung werden Autos verboten worden sein.

Bis zum Jahr 2050....

1. Wissenschaftler werden neue Planeten entdeckt haben.
2. Wir werden die Probleme der Dritten Welt gelöst haben.
3. Wir werden einen Tunnel unter dem Meer zwischen England und den Niederlanden gebaut haben.
4. Astronauten werden Jupiter besucht haben.
5. Wir werden den Regenwald zerstört haben.
6. Wir werden viele Tier- und Pflanzenarten vernichtet haben.

B A company is setting its targets for the future. Rewrite the targets in the future perfect tense to say what the company will have achieved in 5 years' time. Begin each sentence with **Bis zum Jahr** ...

1. Alle Arbeitnehmer werden an Internetfortbildung teilnehmen.
2. Die Löhne der Arbeiter werden sich über die Inflationsrate erhöhen.
3. Wir werden 10 Millionen Euro in neue Technik investieren.
4. Das Computernetz wird modernisiert werden.
5. Wir werden Videokonferenzen in jedem Büro installieren.
6. Abgase aus unseren Fabriken werden um 20% verringert werden.
7. Künstliche Verpackungen werden durch umweltfreundliche Alternativen ersetzt.

C Reformulate these opinions on genetic engineering using the expressions given in brackets.

1. Gentechnik ermöglicht es uns manche Kranke zu heilen. Weiterhin ermöglicht sie es uns manche Krankheiten auf immer zu vernichten. (*sowohl ... als auch*)
2. Gentechnik ist nicht nötig. Außerdem ist sie nicht moralisch zu rechtfertigen. (*weder ... noch*)
3. Ich habe Angst vor genetisch manipuliertem Obst und Gemüse. Die Regierung muss viel mehr forschen. Sonst kaufe ich nur noch organische Produkte. (*entweder ... oder*)
4. Die Gentechnik kann die Landwirtschaft in Europa verbessern. Weiterhin kann sie hoffentlich auch die Hungersnöte in der Dritten Welt bekämpfen. (*nicht nur ... sondern auch*)
5. Ich habe Angst vor der Gentechnik. Wir mischen uns in die Natur ein und wir können die Folgen nicht abschätzen. (*nicht nur ... sondern auch*)

A Rewrite these sentences to include a present participle.

e.g. Die Wichtigkeit von Infotechnik, die ständig zunimmt …
→ Die ständig zunehmende Wichtigkeit von Infotechnik …

Zukunftsvision

1. Das Angebot an Kommunikationstechnik, die wächst, ermöglicht neue Arbeitsweisen.
2. Die Anzahl an Angestellten, die von zu Hause aus arbeiten, steigt und revolutioniert den Arbeitsplatz.
3. Die Tendenz, die in manchen Betrieben herrscht, ist an zwei oder drei Tagen in der Woche ins Büro zu gehen.
4. Es wird gehofft, dass diese Arbeitsweisen Müttern, die arbeiten, helfen werden Beruf und Familie einfacher zu verbinden.
5. Per Fax oder E-Mail können Arbeiter, die vor dem Computer sitzen, mit Kollegen überall in der Welt kommunizieren.

B Insert one of the words from the box below into each of the gaps in the conversation.

ROLF *Kernkraft ist nicht nötig, oder?*

SEBASTIAN _____ ! Unsere Vorräte an fossilen Brennstoffen sind _____ fast erschöpft und wir müssen uns Alternativen suchen.

ROLF *Richtig, aber wir müssen Alternativen finden, die sicherer _____ Kernkraft sind.*

SEBASTIAN Kernkraft ist   sicher.

ROLF *Wie willst du denn den Unfall in Tschernobyl erklären?*

SEBASTIAN Das war _____ schrecklich, aber ich kann mir kaum vorstellen, dass so _____ noch mal passiert.

ROLF *Das mag _____ wahr sein, aber man kann es nie _____ ausschließen.*

SEBASTIAN _____ . Ich habe _____ einen Artikel über Kernkraft gelesen, der die Möglichkeit, dass so ein Unfall noch mal passiert, auf eine Million zu eins einschätzt.

ROLF *_____ die kleinste Chance, dass eine solche Katastrophe noch mal vorkommen könnte, sollte die Regierung dazu bringen alle Kernkraftwerke zu schließen. Andere Alternativen wie Wind- und Sonnenenergie und Wasserenergie stellen überhaupt kein Risiko.*

SEBASTIAN Aber wir wissen nicht, ob wir unseren Strombedarf durch diese Energiequellen decken können.

ROLF *_____ . Norwegen bezieht _____ 95% seines Strombedarfs aus gestautem Wasser.*

SEBASTIAN Ich muss mir _____ über diese Alternativen besser informieren.

ROLF *Ja, das stimmt _____ .*

schon	doch	ja	wohl	ganz
doch	schon	schon	doch	zwar
etwa	wohl	als	gerade	etwas

C Read the following text, and put the verbs in brackets in an appropriate tense of the passive.

Zwei Probleme stehen den Wasservorräten in der Bundesrepublik gegenüber. Zu viel (*verbrauchen*) und zu viel (*verschmutzen*). In jedem Haushalt (*verbrauchen*) pro Tag 169 Liter Wasser pro Person. Ein Drittel davon (*benutzen*) für die Klospülung. Allein auf dem WC, laut Umweltberatern, könnten sich jährlich 7300 Liter pro Person (*einsparen*), wenn der Spülvorgang (*unterbrechen*). Baden könnte auch durch Duschen (*ersetzen*) um noch mehr Wasser einzusparen.

Was die Sauberkeit der Wasservorräte betrifft, (*beobachten*) in den letzten Jahren immer größere Mengen an Chemikalien. 1996 (*einführen*) in Rheinland-Pfalz ein neues Überwachungssystem, das Trinkwasserinformationssystem. Durch dieses System können die Werte der Trinkwassergüte schneller und effektiver (*kontrollieren*). Die Elbe hat auch an Umweltschaden gelitten. Der Fluss (*verschmutzen*) durch die Schadstoffe aus Großbetrieben. Nicht nur (*bedrohen*) die Trinkwasservorräte von über einer Million Menschen dadurch, sondern auch (*belasten*) die Nordsee durch diese Verschmutzung.

D Rewrite these sentences using a future tense. In some cases you will need to make a new clause using **man**.

e.g. Die Deutschen erwarten eine Verschlechterung ihres Lebensstandards.
→ Die Deutschen erwarten, dass ihr Lebensstandard sich verschlechtern wird.

1. Sie befürchten weitere Umweltzerstörungen.
2. Sie haben Angst vor einem Kriegsausbruch im Mittleren Osten.
3. Sie glauben an die Erweiterung unserer wissenschaftlicher Kenntnisse.
4. Sie haben Angst vor zunehmender Luftverschmutzung.
5. Sie hoffen auf eine Lösung der wirtschaftlichen Probleme in den neuen Bundesländern.

E Rewrite these sentences in the passive, using the underlined word as the new subject.

1. Man betrachtet <u>Roboter</u> oft als Charaktere in Science-Fiction-Filmen und nicht als ein Teil der Realität.
2. Aber man benutzt <u>Roboter</u> täglich in der Industrie.
3. In den letzten 10 Jahren hat man <u>immer raffiniertere Roboter</u> entwickelt.
4. Man befürchtet, dass die Roboter <u>Menschen</u> ersetzen könnten.
5. Man kann <u>Roboter</u> aber nur dort einsetzen, wo monotone Arbeiten zu verrichten sind.
6. Menschen müssen <u>sie</u> auch programmieren.
7. Forscher werden aber immer erfinderischer. Die Japaner haben <u>einen Mimik-Roboter</u> entwickelt, der alle menschliche Gefühle ausdrücken kann.
8. Autokonzerne, darunter BMW, haben <u>einen Tankroboter</u> gebaut, der automatisch tanken kann.

Die Presse

A Complete the table with the subjunctive forms of the verbs. Underline the cases where you would use an alternative tense of the subjunctive because the indicative and subjunctive forms are identical.

PRESENT INDICATIVE	PRESENT SUBJUNCTIVE	IMPERFECT SUBJUNCTIVE	PERFECT SUBJUNCTIVE	PLUPERFECT SUBJUNCTIVE
ich spiele	ich spiele	ich spielte	ich habe gespielt	ich hätte gespielt
er spielt	er spiele	er spielte	er habe gespielt	er hätte gespielt
wir gehen				
ich komme				
er kommt				
sie machen				
ich habe				
wir sind				

Begin each of these passages with **Herr / Frau … sagte ….** and rewrite in the subjunctive.

B Present tense

HERR ANDERSCH Ich kaufe jeden Tag eine Zeitung. Ich finde es sehr wichtig gut informiert zu sein. Ich lese immer die Nachrichten und die Sportseiten. Ich ziehe überregionale Zeitungen vor.

C Imperfect tense

FRAU WOLF Ich abonnierte die regionale Zeitung, weil ich die überregionalen Zeitungen nicht so interessant fand. Es gab zu viele Artikel über Politik.

D Perfect tense

HERR SCHMIDT Ich bin vor kurzem umgezogen und habe die regionale Zeitung abonniert, aber ich bin damit ziemlich enttäuscht gewesen. Ich habe mehr über nationale Ereignisse erwartet.

E Pluperfect tense

HERR BRAUN Vor meiner Pensionierung hatte ich selten gelesen. Ich hatte nie Zeit gehabt eine Zeitung richtig zu lesen. Bis vor kurzem hatte ich keine Ahnung von der Vielfalt an interessanten Zeitungen gehabt.

F Future tense

MONIKA Ich werde nächstes Jahr Politik an der Uni studieren und es wird nötig sein über aktuelle Ereignisse gut informiert zu sein. Ich werde also regelmäßig eine Tageszeitung lesen.

76 The subjunctive mood

a Verbs have different 'moods' – the INDICATIVE and the SUBJUNCTIVE. All the tenses you have met so far in this book are in the indicative. In modern English the subjunctive is not used much, although it does remain in certain phrases (e.g. *if I were you, I propose that she be elected, heaven forbid, long live the king*). It is more common in German, where its main uses are for the conditional, indirect speech and to express a wish.

b Because the subjunctive is rare in English, it can be difficult to grasp when and why it is used in German. As a rule, the indicative expresses fact, certainty and agreement whereas the subjunctive expresses hypothetical situations, supposition, doubt and disagreement.

c However, the subjunctive is often avoided and replaced by the indicative. This happens particularly in spoken German and in situations where the subjunctive sounds too stilted.

d There are two main tenses in the subjunctive, the present and the imperfect. They are both very similar to the indicative present and imperfect tenses.

e For the PRESENT SUBJUNCTIVE just add these endings to the present stem (formed by taking **-en** or **-n** off the infinitive): [« 3]

ich	-e	wir	-en
du	-est	ihr	-et
er / sie / es	-e	Sie / sie	-en

Remember that strong verbs don't need to change the stem in the 2nd and 3rd person singular (as some of them do in the indicative). Here are examples of a weak and a strong verb in the present subjunctive.

WEAK VERB	STRONG VERB
ich mache	ich fahre
du machest	du fahrest
er / sie / es mache	er / sie / es fahre
wir machen	wir fahren
ihr machet	ihr fahret
Sie machen	Sie fahren
sie machen	sie fahren

f   To form the IMPERFECT SUBJUNCTIVE, add the same endings as for the present subjunctive, but this time they go on the imperfect stem (weak verbs have **t** at the end of the stem; strong verbs have a vowel change). If the vowel in a strong verb is **a**, **o** or **u**, you usually add an **Umlaut** to it. Here are examples of a weak and a strong verb in the imperfect subjunctive.

WEAK VERB	STRONG VERB
ich machte	ich führe
du machtest	du führest
er / sie / es machte	er / sie / es führe
wir machten	wir führen
ihr machtet	ihr führet
Sie machten	Sie führen
sie machten	sie führen

g   As you can see, weak verbs are exactly the same in the imperfect indicative and the subjunctive; and there are in fact very few differences between the indicative and the subjunctive of the present tense.

h   To form the subjunctive of the compound tenses, you use the subjunctive of the auxiliary (**haben** or **sein** for the perfect and pluperfect; **werden** for the future and conditional). Here are the auxiliaries in the present and imperfect subjunctive.

	PRESENT SUBJUNCTIVE	IMPERFECT SUBJUNCTIVE
haben	ich habe	ich hätte
	du habest	du hättest
	er / sie / es habe	er / sie / es hätte
	wir haben	wir hätten
	ihr habet	ihr hättet
	Sie haben	Sie hätten
	sie haben	sie hätten
sein	ich sei	ich wäre
	du seiest	du wärest
	er / sie / es sei	er / sie / es wäre
	wir seien	wir wären
	ihr seiet	ihr wäret
	Sie seien	Sie wären
	sie seien	sie wären
werden	ich werde	ich würde
	du werdest	du würdest
	er / sie / es werde	er / sie / es würde
	wir werden	wir würden
	ihr werdet	ihr würdet
	Sie werden	Sie würden
	sie werden	sie würden

77 Indirect speech

a When you report what someone said, this is known as REPORTED or INDIRECT SPEECH, e.g. *he said he was ill, she replied that she had not seen it*. In German, you need to use the subjunctive for the indirect speech if the *said* or *replied* etc. is in the past. The tense of the subjunctive is normally the same as the tense of the original (direct) speech.

DIRECT SPEECH	INDIRECT SPEECH
present: „Ich bin krank."	present subjunctive: Er sagte, er **sei** krank. *He said he is ill.*
imperfect: „Ich war krank."	imperfect subjunctive: Er sagte, er **wäre** krank. *He said he was ill.*
perfect: „Ich bin krank gewesen."	perfect subjunctive: Er sagte, er **sei** krank **gewesen**. *He said he has been ill.*
pluperfect: „Ich war krank gewesen."	pluperfect subjunctive: Er sagte, er **wäre** krank **gewesen**. *He said he had been ill.*
future: „Ich werde krank sein."	future subjunctive (or conditional): Er sagte, er **werde** (**würde**) krank **sein**. *He said he would be ill.*

b Sometimes the imperfect and pluperfect subjunctive are used instead of the present and perfect. In order to make it clear that you are dealing with indirect speech, use a tense of the subjunctive which does not look exactly the same as the indicative. This means that you usually have to use these alternative tenses in the plural (because most singular forms are different). If there is a lengthy passage of indirect speech try to be consistent.

> Sie sagten, sie **hätten** es nicht **gelesen**. (not **haben**)
> *They said they had not read it. ("We have not read it.")*
> Sie sagten, sie **kämen** später. (not **kommen**)
> *They said they were coming later. ("We are coming later.")*

c In indirect speech, the conjunction **dass** can be included, but remember that it affects the word order, sending the verb to the end of the clause. If **dass** is left out, the word order is just like in a main clause. [« 21d]

> Er sagte, **dass** er krank **gewesen sei**. *He said (that) he had been ill.*

d If you are reporting a question, keep the question word in the indirect speech. If there is no question word, use **ob** (*if, whether*). Remember to put the verb at the end of the clause.

> Er fragte den Mann, wie seine Telefonnummer sei.
> *He asked the man what his telephone number was.*
> Sie fragte, wann die nächste Vorstellung sei.
> *She asked when the next showing was.*
> Sie fragten, ob dort eine Kunstgalerie sei.
> *They asked if there was an art gallery there.*

e If you are reporting an imperative (an instruction or command), you can use the present or imperfect subjunctive of **sollen** (more forceful) or **mögen** (more polite).

> „Fahren Sie langsamer!" Der Polizist sagte, er solle langsamer fahren.
> *The policeman said he should drive more slowly.*
> „Nehmen Sie bitte Platz." Die Ärztin sagte, er möge Platz nehmen.
> *The doctor said he should take a seat.*

However, it may be better to avoid this construction altogether by using **bitten** (*to ask*, *to tell*) or **befehlen** (*to command*, *to tell*) with an infinitive. (Remember that **befehlen** takes the dative case.) [« 56]

> Der Polizist befahl ihm langsamer zu fahren.
> *The policeman told him to drive more slowly.*
> Die Ärztin bat ihn Platz zu nehmen.
> *The doctor told (asked) him to take a seat.*

f It can be difficult to decide whether to use the subjunctive or not in indirect speech. Generally the subjunctive expresses some kind of doubt or supposition. So, if there is no doubt about the truth of the statement you are reporting, use the indicative. Otherwise use the subjunctive.

> Er hat mir gesagt, dass die Firma bankrott war.
> *He told me the firm was bankrupt. (definite fact)*
> Er hat mir gesagt, dass die Firma bankrott sei.
> *He told me the firm was bankrupt. (possible, but not confirmed)*

g Here are some verbs which imply that something is a fact, so they are usually followed by the indicative.

beweisen	*to prove*	merken	*to notice*
entdecken	*to discover*	sehen	*to see*
erfahren	*to find out*	sicher / gewiss sein	*to be sure / certain*
feststellen	*to ascertain*	überzeugen	*to convince*
herausfinden	*to find out*	wissen	*to know*

h These verbs of thinking and saying imply some doubt or uncertainty, so they are usually followed by the subjunctive.

ahnen	*to suspect*	hören	*to hear*
annehmen	*to assume*	meinen	*to think, be of the opinion*
behaupten	*to maintain*	sagen	*to say*
denken	*to think*	schreiben	*to write*
sich einbilden	*to imagine*	träumen	*to dream*
erklären	*to explain*	vermuten	*to presume*
fürchten	*to be afraid*	wünschen	*to wish*
glauben	*to think, believe*	zweifeln	*to doubt*
hoffen	*to hope*		

i If the verbs of thinking and saying are in the present tense, they are sometimes followed by the indicative rather than the subjunctive.

> Ich fürchte, dass sie in diesem Fall lügt.   *I'm afraid that in this case she's lying.*

A Read this extract from Heinrich Böll's book *Die verlorene Ehre der Katharina Blum* and underline all the verbs which are in the subjunctive.

Tötges hatte schon am Donnerstag in Gemmelsbroich nach der Adresse von Frau Blum geforscht, diese auch erfahren, aber vergebens versucht zu ihr ins Krankenhaus vorzudringen. Er war vom Pförtner, von der Stationsschwester Edelgard und vom leitenden Arzt Dr. Heinen drauf aufmerksam gemacht worden, dass Frau Blum nach einer schweren, aber erfolgreichen Krebsoperation sehr ruhebedürftig sei; dass ihre Genesung geradezu davon abhängig sei, dass sie keinerlei Aufregungen ausgesetzt werde und ein Interview nicht in Frage käme. Den Hinweis, Frau Blum sei durch die Verbindung ihrer Tochter zu Götten ebenfalls „Person der Zeitgeschichte", konterte der Arzt mit dem Hinweis, auch Personen der Zeitgeschichte seien für ihn zunächst Patienten. Nun hatte Tötges während dieser Gespräche festgestellt, daß im Hause Anstreicher wirkten, und sich später Kollegen gegenüber geradezu damit gebrüstet, dass es ihm durch Anwendung des „simpelsten aller Tricks, nämlich des Handwerkertricks" – indem er sich einen Kittel, einen Farbtopf und einen Pinsel gelungen sei, am Freitag dennoch zu Frau Blum vorzudringen, denn nichts sei so ergiebig wie Mütter, auch kranke: er habe Frau Blum mit den Fakten konfrontiert, sei nicht ganz sicher, ob sie das alles kapiert habe, denn Götten sei ihr offenbar kein Begriff gewesen, und sie habe gesagt „Warum mußte das so enden, warum mußte das so kommen?", woraus er in der ZEITUNG machte: „So mußte es ja kommen, so mußte es ja enden." Die kleine Veränderung der Aussage erklärte er damit, daß er als Reporter drauf eingestellt und gewohnt sei, „einfachen Menschen Artikulationshilfe zu geben".

B Read this article from the *Berliner Zeitung* about Prinz August von Hannover who demanded compensation money from a German magazine, and rewrite the article in the subjunctive, beginning "**Die *Berliner Zeitung* berichtete ...**"

Die Illustrierte *Bunte* wird 100 000 Mark Schmerzensgeld an Prinz August von Hannover bezahlen. Die Illustrierte hat trotz gerichtlichen Einspruchs Fotos von dem Prinzen zusammen mit der Prinzessin Caroline von Monaco veröffentlicht. Zeitungen und Illustrierte haben das Recht, Fotos von „Personen der Zeitgeschichte" zu veröffentlichen, aber dies nur, wenn sich diese Personen nicht zurückziehen und nicht unbeobachtet fühlen. Die Bunte hatte aber unter anderem Fotos des Prinzen an einem öffentlichen Strand publiziert. Das Hamburger Gericht bezweifelt, dass der Prinz im demokratischen Deutschland überhaupt eine „Person der Zeitgeschichte" ist, da er weder politische noch wirtschaftliche Macht in Deutschland hat. Außerdem hat die Illustrierte die Fotos manipuliert. Auf dem veröffentlichten Foto ruht Carolines Hand auf der Schulter des Prinzen. Auf dem Original aber steht sie ein paar Meter von ihm entfernt. Der Burda-Verlag reagierte heftig auf das Urteil.

Die Medien

A How would these people change TV if they could? Write these sentences in the conditional tense using the verbs in brackets.

1. Ich (*verringern*) den Anteil an Sex und Gewalt.
2. Wir (*zeigen*) weniger Seifenopern.
3. Die Kinder (*gründen*) neue Kinderkanäle.
4. Viele Männer (*einführen*) Sportsendungen.
5. Frau Körner (*senden*) mehr klassische Konzerte.
6. Ich (*verlängern*) die Nachrichten – sie sind immer zu kurz.
7. Frau Albrecht (*verbessern*) die Sendungen während des Tages.
8. Herr Schmelzle (*verbieten*) Werbung.

B The following people have given their opinions on the advantages and disadvantages of TV, including the issue of violence on TV. Read what they have to say and put the verbs in brackets into the conditional. In a number of cases it may be more appropriate to use an imperfect subjunctive rather than the conditional with **würde**.

1. Wenn es weniger Gewalt (*geben*), (*geben*) es auch weniger fernsehgestörte Kinder.
2. Wenn man im Fernsehen keine Gewalt (*sehen*), (*darstellen*) die Sendungen kein realistisches Weltbild.
3. Ich bin behindert und komme nicht oft aus meiner Wohnung. Wenn ich keinen Fernseher (*haben*), (*sein*) ich sehr einsam.
4. Das Familienleben (*sein*) heutzutage viel besser, wenn man das Fernsehen (*abschaffen*).
5. Ohne das Fernsehen (*erfahren*) man sehr wenig über das Leben in anderen Ländern.
6. Wenn es kein Fernsehen (*geben*), (*lesen*) Kinder viel mehr.
7. Fernsehjournalisten haben viele Dienste an der Gesellschaft geleistet: ohne sie (*wissen*) wir zum Beispiel sehr wenig über die Probleme der Dritten Welt.

C The following people are giving their reactions to a new soap opera and are discussing what they would have done differently. Rewrite the verbs in the brackets in the pluperfect subjunctive.

1. Ich (*einführen*) in der ersten Folge weniger Personen – es war sehr verwirrend.
2. Sabine fand es toll – sie (*ändern*) gar nichts daran.
3. Wir (*machen*) das Programm kürzer – eine Stunde ist zu lang.
4. Wir (*sein*) zufriedener, wenn die Sendung nicht so melodramatisch (*sein*).
5. Ich (*versuchen*) die Sendung realistischer zu machen – die Personen wirken unglaubwürdig.
6. Herr und Frau März (*finden*) die Sendung besser, wenn sie lustiger (*sein*).
7. Frau Zoffinger (*senden*) sie später, weil sie sie zu gewalttätig fand.

78 The conditional tense

a The CONDITIONAL means *would* and is often linked to an 'if' clause (the condition). It is formed by the imperfect subjunctive of **werden** and an infinitive. Here is the imperfect subjunctive of **werden** in full.

ich würde	wir würden
du würdest	ihr würdet
er / sie / es würde	Sie / sie würden

Wir würden uns sehr freuen den neuen Film zu sehen.
We would be very pleased to see the new film.
Ich würde ins Kino gehen, wenn ich Geld hätte.
I would go to the cinema if I had some money.

b Sometimes the imperfect subjunctive is used instead of the conditional. This applies especially to **sein** and **haben** (as main verbs and as auxiliaries), the modal verbs and a few other common verbs (e.g. **gehen**, **geben**). [» 80]

Ich **wäre** dankbar, wenn ... (Ich **würde** dankbar **sein**, wenn ...)
I would be grateful if ...
Er **hätte** das nicht verpasst. (Er **würde** das nicht verpasst **haben**.)
He wouldn't have missed it.
Wir **wären** ins Konzert gegangen, wenn ... (Wir **würden** ins Konzert gegangen **sein**, wenn ...)
We would have gone to the concert if ...
Er **ginge** ins Konzert, wenn es ein gutes Programm **gäbe**. (Er **würde** ins Konzert **gehen**, wenn es ein gutes Programm **geben würde**.)
He would go to the concert if there were a good programme.

c The conditional can also be used to make a request.

Würden Sie bitte das Fenster zumachen?
Please would you close the window?
Könnten Sie lauter sprechen?
Could you speak up?
Möchten Sie etwas Anderes sehen?
Would you like to see something else?
Hätten Sie zufällig einen Stift?
Would you happen to have a pen?

d Be careful with the tense of the verb **können**. In English *could* can mean *was able to* (perfect / imperfect) or *would be able to* (conditional). Make sure you use the correct tense in German.

Sie konnte nichts sehen.
She could not see anything. (was not able to)
Wenn sie größer wäre, könnte sie mehr sehen.
If she were taller she could see more. (would be able to)

79 *If* clauses

a   An 'if' clause is introduced by **wenn**. In the present and future tenses you use the indicative in both the main clause and the **wenn** clause. This is because you are talking about definite facts.

   Ich komme morgen mit, wenn ich kann.
   I'll come with you tomorrow if I can.
   Ich werde höflich sein, wenn sie mich anspricht.
   I will be polite if she speaks to me.

b   If the sentence refers to the future and contains an improbable condition or a supposition (*I would, if ...*), use the conditional in the main clause and the imperfect subjunctive or the conditional in the **wenn** clause (whichever sounds better or least clumsy).

   Ich würde morgen mitkommen, wenn ich könnte.
   I would come with you tomorrow if I could (but it's unlikely).
   Ich würde höflich sein, wenn sie mich ansprechen würde.
   I would be polite if she spoke to me (but I don't suppose she will).

c   If the conditional sentence refers to the past (*I would have, if ...*), you normally use the pluperfect subjunctive in both clauses – in other words, **hätte(n)** or **wäre(n)** and the past participle.

   Ich hätte das Stück gesehen, wenn ich Zeit gehabt hätte.
   I would have seen the play if I'd had time.
   Wir wären dahin gefahren, wenn es nicht geschneit hätte.
   We would have driven there if it hadn't snowed.

d   If you put the **wenn** clause first in the sentence, remember to invert the subject and verb in the main clause. [« 19]

   Wenn diese Gruppe nach Dortmund kommt, gehe ich bestimmt dahin.
   If this group comes to Dortmund I'll definitely go.
   Wenn ich das gewusst hätte, wäre ich nicht mitgekommen.
   If I'd known that, I wouldn't have come.

e   If the **wenn** clause is first in the sentence and it is in the past, you can miss out the word **wenn** altogether. You then put the auxiliary first and join the two clauses with **so** or **dann**. [« 19]

   Hätte ich das gewusst, so wäre ich nicht mitgekommen.
   Had I known that, I wouldn't have come.
   Wäre der Film kürzer gewesen, dann hätte er mir besser gefallen.
   If the film had been shorter I would have liked it more.

A How would these people change television if they could? Write the verbs in brackets in the conditional tense. In some cases a form of the imperfect subjunctive may be more appropriate.

INTERVIEWER Sabine, (*verbieten*) du auch die Fernsehwerbung?

SABINE *Ich glaube, dass die meisten Fernsehwerbung* (verbieten). *Sie ist total nervig und stört, wenn man einen Film sieht.*

ANDREAS Ich (*machen*) das keineswegs. Wenn es keine Werbung (*geben*), (*wissen*) man nichts über neue Produkte.

SABINE *Ja, aber wenn Zeitschriften und Werbespots keine Bilder von Fotomodellen* (zeigen), (haben) *weniger junge Mädchen Komplexe wegen ihres Aussehens. Sie* (sein) *nicht mehr mit Bildern konfrontiert, die ihrem Selbstbewusstsein schaden.*

ANDREAS Doch! Ein Werbeverbot (*ändern*) daran nichts.

SABINE *Man* (können) *aber die Werbeagenturen zwingen ein bisschen realistischer zu sein. Ich* (erlauben) *es nicht stereotypische Bilder zu zeigen – Frauen mit Waschpulver zum Beispiel.*

ANDREAS Wenn die Werbung realistisch sein (*müssen*), (*sein*) sie nicht mehr interessant. Werbespots müssen Idealbilder darstellen. Ich (*finden*) es allerdings nicht in Ordnung, wenn Werbespots rassistische oder sexistische Bilder (*zeigen*).

B Adverts try to attract us by offering us a better life if we buy certain products. Rewrite the **wenn** sentences to show what would or would not have happened by buying certain products.

e.g. Wenn man die Hautcreme kauft, hat man keine Pickel mehr.
   → Wenn man die Hautcreme kaufen würde, hätte man keine Pickel mehr. / Wenn man die Hautcreme gekauft hätte, hätte man keine Pickel mehr gehabt.

1. Wenn man in Urlaub fährt, ist man glücklicher.
2. Wenn Sie Diätprodukte kaufen, nehmen Sie schneller ab.
3. Wenn man modische Kleider trägt, wirkt man attraktiver.
4. Wenn man ein teueres Auto hat, macht das Autofahren mehr Spaß.
5. Wenn man Müsli zum Frühstück isst, ist man gesünder.
6. Wenn man dieses Shampoo verwendet, sehen die Haare schöner aus.
7. Wenn Sie jene Zeitung lesen, sind Sie besser informiert.
8. Wenn man die beste Zahnpasta benutzt, geht man nicht so oft zum Zahnarzt.
9. Wenn Sie neue Fenster kaufen, ist Ihr Haus mehr wert.
10. Wenn man ein Sonderangebot verpasst, verschwendet man viel Geld.

Die Kriminalität

A What excuses do people give for driving too fast? Rewrite the following sentences in the subjunctive form beginning each sentence with the phrase in brackets.

1. Ich muss meine Frau ins Krankenhaus bringen, weil sie schwanger ist. [Er sagte ...]
2. Wir müssen spätestens um 11 Uhr zu Hause sein. [Sie sagten ...]
3. Ich habe heute eine wichtige Besprechung und darf keineswegs den Zug verpassen. [Sie behauptete ...]
4. Ich kann nicht langsamer fahren – die Bremsen funktionieren schlecht. [Er meinte ...]
5. Ich bin Ärztin und soll jetzt einen Kranken besuchen. [Sie meinte ...]

B Rewrite these sentences in the same way – this time they are in the imperfect tense.

1. Ich konnte das Ortsschild nicht sehen. [Sie meinte ...]
2. Ich musste in die Apotheke gehen, weil mein Sohn krank ist. [Er meinte ...]
3. Wir durften nicht später als 14 Uhr am Flughafen sein. [Sie sagten ...]
4. Ich musste schnell in die Schule fahren, weil ich eine Prüfung hatte. [Er behauptete ...]

C How are people punished for certain crimes? Rewrite these sentences as improbable and unreal conditions as in the example.

e.g. Wenn man zu schnell fährt, muss man Strafe zahlen.
  → Wenn man zu schnell fahren würde, müsste man Strafe zahlen.
     Wenn man zu schnell gefahren wäre, hätte man Strafe zahlen müssen.

1. Wenn man betrunken Auto fährt, kann man seinen Führerschein verlieren.
2. Wenn man das wiederholt macht, darf man nie wieder Auto fahren.
3. Wenn man in ein Haus einbricht, muss man ins Gefängnis.
4. Wenn man jemanden ermordet, kann man den Rest seines Lebens im Knast verbringen.
5. Wenn man jemanden verletzt, muss man Schmerzensgeld zahlen.

80 Subjunctive with modals

a   MODAL VERB CONSTRUCTIONS can seem quite complicated, even in English, but there are patterns you can learn and apply to several situations. One important point to remember concerns the perfect tenses – you use the infinitive of the modal instead of its past participle in clauses where there is another infinitive. [« 17]

> Er **hat** die Bilder **verkaufen müssen.**   *He has had to sell the pictures.*
> Wir **hatten der** Polizei nichts **sagen wollen.**
> *We had not wanted to say anything to the police.*

b   The imperfect subjunctive is often used to express the conditional (instead of **würde** with the infinitive). This is usually because it is easier to say as the sentence then contains fewer verbs.

> Auch wenn sie älter wäre, **dürfte** sie das nicht machen. (… würde sie das nicht machen dürfen)   *Even if she were older she wouldn't be allowed to do that.*

c   The conditional perfect of modal verbs has a set pattern – the imperfect subjunctive of **haben** with two infinitives (the main verb and the modal verb). The infinitive of the modal verb is used instead of the past participle. [« 17] Look at the examples and simply substitute other verbs to make new sentences.

> Du **hättest** die Arbeit **machen sollen.**
> *You should have done (ought to have done) the work.*
> Wir **hätten** ins Konzert **gehen können,** wenn wir rechtzeitig Karten gekauft hätten.   *We could have gone (would have been able to go) to the concert if we had bought tickets in time.*
> Er **hätte** das **kaufen wollen,** wenn sie nichts dagegen gehabt hätte.
> *He would have wanted to buy it if she hadn't objected.*
> Hätten sie das gemerkt, so **hätten** wir mehr **bezahlen müssen.**
> *If they had noticed that, we would have had to pay more.*

d   Here are some examples of different tenses of modal verbs in **wenn** clauses. Once again, use these as a pattern to make new sentences.

> Wenn er das macht, muss er ins Gefängnis kommen.
> *If he does that he'll have to go to prison.*
> Wenn er das machen würde, müsste er ins Gefängnis kommen.
> (… würde er … kommen müssen)
> *If he did (were to do) that he would have to go to prison.*
> Wenn er das gemacht hätte, hätte er ins Gefängnis kommen müssen.
> *If he had done that he would have had to go to prison.*

e   In indirect speech, use the appropriate tense of the modal verb as other verbs. The infinitive goes at the end of the clause (unless you use **dass**, in which case the subordinate clause rules apply). [« 19; « 54]

> Er sagte, er müsse es sofort machen.   *He said he had to do it straight away.*
> Sie behaupteten, dass sie es nicht hätten sehen können.
> *They maintained that they hadn't been able to see it.*

81 Passive subjunctive

a   The subjunctive forms of the passive are quite straightforward – use the subjunctive of **werden** instead of the indicative. [« 65]

> Sie behauptete, Deutsch werde mehr als Englisch gesprochen.
> *She maintained that German was spoken more than English.*
> Ich glaubte nicht, dass die Tiere geschützt werden würden.
> *I didn't believe that the animals would be protected.*
> Wenn der Polizist ihn gesehen hätte, so wäre er verhaftet worden.
> *If the policeman had seen him he would have been arrested.*

b   The passive subjunctive of modal verbs is no more difficult than the indicative. The modal verb is in the subjunctive and the infinitive of **werden** normally goes at the end of the clause. It is worth learning a few set phrases.

> Er meinte, er könnte von seiner Frau identifiziert werden.
> *He said he could be identified by his wife.*
> Sie sagte, es müsse bis Ende der Woche gemacht werden.
> *She said it had to be done by the end of the week.*

82 Other uses of the subjunctive

a   You can use **als ob** with verbs like **aussehen** (*to look as if*) and **tun** (*to pretend*). This is a subordinating conjunction, so the verb goes at the end of the clause.

> Es sieht aus, **als ob** er nichts **gemacht habe**.   *It looks as if he has done nothing.*
> Sie tun, **als ob** sie krank **seien**.   *They are pretending to be ill.*

b   You can miss out **ob**, but you must then put the verb straight after **als**.

> Er sah aus, **als hätte** er nicht **geschlafen**.   *He looked as if he hadn't slept.*
> Er tat, **als sei** er krank.   *He pretended to be ill.*

c   To say you <u>wanted</u> somebody to do something in German, you have to use a **dass** clause with the subjunctive (because they didn't actually do what you wanted). If you use the present tense of **wollen** you generally use the indicative in the **dass** clause (because it is a more definite request)

> Ich will, dass sie sofort zur Polizei geht.
> *I want her to go to the police straight away.*
> Er wollte, dass wir seinen Artikel gestern gelesen hätten.
> *He wanted us to read his article yesterday.*

d   Notice this subjunctive construction with **wünschen**.

> Ich **wünsche**, ich **hätte** das **gesagt**.   *I wish I had said that.*
> Er **wünschte**, er **wäre** nicht **geblieben**.   *He wished he hadn't stayed.*

e   The subjunctive is used on those few occasions when you want to express the imperative in the 3rd person. Learn a few set phrases.

> Es lebe der Präsident!   *Long live the President!*
> Es geschehe, was wolle.   *No matter what happens.*
> Wie dem auch sei.   *Be that as it may.*

A Rewrite these passive sentences in the subjunctive form.

Die Zeitung berichtete ...

1. In Deutschland wird eine neue 0,5-Promille-Grenze eingeführt.
2. Diese Herabsetzung wird seit längerem von der SPD verlangt.
3. Ein absolutes Alkoholverbot wird von den Grünen gefordert.
4. Diese Maßnahme wird von Minister Matthias Wissmann weitgehend unterstützt.
5. 1996 wurden 23 484 Unfälle von betrunkenen Autofahrern verursacht.
6. Bei 84% dieser Fälle wurde ein Blutalkoholgehalt von mehr als 0,8 Promille festgestellt.
7. 1472 Personen sind bei Unfällen, bei denen Alkohol im Spiel war, getötet worden.
8. 45 875 Menschen sind bei alkoholbedingten Unfällen verletzt worden.

B Read these accounts from women who have suffered domestic violence. Rewrite as in the example to explain what might have happened had circumstances been different.

e.g. Ich konnte nicht ausziehen, weil ich kein Geld hatte.
→ Wenn ich Geld gehabt hätte, wäre ich ausgezogen.

1. Ich bin geblieben, weil er die Kinder nicht geschlagen hat.
2. Ich bin nicht ins Frauenhaus gegangen, weil ich mich geschämt habe.
3. Ich konnte mich nicht selbstständig machen, weil ich keine gute Ausbildung hatte.
4. Ich bin schließlich gegangen, weil ich Angst um die Kinder hatte.
5. Ich habe ihm seine Brutalität immer verziehen, weil er sich immer entschuldigt hat.
6. Ich bin nicht ins Frauenhaus gegangen, weil ich damals nichts davon gewusst habe.

C Rewrite the following sentences in the subjunctive form.

Ein Zeitungsartikel berichtete ...

1. 25% aller Gewaltverbrechen werden an Ehepartnerinnen ausgeübt.
2. In schlechten Familienverhältnissen werden die Kinder oft misshandelt.
3. Die meisten Gewaltverbrechen werden von Männern ausgeübt.
4. 1995 wurden jedoch 300 Frauen in Schweden von ihren Partnern wegen Körperverletzung angezeigt.
5. Letztes Jahr sind in Berlin über 300 Frauen vergewaltigt worden.
6. Die meisten Frauen wurden von Partnern oder Bekannten vergewaltigt.

A Opinions on freedom of the press.

Rewrite these sentences in the subjunctive, paying careful attention to the tense of the original. Use the verb **meinen** to introduce each sentence.

1. GERHARD Die Pressefreiheit ist ein wichtiger Teil der Demokratie. Man soll sie nicht einschränken.

2. ANKE Durch ihre Freiheit hat die Presse viele Dienste an der Gesellschaft geleistet. Sie hat zum Beispiel politische Skandale oder Korruption aufgedeckt.

3. DENISE Die Presse geht jetzt zu weit: es ist nicht nötig, über die letzten Einzelheiten des Lebens berühmter Personen Bescheid zu wissen.

4. SUSI Berühmte Personen haben auch das Recht auf eine Privatsphäre und sie muss geschützt werden.

5. JOHANNES Im zweiten Weltkrieg sahen wir, wie schlimm es sein kann, wenn es keine Pressefreiheit gibt. So was darf nie wieder vorkommen.

6. RALF Die Presse betreibt heutzutage sehr viel Sensationsmache, was nicht ihre eigentliche Rolle ist. Diese Sensationsmache soll man schon einschränken.

7. BARBARA Ich habe mich geweigert Zeitungen zu kaufen, die nackte Frauen darstellen. Freunde aus dem Ausland haben kaum glauben können, dass hier so was in der Zeitung steht. Diese Frauenfeindlichkeit muss verboten werden.

B Read this account of an airline hijack and rewrite it in the subjunctive. Begin the passage with **Die Presseagentur berichtete** ...

Die Terroristen <u>sind</u> mit falschen Ausweisen als Passagiere in die Maschine eingestiegen. Ihre eigentlichen Identitäten <u>waren</u> trotz aller Sicherheitsmaßnahmen nicht entdeckt worden. Die erste Hälfte des Flugs <u>ist</u> friedlich verlaufen, dann <u>haben</u> die Terroristen versteckte Waffen herausgeholt und dem Piloten <u>befohlen</u> am nächsten Flughafen zu landen. Die Maschine <u>steht</u> immer noch dort auf der Landebahn. Die meisten Passagiere <u>sind</u> unverletzt befreit worden, die Terroristen <u>haben</u> sechs Geiseln genommen. Sie <u>verlangen</u> Geld sowie die Befreiung von sechs anderen Mitgliedern ihrer Organisation, die in deutschen Gefängnissen <u>sind</u>. Es <u>ist</u> der Polizei gelungen Verhandlungen mit den Tätern zu eröffnen. Es <u>wird</u> gehofft, dass sie sie überzeugen können die restlichen Geiseln bald zu befreien.

C Translate the following sentences into German.

1. The defendant claimed that he hadn't attacked the woman.
2. It looked as if he was telling the truth.
3. The policeman asked him if he had been at the station on Saturday evening.
4. He pretended to know nothing.
5. The lawyer asked if he had already committed a crime.
6. He claimed that he had never been arrested before.
7. The judge wanted the witness to describe the scene.

8. The jury was of the opinion that the defendant was guilty.
9. The defendant wished he had told the truth.
10. The judge said that he should be severely punished.

D For or against the death sentence. Write these sentences in the conditional form – sometimes the imperfect subjunctive may be more appropriate.

1. Wenn es die Todesstrafe (*geben*), (*sinken*) die Mordquote.
2. Wenn man einen Fehler (*entdecken*), (*sein*) es zu spät.
3. Die Todesstrafe (*beeinflussen*) keineswegs die Mordrate.
4. Wenn wir die Todesstrafe (*haben*), (*verurteilen werden* – passive) unschuldige Menschen.
5. Für mich (*bedeuten*) die Einführung der Todesstrafe ein moralisches Versagen der Gesellschaft.
6. Eine solche Strafe (*verstoßen*) gegen Gottes Gebot.
7. Ich glaube nicht, dass die Todesstrafe Mörder davon (*abhalten*) ihre Verbrechen zu begehen.

E Translate into English.

Wie groß ist die Wirkung, die das Fernsehen auf Kinder ausübt? Untersuchen haben bewiesen, dass Kinder immer mehr Zeit vor der Glotze verbringen und dass immer mehr einen eigenen Fernsehapparat besitzen. Pädagogen meinen, es werde immer schwieriger für die Eltern, die Fernsehgewohnheiten ihrer Kinder in der Hand zu haben. Laut Forschung bestehe kein Zweifel mehr, dass Kinder vom Fernsehen beeinflusst werden. Ihre Vorbilder seien nicht mehr ihre Eltern oder Lehrer, sondern die Helden aus dem neuesten Trickfilm. Pädagogikprofessorin Angela Barz meinte, selbst Kindersendungen seien nicht allzu harmlos, da die Trickfilmfiguren oft gewalttätig seien, jedoch immer unverletzt davon kämen. Dies stelle ein unrealistisches Weltbild dar und ermutige die Kinder, Gewalt als lustig zu betrachten. „Wenn ich Kinder hätte, würde ich es ihnen keineswegs erlauben, mehr als eine Stunde pro Tag fernzusehen", sagte sie vor kurzem. „Ich würde auch festlegen, welche Sendungen sie sehen dürften." Frau Barz behauptete, sie hätte schon mit vielen Kindern gearbeitet, die wegen übermäßigen Fernsehkonsums soziale Probleme hätten. Die Kinder hätten Bilder gesehen, die sie nicht hätten verarbeiten können und hätten später unter Alpträumen oder Angstgefühlen gelitten. Andere hätten aggressive oder zerstörerische Tendenzen gezeigt.

Wie ist das Problem zu lösen? Laut Frau Barz müssten die Eltern sich viel mehr um die Fernsehgewohnheiten ihrer Kinder kümmern, weiterhin müssten die Fernsehsender den Anteil an Sex und Gewalt reduzieren.

APPENDICES

Appendix

1

Verb tables

a Here is the full conjugation of a **weak verb**.

Infinitive	Present indicative	Imperfect	Perfect	Pluperfect
wohnen	ich wohne	ich wohnte	ich habe gewohnt	ich hatte gewohnt
	du wohnst	du wohntest	du hast gewohnt	du hattest gewohnt
	er / sie / es wohnt	er /sie / es wohnte	er / sie / es hat gewohnt	er / sie / es hatte gewohn
	wir wohnen	wir wohnten	wir haben gewohnt	wir hatten gewohnt
	ihr wohnt	ihr wohntet	ihr habt gewohnt	ihr hattet gewohnt
	Sie / sie wohnen	Sie / sie wohnten	Sie / sie haben gewohnt	Sie / sie hatten gewohnt
				(Remember, not all wea
				verbs take **haben** as
				their auxiliary in the
				perfect and pluperfect.)

b Here is the full conjugation of a **strong verb**. See the table of strong and irregular verbs for the other common ones.

Infinitive	Present indicative	Imperfect	Perfect	Pluperfect
fahren	ich fahre	ich fuhr	ich bin gefahren	ich war gefahren
	du fährst	du fuhrst	du bist gefahren	du warst gefahren
	er / sie / es fährt	er / sie / es fuhr	er / sie / es ist gefahren	er / sie / es war gefahren
	wir fahren	wir fuhren	wir sind gefahren	wir waren gefahren
	ihr fahrt	ihr fuhrt	ihr seid gefahren	ihr wart gefahren
	Sie / sie fahren	Sie / sie fuhren	Sie / sie sind gefahren	Sie / sie waren gefahren
	(Not all strong			(Not all strong verbs tak
	verbs have the			**sein** as their auxiliary in
	same stem change			the perfect and pluperfe
	as **fahren**.)			**Fahren** happens to be
				one that does.)

c Here is the full conjugation of a **mixed verb**. See the table of strong and irregular verbs for the other common ones.

Infinitive	Present indicative	Imperfect	Perfect	Pluperfect
denken	ich denke	ich dachte	ich habe gedacht	ich hatte gedacht
	du denkst	du dachtest	du hast gedacht	du hattest gedacht
	er / sie / es denkt	er / sie / es dachte	er / sie / es hat gedacht	er / sie / es hatte gedach
	wir denken	wir dachten	wir haben gedacht	wir hatten gedacht
	ihr denket	ihr dachtet	ihr habt gedacht	ihr hattet gedacht
	Sie / sie denken	Sie / sie dächten	Sie / sie haben gedacht	Sie / sie hatten gedacht

Future	Imperative	Present subjunctive	Imperfect subjunctive
ich werde wohnen	Wohne!	ich wohne	ich wohnte
du wirst wohnen	Wohnt!	du wohnest	du wohntest
er / sie / es wird wohnen	Wohnen Sie!	er / sie / es wohne	er / sie / es wohnte
wir werden wohnen		wir wohnen	wir wohnten
ihr werdet wohnen		ihr wohnet	ihr wohntet
Sie / sie werden wohnen		Sie / sie wohnte	Sie / sie wohnen

Future	Imperative	Present subjunctive	Imperfect subjunctive
ich werde fahren	Fahr!	ich fahre	ich führe
du wirst fahren	Fahrt!	du fahrest	du führest
er / sie / es wird fahren	Fahren Sie!	er / sie / es fahre	er / sie / es führe
wir werden fahren		wir fahren	wir führen
ihr werdet fahren		ihr fahret	ihr führet
Sie / sie werden fahren		Sie / sie fahren	Sie / sie führen

Future	Imperative	Present subjunctive	Imperfect subjunctive
ich werde denken	Denk!	ich denke	ich dächte
du wirst denken	Denkt!	du denkest	du dächtest
er / sie / es wird denken	Denken Sie!	er / sie denke	er / sie es dächte
wir werden denken		wir denken	wir dächten
ihr werdet denken		ihr denket	ihr dächtet
Sie / sie werden denken		Sie / sie denken	Sie / sie dächten

d   Here is the full conjugation of **haben**.

Infinitive	Present indicative	Imperfect	Perfect	Pluperfect
haben	ich habe	ich hatte	ich habe gehabt	ich hatte gehabt
	du hast	du hattest	du hast gehabt	du hattest gehabt
	er / sie / es hat	er / sie / es hatte	er / sie / es hat gehabt	er / sie / es hatte
	wir haben	wir hatten	wir haben gehabt	wir hatten gehabt
	ihr habt	ihr hattet	ihr habt gehabt	ihr hattet gehabt
	Sie / sie haben	Sie / sie hatten	Sie / sie haben gehabt	Sie / sie hatten gehabt

e   Here is the full conjugation of **sein**. The table of strong and irregular verbs indicates which verbs take **sein** as their auxiliary.

Infinitive	Present indicative	Imperfect	Perfect	Pluperfect
sein	ich bin	ich war	ich bin gewesen	ich war gewesen
	du bist	du warst	du bist gewesen	du warst gewesen
	er / sie / es ist	er / sie / es war	er / sie / es ist gewesen	er / sie / es war gewesen
	wir sind	wir waren	wir sind gewesen	wir waren gewesen
	ihr seid	ihr wart	ihr seid gewesen	ihr wart gewesen
	Sie / sie sind	Sie / sie waren	Sie / sie sind gewesen	Sie / sie waren gewesen

f   Here is the full conjugation of **werden**.

Infinitive	Present indicative	Imperfect	Perfect	Pluperfect
werden	ich werde	ich wurde	ich bin geworden	ich war geworden
	du wirst	1du wurdest	du bist geworden	du warst geworden
	er / sie / es wird	er / sie / es wurde	er / sie / es ist geworden	er / sie / es war geworde
	wir werden	wir wurden	wir sind geworden	wir waren geworden
	ihr werdet	ihr wurdet	ihr seid geworden	ihr wart geworden
	Sie / sie werden	Sie / sie wurden	Sie / sie sind geworden	Sie / sie waren geworder

Future	Imperative	Present subjunctive	Imperfect subjunctive
ich werde haben	Hab!	ich habe	ich hätte
du wirst haben	Habt!	du habest	du hättest
er / sie / es wird haben	Haben Sie!	er / sie / es habe	er / sie / es hätte
wir werden haben		wir haben	wir hätten
ihr werdet haben		ihr habet	ihr hättet
Sie / sie werden haben		Sie / sie haben	Sie / sie hätten

Future	Imperative	Present subjunctive	Imperfect subjunctive
ich werde sein	Sei!	ich sei	ich wäre
du wirst sein	Seid!	du seiest	du wärest
er / sie / es wird sein	Seien Sie!	er / sie / es sei	er / sie / es wäre
wir werden sein		wir seien	wir wären
ihr werdet sein		ihr seiet	ihr wäret
Sie / sie werden sein		Sie / sie seien	Sie / sie wären

Future	Imperative	Present subjunctive	Imperfect subjunctive
ich werde werden	Werde!	ich werde	ich würde
du wirst werden	Werdet!	du werdest	du würdest
er / sie / es wird werden	Werden Sie!	er / sie / es werde	er / sie / es würde
wir werden werden		wir werden	wir würden
ihr werdet werden		ihr werdet	ihr würdet
Sie / sie werden werden		Sie / sie werden	Sie / sie würden

Appendix

Table of strong and irregular verbs

This verb table shows the more common strong and irregular verbs. Compounds of these verbs are irregular in the same way (e.g. **abfahren** is just like **fahren**, **sich bewerben** is like **werben**, **gefallen** is like **fallen**).

As an aid to remembering the irregularities, recite the verbs to a rhythm. You will find that there are certain repeated patterns.

Verbs marked * take **sein**. [« 14]

Verbs marked (*) sometimes take **sein** and sometimes **haben**. [« 14]

Only the 3rd person singular of the present and imperfect tenses is given. This is enough to show what irregularities there are (if any) and for you to form other parts of the verb. For more details about each tense, look at the appropriate grammar section.

Infinitive	Present tense (3rd pers. sing.)	Imperfect tense (3rd pers. sing.)	Past participle	English meaning
backen	bäckt	backte	gebacken	to bake
befehlen	befiehlt	befahl	befohlen	to command, order
beginnen	beginnt	begann	begonnen	to begin
beißen	beißt	biss	gebissen	to bite
bergen	birgt	barg	geborgen	to save, hide
biegen	biegt	bog	(*) gebogen	to bend, turn
bieten	bietet	bot	geboten	to offer
binden	bindet	band	gebunden	to tie, bind
bitten	bittet	bat	gebeten	to ask, request
bleiben	bleibt	blieb	*geblieben	to stay, remain
braten	brät	briet	gebraten	to roast
brechen	bricht	brach	gebrochen	to break
brennen	brennt	brannte	gebrannt	to burn
bringen	bringt	brachte	gebracht	to bring
denken	denkt	dachte	gedacht	to think
dringen	dringt	drang	*gedrungen	to penetrate, force one's way
dürfen	darf	durfte	gedurft	to be allowed to
empfehlen	empfiehlt	empfahl	empfohlen	to recommend
erschrecken	erschrickt	erschrak	erschrocken	to frighten
essen	isst	aß	gegessen	to eat
fahren	fährt	fuhr	(*) gefahren	to drive, go, travel
fallen	fällt	fiel	*gefallen	to fall
fangen	fängt	fing	gefangen	to catch
finden	findet	fand	gefunden	to find
fliegen	fliegt	flog	(*) geflogen	to fly
fliehen	flieht	floh	*geflohen	to flee
fließen	fließt	floss	*geflossen	to flow
fressen	frisst	fraß	gefressen	to eat (of animals)
frieren	friert	fror	(*) gefroren	to freeze
geben	gibt	gab	gegeben	to give

Infinitive	Present tense (3rd pers. sing.)	Imperfect tense (3rd pers. sing.)	Past participle	English meaning
gehen	geht	ging	*gegangen	to go, walk
gelingen	gelingt	gelang	*gelungen	to succeed, manage
gelten	gilt	galt	gegolten	to be valid / worth
genießen	genießt	genoss	genossen	to enjoy
geschehen	geschieht	geschah	*geschehen	to happen
gewinnen	gewinnt	gewann	gewonnen	to win, gain
gießen	gießt	goss	gegossen	to pour
gleichen	gleicht	glich	geglichen	to resemble
gleiten	gleitet	glitt	*geglitten	to glide, slide
graben	gräbt	grub	gegraben	to dig
greifen	greift	griff	gegriffen	to grasp, seize
haben	hat	hatte	gehabt	to have
halten	hält	hielt	gehalten	to hold, stop
hängen	hängt	hing	gehangen	to hang
heben	hebt	hob	gehoben	to lift, raise
heißen	heißt	hieß	geheißen	to be called
helfen	hilft	half	geholfen	to help
kennen	kennt	kannte	gekannt	to know, be acquainted with
klingen	klingt	klang	geklungen	to sound
kommen	kommt	kam	*gekommen	to come
können	kann	konnte	gekonnt	to be able
kriechen	kriecht	kroch	*gekrochen	to creep, crawl
laden	lädt	lud	geladen	to load
lassen	lässt	ließ	gelassen	to let, allow, leave
laufen	läuft	lief	*gelaufen	to run
leiden	leidet	litt	gelitten	to suffer
leihen	leiht	lieh	geliehen	to lend
lesen	liest	las	gelesen	to read
liegen	liegt	lag	gelegen	to lie
lügen	lügt	log	gelogen	to tell a lie
messen	misst	maß	gemessen	to measure
mögen	mag	mochte	gemocht	to like
müssen	muss	musste	gemusst	to have to, must
nehmen	nimmt	nahm	genommen	to take
nennen	nennt	nannte	genannt	to name
pfeifen	pfeift	pfiff	gepfiffen	to whistle
raten	rät	riet	geraten	to advise
reiben	reibt	rieb	gerieben	to rub
reißen	reißt	riss	gerissen	to tear
reiten	reitet	ritt	(*) geritten	to ride
rennen	rennt	rannte	*gerannt	to run, race
riechen	riecht	roch	gerochen	to smell
rufen	ruft	rief	gerufen	to call
saufen	säuft	soff	gesoffen	to drink (of animal)
saugen	saugt	saugte / sog	gesaugt / gesogen	to suck
schaffen	schafft	schuf	geschaffen	to create
scheiden	scheidet	schied	geschieden	to separate
scheinen	scheint	schien	geschienen	to shine, seem

Infinitive	Present tense (3rd pers. sing.)	Imperfect tense (3rd pers. sing.)	Past participle	English meaning
schieben	schiebt	schob	geschoben	to push, shove
schießen	schießt	schoss	geschossen	to shoot
schlafen	schläft	schlief	geschlafen	to sleep
schlagen	schlägt	schlug	geschlagen	to hit, strike, beat
schleichen	schleicht	schlich	*geschlichen	to creep
schließen	schließt	schloss	geschlossen	to shut
schmeißen	schmeißt	schmiss	geschmissen	to fling, throw
schmelzen	schmilzt	schmolz	(*) geschmolzen	to melt
schneiden	schneidet	schnitt	geschnitten	to cut
schreiben	schreibt	schrieb	geschrieben	to write
schreien	schreit	schrie	geschrie(e)n	to shout, scream
schreiten	schreitet	schritt	*geschritten	to stride
schweigen	schweigt	schwieg	geschwiegen	to be silent
schwimmen	schwimmt	schwamm	(*) geschwommen	to swim, float
schwören	schwört	schwor	geschworen	to swear (an oath)
sehen	sieht	sah	gesehen	to see
sein	ist	war	*gewesen	to be
senden	sendet	sendete / sandte	gesendet / gesandt	to send
singen	singt	sang	gesungen	to sing
sinken	sinkt	sank	(*) gesunken	to sink
sitzen	sitzt	saß	(*) gesessen	to sit, be seated
sollen	soll	sollte	gesollt	to be supposed to
sprechen	spricht	sprach	gesprochen	to speak
springen	springt	sprang	*gesprungen	to jump, leap
stechen	sticht	stach	gestochen	to sting, prick
stehen	steht	stand	gestanden	to stand
stehlen	stiehlt	stahl	gestohlen	to steal
steigen	steigt	stieg	*gestiegen	to climb, mount
sterben	stirbt	starb	*gestorben	to die
stinken	stinkt	stank	gestunken	to stink, smell bad
stoßen	stößt	stieß	gestoßen	to push
streichen	streicht	strich	gestrichen	to stroke
streiten	streitet	stritt	gestritten	to argue, quarrel
tragen	trägt	trug	getragen	to carry, wear
treffen	trifft	traf	getroffen	to meet, hit
treiben	treibt	trieb	(*) getrieben	to drive, do
treten	tritt	trat	(*) getreten	to step
trinken	trinkt	trank	getrunken	to drink
tun	tut	tat	getan	to do
verderben	verdirbt	verdarb	(*) verdorben	to spoil, ruin, go bad
vergessen	vergisst	vergaß	vergessen	to forget
verlieren	verliert	verlor	verloren	to lose
vermeiden	vermeidet	vermied	vermieden	to avoid
verschwinden	verschwindet	verschwand	*verschwunden	to disappear
verzeihen	verzeiht	verzieh	verziehen	to pardon, excuse
wachsen	wächst	wuchs	*gewachsen	to grow
waschen	wäscht	wusch	gewaschen	to wash
weisen	weist	wies	gewiesen	to point, show

Infinitive	Present tense (3rd pers. sing.)	Imperfect tense (3rd pers. sing.)	Past participle	English meaning
wenden	wendet	wendete / wandte	gewendet / gewandt	to turn
werben	wirbt	warb	geworben	to advertise
werden	wird	wurde	*geworden	to become
werfen	wirft	warf	geworfen	to throw
wiegen	wiegt	wog	gewogen	to weigh
wissen	weiß	wusste	gewusst	to know (a fact)
wollen	will	wollte	gewollt	to want to, wish
ziehen	zieht	zog	(*) gezogen	to pull, move (away)
zwingen	zwingt	zwang	gezwungen	to force, compel

Appendix

3 Glossary

A

Abenteuer (-) *nt*	adventure
abfahren	to depart
Abfahrt (-en) *f*	departure
Abgas (-e) *m*	waste gas
abhalten von	to prevent, hinder from
Abhängige *decline as adj*	addict
Abhängigkeit (-en) *f*	addiction
Abholzung *f*	deforestation
abnehmen	to lose weight
Abneigung (-en) *f*	disinclination
abonnieren	to subscribe to
abschaffen	to abolish
abschalten	to switch off
abschrecken von	to deter from
abwechselnd	alternately
ähnlich	similar
aktuell	current
Alkoholkonsum *m*	alcohol consumption
allein stehend	living on one's own
sich amüsieren	to enjoy oneself
Anbau *m*	cultivation
anbieten *sep*	to offer
Andenken (-) *nt*	souvenir
anerkennen *sep*	to recognise
Anführer(-) *m*	leader
angehören *sep*	to belong to
Angeklagte *decline as adj*	defendant
angenehm	pleasant
Angestellte *decline as adj*	employee
Anglistik *f*	English (language and literature)
Angriff (-e) *m*	attack
sich anpassen *sep*	to adapt, fit in
Ansage (-n) *f*	announcement
sich anschaffen	to get oneself
anschließend	subsequent(ly)
Anspruch (¨e) *m*	claim, right; demand
Ansteckung *f*	infection
anstreben *sep*	to strive for
sich anstrengen *sep*	to make an effort
anvertrauen *sep*	to confide in
Anwendung (-en) *f*	use
Anzeige (-n) *f*	advertisement
Arbeitnehmer (-) *m*	employee
Arbeitsamt (¨er) *nt*	job centre
ärgern	to annoy
Ärmelkanal *m*	(English) Channel

Arzneimittel (-) *nt*	drug, medicine
Asylbewerber (-) *m*	asylum seeker
Asylbewerberheim (-e) *nt*	hostel for asylum seekers
atmen	to breathe
aufdecken *sep*	to uncover
auffrischen *sep*	to refresh
aufheben *sep*	to keep, put aside
Aufklärung *f*	informing, instruction
Aufmerksamkeit *f*	attention
aufpassen *sep*	to look after, pay attention
aufputschen *sep*	to stimulate
Aufregung (-en) *f*	excitement, agitation
auftauchen *sep*	to appear, turn up
Ausbildung *f*	education, training
Ausbruch (ǘe) *m*	outbreak
außerdem	moreover
aushalten *sep*	to bear, stand, endure
ausländisch	foreign
Auslandskorrespondent (-en) *m*	foreign correspondent
Ausreise *f*	leaving the country
sich ausruhen *sep*	to rest
Aussage (-n) *f*	statement
Aussehen (-) *nt*	appearance
Außenminister (-) *m*	foreign minister
Aussicht (-en) *f*	view
Ausstellung (-en) *f*	exhibition
ausüben *sep*	to carry out
Auswahl *f*	choice, selection
Auswirkung (-en) *f*	effect

B

Bankkauffrau (-en) *f*	bank clerk (female)
beabsichtigen	to intend
beängstigend	worrying
bedeutend	significant
Bedeutung (-en) *f*	meaning, significance
bedienen	to serve
bedrohen	to threaten
bedürftig	in need of
beeindruckend	impressive
beeinflussen	to influence
befreien	to free
befürchten	to fear
begehen	to commit (a crime)
Begriff (-e) *m*	concept
Behälter (-) *m*	container
behandeln	to treat
behaupten	to claim
beherbergen	to house, give shelter to
Behördengang (ǘe) *m*	piece of bureaucracy
Beirater (-) *m*	adviser

beitragen *sep*	to contribute
bekämpfen	to fight, combat
belohnen	to reward
benachteiligen	to discriminate against
beraten	to advise
Bereich (-e) *m*	area, sector
bereuen	to regret
berufstätig	working
Bescheid geben	to let someone know, inform
beschränken	to limit, restrict
besprechen	to discuss
Besprechung (-en) *f*	discussion
bestehlen	to rob
Bestellung (-en) *f*	order
bestimmen	to determine
bestimmt	certainly
bestrafen	to punish
betonen	to emphasise
in Betracht ziehen	to take into consideration
betrachten	to consider, regard
betreiben	to conduct
Betrieb (-e) *m*	business, firm
sich beugen	to bend
Bevölkerung (-en) *f*	population
beweisen	to prove
sich bewerben um	to apply for
Bewohner (-) *m*	resident
Beziehung (-en) *f*	relationship
Börse (-n) *f*	stock exchange

C

Chancengleichheit *f*	equal opportunities

D

Dichter (-) *m*	poet
dringend	urgent
Drogenbekämpfung *f*	battle against drugs
Drogenhändler (-) *m*	drugs dealer
düngen	to fertilise
durchschnittlich	on average

E

einatmen *sep*	to breathe in
einbrechen *sep*	to break into
Eindruck (¨e) *m*	impression
Einfluss (¨e) *m*	influence
einführen *sep*	to introduce
einheimisch	local, native
Einheit (-en) *f*	unity, unit
Einheitswährung (-en) *f*	single currency

Einkommen (-) *nt*	income
Einnahme (-n) *f*	intake
einschlafen *sep*	to fall asleep
Einspruch (⁻e) *m*	objection
einstellen *sep*	to take on, employ
Einstellung (-en) *f*	attitude
Einzelheit (-en) *f*	detail
Elend *nt*	misery
empfehlen	to recommend
empört	outraged
entdecken	to discover
Enthaltsamkeit *f*	abstinence
Entscheidung (-en) *f*	decision
Entschluss (⁻e) *m*	decision
sich entschuldigen	to apologise
sich entspannen	to relax
entsprechen	to correspond to
enttäuschen	to disappoint
entwickeln	to develop
Entzugsbehandlung (-en) *f*	withdrawal treatment for addicts
Ereignis (-se) *nt*	event
Erfolg (-e) *m*	success
erfolgreich	successful
Erfüllung *f*	fulfilment
ergiebig	productive, lucrative
erhöhen	to raise, increase
sich erholen	to recover
erklären	to explain
sich erkundigen	to enquire
Erlebnis (-se) *nt*	experience
erledigen	to deal with, take care of
ermöglichen	to make possible
ermordern	to murder
ermutigen	to encourage
sich ernähren	to eat, nourish
erneuern	to renew
Ernte (-n) *f*	harvest
eröffnen	to open
Ersatz *m*	substitute, replacement
ersetzen	to substitute, replace
Erwartung (-en) *f*	expectation
Erwerb *m*	acquisition
erwidern	to reply
erwischen	to catch
Erzieher (-) *m*	educator, teacher
Essgewohnheit (-en) *f*	eating habit
Ewigkeit *f*	eternity

F

Fachwerkhaus(⁻er) *nt*	half-timbered house
Fall (⁻e) *m*	case
Fallschirmspringen *nt*	parachute jumping

faulenzen	to laze around
fehlen	to be missing, lacking
festlegen *sep*	to fix, lay down
Festung (-en) *f*	fortress
Filiale (-n) *f*	branch (of a bank or business)
Flüchtling (¨e) *m*	refugee
Flugblatt (¨er) *nt*	leaflet
fördern	to support, sponsor
Forderung (-en) *f*	demand
forschen	to research
Forschung (-en) *f*	research
Fortbildung *f*	further education/training
Fortschritt (-e) *m*	progress
fragwürdig	dubious
Frauenfeindlichkeit *f*	misogyny, sexism
Frauenhaus (¨er) *nt*	women's refuge
friedlich	peaceful(ly)
Führerschein (-e) *m*	driving licence
fürchten	to fear

G

Gärtnerei (-en) *f*	market-garden
Gastarbeiter (-) *m*	immigrant worker
gefährden	to endanger
Gefängnis (-se) *nt*	prison
Gegenteil (-e) *nt*	opposite
Geisel (-n) *f*	hostage
Gelegenheit (-en) *f*	opportunity
gemeinsam	common, joint; together
Gemeinschaft (-en) *f*	community
gemütlich	comfortable, cosy, snug
Genesung *f*	convalescence
Gerät (-e) *nt*	piece of equipment, device
gering	low
Germanistik *f*	German (language and literature)
geschäftlich	(on) business
geschieden	divorced
Geschlechtsverkehr *m*	sexual intercourse
Geschwindigkeit (-en) *f*	speed
gestrig	yesterday's
Gewalt *f*	violence
gewalttätig	violent
Gleichberechtigung *f*	equality
Grund (¨e) *m*	reason
gründen	to found
gründlich	thorough(ly)
Gruppendruck *m*	peer pressure

H

häufig	frequent
hauptsächlich	primarily

Hausmeister (-) *m*	caretaker
Heilmittel (-n) *nt*	medicine, remedy
Herzinfarkt (-e) *m*	heart attack

I

Impfstoff (-e) *m*	vaccine

J

jobben	to have a casual job

K

Kaution (-en) *f*	deposit (for rented accommodation)
Klimaanlage (-n) *f*	air conditioning
Klimaveränderung (-en) *f*	climate change
Knast *m*	jail, clink (slang)
konkurrieren	to compete
kontaktfreudig	sociable, outgoing
Körperverletzung *f*	grievous bodily harm
Kriterium (-ien) *nt*	criterion
sich kümmern um	to look after, take care of
künftig	future

L

Lage (-n) *f*	situation
Lagerhaus (¨er) *nt*	warehouse
Landebahn (-en) *f*	landing strip
Landwirtschaft *f*	agriculture
sich langweilen	to be bored
Lebensfreude *f*	zest for life
Lebenslauf (¨e) *m*	CV
Lebensstil (-e) *m*	lifestyle
Leiche (-n) *f*	corpse
Leistung (-en) *f*	performance, achievement
leistungsfähig	efficient, productive
lösen	to solve
Lösung (-en) *f*	solution
Luftverschmutzung *f*	air pollution

M

Makler (-) *m*	estate agent
malerisch	picturesque
Maßnahme (-n) *f*	measure
Mehrwegflasche (-n) *f*	reusable bottle
melden	to report
Miete (-n) *f*	rent
Mietvertag (¨e) *m*	tenancy agreement
misshandeln	to abuse
Mitfahrgelegenheit (-en) *f*	lift (in a car, etc)
Mitfahrzentrale *f*	agency for arranging lifts

Mitgliedschaft (-en) *f*	membership
Modewende (-n) *f*	change in fashion
Möglichkeit (-en) *f*	possibility
Müllabfuhr *f*	rubbish collection

N

nachdenken *sep*	to think about, reflect
Nachtruhe *f*	night's rest, sleep
Nährstoff *m*	nutrient
naturschonend	not harmful to nature
Nebenwirkung (-en) *f*	side effect
Notfall (-e) *m*	emergency

O

offensichtlich	obvious(ly)
Oper (-n) *f*	opera

P

Pensionierung *f*	retirement
Pflanzenschutzmittel (-) *nt*	pesticide
Pflege (-n) *f*	care
Pförtner (-) *m*	doorman
Polizeiwache (-n) *f*	police station
Pressefreiheit *f*	freedom of the press
Privatsphäre (-n) *f*	private life

Q

Quelle (-n) *f*	source

R

Ratschlag (-e) *m*	piece of advice
Raubbau *m*	overfelling
rechtfertigen	to justify
Rechtsextremismus *m*	right-wing extremism
Rechtsradikale *decline as adj*	right-wing extremist
Rinderwahn *f*	'mad cow' disease
Rollenverhalten *nt*	behavioural role
Rückerstattung *f*	reimbursement
Ruf (-e) *m*	call; reputation

S

sauberhalten *sep*	to keep clean
säubern	to cleanse
Schaden (-) *m*	damage
schaden	to damage
schädigen	to damage

Schadstoff (-e) *m*	harmful substance
sich schämen	to be ashamed
schätzen	to estimate; to value, appreciate
Schätzung (-en) *f*	estimation
schlachten	to slaughter
Schlägerei (-en) *f*	fight, brawl
Schmerzensgeld *nt*	damages
Schöffen *pl*	jury
Schuld (-en) *f*	debt; blame
schulden	to owe
schweigen	to be silent
schwitzen	to sweat
Selbstständigkeit *f*	independence
Selbstbewusstsein *nt*	self-confidence
Selbsthilfegruppe (-n) *f*	self-help group
senden	to broadcast
Sendung (-en) *f*	TV programme
Sensationsmache *f*	sensationalism
Sicherheitsmaßnahme (-n) *f*	security measure
sich Sorgen machen um	to worry about
spontan	spontaneous(ly)
Staatsanwalt (-e) *m*	lawyer
ständig	constant(ly)
Stimmung (-en) *f*	atmosphere
stöhnen	to groan
stören	to disturb
Strafe (-n) *f*	punishment
Strandbad (¨er) *nt*	seawater swimming-pool
Streifenwagen (-) *m*	police car
Streit (-e) *m*	argument
stricken	to knit
Stromerzeugung *f*	energy production
Studiengang (¨e) *m*	course of studies

T

tadeln	to reproach
Tapetenwechsel *m*	change of scenery
teilnehmen an *sep*	to participate in
Teufelskreis (-e) *m*	vicious circle
Todesstrafe (-n) *f*	death sentence
Todesursache (-n) *f*	cause of death
tödlich	fatal
trampen	to hitchhike
Treibhauseffekt *m*	greenhouse effect
Tropenwald (¨er) *m*	tropical rainforest

U

überregional	national
übertreiben	to exaggerate
überweisen	to transfer (money)
überzeugen	to convince

umstritten	controversial
Umwelt *f*	environment
Umweltschutz *m*	environmental protection
Umweltverschmutzung *f*	pollution of the environment
Umzugswagen (-) *m*	removal van
unheilbar	incurable
Unsinn *m*	nonsense
unterhalten	to amuse, entertain
sich unterhalten	to chat
Unterkunft (:e) *f*	accommodation
unternehmen	to undertake
unterschiedlich	different
unterstützen	to support
ursprünglich	original(ly)

V

Verabredung (-en) *f*	appointment, arrangement to meet
verändern	to change
verantwortungsvoll	responsible
verbinden	to combine
Verbraucher (-) *m*	consumer
Verdacht *m*	suspicion
verdächtigen	to suspect
vereinfachen	to simplify
Vereinigung *f*	uniting, combining
sich verfahren	to get lost (when driving)
Verfolgung *f*	persecution
vergebens	in vain
vergewaltigen	to rape
vergiften	to poison
Vergleich (-e) *m*	comparison
Vergnügen (-) *nt*	pleasure
verhaften	to arrest
Verhältnis (-se) *nt*	relationship
Verhandlung (-en) *f*	negotiation
Verkehrsmittel (-) *nt*	means of transport
verkraften	to cope with
verlängern	to lengthen
verlaufen	to pass (time)
vermeiden	to avoid
Vermieter (-) *m*	tenant
vermindern	to reduce
verminen	to mine
vermissen	to miss
vermuten	to presume
vernichten	to destroy
veröffentlichen	to publish
Verpackung (-en) *f*	packaging
verprügeln	to beat up
verqualmt	smoke-filled
verringern	to reduce

Versagen *nt*	failure
Verschmutzung *f*	pollution
verschwenden	to waste
verseuchen	to contaminate
Verständigung *f*	understanding
verständnisvoll	understanding
verstoßen	to contravene
verteidigen	to defend
sich verteilen	to spread out
vertiefen	to deepen
vertreiben	to drive away
vertreten	to represent
verunglücken	to have an accident; to go wrong
verursachen	to cause
verurteilen	to condemn, convict
verweigern	to refuse
verwirren	to confuse
verzeihen	to forgive
Vielfalt *f*	diversity
vollenden	to complete
vordringen *sep*	to advance, penetrate
vorhanden	in existence
Vorlesung (-en) *f*	lecture
Vorrat (-̈e) *m*	supply
sich vorstellen	to imagine
Vorstellung (-en) *f*	idea, image, picture
Vorstellungsgespräch (-e) *nt*	interview
vorteilhaft	advantageous
Vorurteil (-e) *nt*	prejudice
vorwerfen *sep*	to accuse, blame

W

Waffe (-n) *f*	weapon
weitgehend	widely
Weltbild (-er) *nt*	view of life, conception of the world
wiederholt	repeatedly
wieder verwerten	to recycle
Wissenschaftler (-) *m*	scientist
Wohlfahrtsorganisation (-en) *f*	charity organisation
Wohlstand *m*	prosperity
wohlverdient	well-earned
Wohngemeinschaft (-en) *f*	flat-share

Z

zeitgenössisch	contemporary
zugänglich	accessible
zurückkehren *sep*	to return
Zuschlag (-e) *m*	supplement
Zweck (-e) *m*	purpose

GRAMMAR INDEX

Grammar index

GRAMMAR INDEX

KEY TO EXERCISES

Chapter 1 Diagnostic, page 1

A

1. das   2. das   3. die   4. die   5. der   6. das   7. die
8. die   9. das   10. die   11. der   12. die

B

In den meisten Familien **gibt** es nur zwei oder drei Kinder aber wir **sind** zu acht. Ich **habe** drei Schwestern und vier Brüder und ich **bin** der Jüngste. Meine Großeltern **wohnen** auch bei uns. Mein ältester Bruder **heißt** Markus und er **ist** 30 Jahre alt. Ich **kenne** ihn nicht sehr gut. Er **arbeitet** in Kiel und **kommt** nicht sehr oft nach Hause. Ich **finde** das sehr schade. Meine Schwestern Verena und Andrea **studieren** auch in Heidelberg. Andrea **ist** fast mit dem Studium fertig und **sucht** eine Stelle als Bankkauffrau. Es **gibt** also fünf Kinder, meine Eltern und meine Großeltern zu Hause. Meine Mutter **arbeitet** nicht: sie hat zu Hause zu viel zu tun. Meine Großeltern **helfen** ihr und wir **machen** auch Hausarbeit. Ich **putze** die Fenster, Steffen und Andreas **arbeiten** im Garten und meine Schwestern **bügeln**. Ich **teile** mein Schlafzimmer mit Steffen und Andreas. Meistens **finde** ich es gut eine große Familie zu haben. Wir **unternehmen** viel zusammen und ich **bin** nie einsam. Aber ich **habe** nie meine Ruhe.

C

1. Ich **verstehe mich** gut mit meiner Familie.
2. Meine Eltern **streiten sich** selten.
3. Meine Eltern sind geschieden und mein Vater wohnt in einer anderen Stadt. Wir **sehen uns** am Wochenende.
4. Meine Mutter **interessiert sich** sehr für meine Fortschritte in der Schule.

Chapter 1 Reinforcement, page 8

A

INTERVIEWER	*Versteht ihr euch gut?*
DANIEL	Unter der Woche **verbringen** wir nicht viel Zeit zusammen. Meine Eltern **arbeiten** und ich **bin** auch sehr beschäftigt.
INTERVIEWER	*Was **meinen** Sie, Herr Schwarz?*
VATER	Das stimmt, aber wir **machen** am Wochenende viel zusammen. Daniel und ich **gehen** oft zusammen zu einem Fußballspiel, zum Beispiel. Wir **amüsieren uns** immer gut.
INTERVIEWER	*Daniel, **machst** du viel mit deiner Mutter?*
DANIEL	Eigentlich nicht. Meine Mutter **hat** andere Interessen. Sie **interessiert sich** für klassische Musik und **geht** gern in die Oper. Ich **finde** das total langweilig. Aber sie **hilft** mir oft mit meinen Hausaufgaben und wir **streiten uns** selten.

INTERVIEWER *Und was **denken** Sie, Frau Schwarz?*

MUTTER Daniel und ich **haben** nicht viel gemeinsam und daher **unternehmen** wir nicht viel zusammen. Ich **finde** das auch ziemlich normal in seinem Alter. Aber Daniel **spricht** oft mit mir über Probleme und er **erzählt** ziemlich viel über die Schule und seine Freunde. Sein Vater und ich **unterstützen** ihn so viel wie möglich. Wir **sind** immer für ihn da und er **weiß** das auch.

B

1. Liebe Clarissa – Ich bin jetzt 18, aber ich **darf** nicht bei mir im Haus rauchen. Ich finde das unfair. Was **soll** ich machen? – *Dirk, Hamburg*
Lieber Dirk – Du **musst** die Wünsche deiner Eltern respektieren. Du **kannst** doch im Garten rauchen.

2. Liebe Clarissa – Wir **müssen** zu Hause sehr viel helfen, aber unser Bruder **will** gar nichts machen. Er **soll** auch arbeiten. Was **können** wir machen? – *Birgit und Maria, Stuttgart*
Liebe Birgit und Maria – Ihr **sollt** mit euren Eltern über das Problem reden. Hausarbeit ist nicht nur für Mädchen!

3. Liebe Clarissa – Meine Freundinnen **dürfen** alle am Wochenende bis Mitternacht wegbleiben. Ich **muss** um 10 Uhr zu Hause sein. Ich **will** auch später nach Hause kommen. Wie **kann** ich meine Eltern überzeugen? – *Eva, Rostock*
Liebe Eva – Deine Eltern **wollen** dich bestimmt nur schützen. Du **sollst** ihnen die Situation erklären. Sie waren auch mal jung!

Chapter 2 Diagnostic, page 9

A

1. der   2. das   3. die   4. die

B

1. den   2. das   3. die   4. die

C

des Monats, der Woche, der Vermieter, des Maklers

D

1. dem Betrieb   2. den Vermietern   3. der Wohlfahrtsorganisation
4. dem Makler

Chapter 2 Reinforcement, page 16

A

1. Sie müssen **die** Miete am ersten Tag **des** Mona**ts** bezahlen.
2. Sie müssen **das** Geld **dem** Makler direkt überweisen.
3. Sie müssen alle 6 Monate **den** Mietvertrag erneuern.
4. Sie müssen **den** Vermieter**n** 28 Tage im Voraus Bescheid geben, wenn Sie ausziehen.

5. **Die** Kaution beträgt 450 Euro.
6. Alle Bewohner müssen **die** Kaution bezahlen.
7. **Die** Arbeitszeiten **des** Hausmeisters sind Montag bis Freitag von 8 bis 16 Uhr.
8. Am Wochenende sollen Sie **den** Hausmeister nur im Notfall stören.
9. Sie müssen alle Schäden **dem** Hausmeister sofort melden.
10. **Der** Hausmeister erledigt **die** folgenden Aufgaben: er teilt **die** Post aus, putzt **den** Flur und macht **die** Treppe sauber.
11. Sie müssen **den** Wohnblock sauberhalten.
12. **Die** Bewohner sollen **die** Nachtruhe **der** Nachbarn respektieren.
13. **Die** Pflanzen gehören **dem** Garten, nicht **den** Bewohnern. Bitte nicht pflücken.

B

HERR JAHN	Also, wir **ziehen** am 28. April **um**. Arndt und Boris, ihr **räumt** die Garage **auf**. Ingrid, du **machst** die Wohnung **sauber**. Wir **stehen** am 28. früh **auf** – wir haben viel zu tun. Wir **packen** alle unsere Möbel in den Umzugswagen **ein** und wir **fahren** um 9 Uhr **ab**. Wir **kommen** dann gegen 10 Uhr in der neuen Wohnung **an**. Boris **räumt** den Umzugswagen **aus** und Arndt **streicht** die Wände im Wohnzimmer **an**. Ingrid **räumt** die Küche **ein** und **bereitet** das Mittagessen **vor**. Alles klar?
STEFFEN	*Das ist viel Arbeit. Was machst du, Vati?*
HERR JAHN	Ich habe sehr verantwortungsvolle Aufgaben. Ich **bestelle** die Zeitung **ab** und ich **hole** den Schlüssel **ab**.

C

1. die Lampen   2. die Häuser   3. die Wohnungen   4. die Monate
5. die Vermieter   6. die Teppiche   7. die Makler
8. die Telefonnummern   9. die Schecks   10. die Wochen

Chapter 3 Diagnostic, page 17

A

1. ein   2. unser   3. meine   4. meine

B

5. einen   6. ein   7. keine   8. deine

C

9. seines Partners   10. meiner Freundin, eines Mädchens
11. meiner Freundinnen

D

12. keinem Freund   13. meinen Freunden   14. meiner Freundin
15. unserem Verhältnis

E

1. Thomas, erzählen Sie **Ihrer** Freundin alles?

2. Claudia, respektiert **dein** Freund **deine** Wünsche?
3. Claudia und Thomas verbringen **ihre** Freizeit immer zusammen.

Chapter 3 Reinforcement, page 22

A

GABI   Wolfgang, können wir morgen **meine** Mutter besuchen?
WOLFGANG   *Nein, ich sehe **meine** Freunde morgen.*
GABI   Du planst immer **dein** Wochenende ohne mich. Du ziehst nie **meine** Wünsche in Betracht.
WOLFGANG   *Aber wir wollen **ein** Fußballspiel sehen und wir haben schon **unsere** Eintrittskarten. Außerdem möchte ich am Wochenende **ein** bisschen Spaß haben.*
GABI   Ihr Männer! Ihr denkt immer nur an **euer** Vergnügen. Und ich mag **eure** Vorstellung von Spaß gar nicht. Ihr geht nach dem Spiel bestimmt in die Kneipe und ich muss **meinen** Abend zu Hause verbringen.
WOLFGANG   *Du kannst auch **deine** Freundinnen sehen.*
GABI   Und **unser** Baby bleibt allein zu Hause? Wir haben doch **kein** Geld für **einen** Babysitter.
WOLFGANG   *Dann such dir doch **eine** Stelle.*
GABI   Ich habe **keine** Zeit. Und **ein** Kind braucht **seine** Mutter zu Hause.
WOLFGANG   *Das ist **deine** Sache. Aber **unser** Einkommen ist dann geringer. Als Frau ist es sowieso **deine** Rolle zu Hause zu bleiben.*
GABI   **Meine** Rolle! Ich bin doch **keine** Sklavin. Das hier ist auch **dein** Haus und **dein** Kind.
WOLFGANG   *Es gibt nur **eine** Lösung. Du suchst **einen** Arbeitsplatz und **deine** Mutter macht hier Babysitting.*
GABI   Gut. Wir fragen **meine** Mutter morgen, wenn wir sie besuchen!

B

SABINE   Ich möchte vielleicht heiraten, aber ich habe **meinen** Traummann noch nicht kennen gelernt.
INTERVIEWER *Können Sie **Ihren** Traummann beschreiben?*
SABINE   **Meine** Ansprüche sind ziemlich hoch. **Seine** Ausbildung ist mir wichtig – ich möchte **keinen** Mann von der Müllabfuhr oder so jemanden heiraten. **Mein** Beruf ist mir auch sehr wichtig, ich möchte also zuerst **keine** Kinder bekommen. Ich bin sehr selbstständig und mein Traumpartner muss **meine** Karriere sowie **meine** Privatsphäre respektieren. Ich möchte mich nicht ganz **einer** Familie oder **einer** Beziehung widmen.
INTERVIEWER *Markus, hast du **deine** Traumfrau schon gefunden?*
MARKUS   Ich glaube, es gibt so was wie **eine** Traumfrau nicht, aber ich möchte schon **eine** Beziehung.
INTERVIEWER *Was ist wichtig für den Erfolg **einer** Beziehung?*
MARKUS   Also, **unsere** Interessen sollten ähnlich sein. Und die Erwartungen **meiner** Partnerin sollten auch **meinen** Erwartungen entsprechen.

Revision 1–3, page 23

A

Liebe Daniela,
jedes Jahr **muss** ich mit meiner Familie in Urlaub fahren und jedes Jahr **will** ich
immer sofort nach Hause. Die Probleme **beginnen** schon bei der Abfahrt. Mein
Bruder **bringt** immer zu viel Gepäck und es **gibt** nie genug Platz im Auto. Mein
Vater **vergisst** immer die Landkarte und **verfährt sich**. Meine Mutter **ärgert
sich** und **will** selbst fahren. Mein Vater **erlaubt** das nicht und sie **streiten sich**.
Der Urlaub **ist** also von Anfang an nur stressig. Dieses Jahr **mieten** wir ein
Ferienhäuschen auf Sylt. Sylt **ist** zwar sehr schön: wir **machen** Radtouren und
sonnen uns am Strand, aber das Wetter **ist** leider nicht immer sehr gut. Heute
regnet es schon wieder und wir **können** nicht zum Strand gehen. Wir **bleiben**
also zu Hause und **langweilen uns**. Mein Vater **liest** die Zeitung und mein
Bruder **sieht fern**. Meine Mutter **strickt** und ich **schreibe** Briefe an meine
Freunde. Wir **bleiben** glücklicherweise nur noch drei Tage. Ich **amüsiere mich**
viel besser zu Hause.
Bis bald
deine Anne

B

Die Zahl von allein stehenden Müttern **nimmt** ständig **zu** aber wir **bekommen**
wenig Hilfe und das Leben **ist** sehr schwierig. Ich **habe** zwei Kinder und wir
haben eine kleine Wohnung in einem Vorort von Berlin. Wir **haben** nicht viel
Platz, aber mein Einkommen **reicht** für eine größere Wohnung nicht **aus**. Unser
Tag **fängt** sehr früh **an**. Ich **stehe** normalerweise gegen 6 Uhr **auf**. Die Kinder
und ich **bereiten** zusammen das Frühstück in der Küche **vor**. Ich **verlasse** das
Haus gegen 7 Uhr. Ich **fahre** mit der S-Bahn zur Arbeit und die Kinder **gehen**
in die Schule. Meine Nachbarin **bringt** ihre Kinder mit dem Auto in die Schule
und sie **nimmt** normalerweise meine Kinder **mit**. Ich **arbeite** in einer Fabrik.
Die Fabrik **stellt** Elektrogeräte **her**. Ich **arbeite** im Lagerhaus. Ich **fülle** die
Regale **auf**, **schreibe** Bestellungen **auf** und **fülle** die Bestellungsformulare **aus**.
Die Arbeit **ist** sehr langweilig und ich **möchte** lieber etwas Anderes machen.
Aber ich **habe** eine schlechte Ausbildung und das **schränkt** meine
Möglichkeiten **ein**. Die Arbeit **endet** um 17 Uhr. Ich **kehre** nach Hause **zurück**
und **hole** meine Kinder **ab**. Ich **bereite** das Abendessen **vor**, **bringe** die Kinder
ins Bett und **mache** die Hausarbeit. Ich **gehe** selten **aus**. Ich **rufe** oft meine
Mutter **an** und ich **lade** manchmal Freunde **ein**, aber ich **bin** meistens zu müde.
Ich **schlafe** oft schon gegen 9 Uhr **ein**.

C

1. **Meine Babys verändern** sich ständig.
2. **Die Freunde meiner Töchter sind** bei uns zu Hause immer herzlich
   willkommen.
3. **Kinder sollen** schweigen, wenn **Erwachsene sprechen**.
4. **Seine Schwestern haben** immer sehr viel Zeit für ihn.
5. **Die Fachwerkhäuser** in der Altstadt **kosten** sehr viel.
6. **Meine Tanten schenken meinen Kindern** immer Bücher zum Geburtstag.

D

ANNA Möchtest du morgen ins Konzert in der Stadthalle gehen?
DIRK *Wir können nicht – es gibt keine Eintrittskarten mehr.*
ANNA Wie schade. Dann können wir ins Kino gehen.
DIRK *Das Kino endet sehr spät. Es gibt keine Büsse nach 11 Uhr.*
ANNA Wir können mit dem Auto fahren.
DIRK *Ich habe kein Auto.*
ANNA Dann fahren wir mit dem Rad.
DIRK *Es ist zu gefährlich. Es gibt keinen Radweg.*
ANNA Dann gehen wir am Mittwoch aus – meine Mutter kann uns fahren.
DIRK *Nein, ich habe keine Zeit. Ich muss meine Hausaufgaben machen.*
ANNA Okay, Dirk, ich verstehe – du willst gar nicht mit mir ausgehen!

E

Meine Freunde und ich haben **die** Wohngemeinschaft vor 6 Monaten gegründet. **Unser** Zusammenleben läuft meistens ganz friedlich ab. Wir sind zu viert – zwei Mädchen und zwei Jungen. **Die** Kombination gefällt mir. Ich möchte nicht nur mit Mädchen wohnen. Wir verstehen uns meistens sehr gut. Wir teilen **die** Hausarbeit und es gibt selten Streit. **Unsere** Wohnung ist sehr schön. Sie hat **eine** zentrale Lage in der Nähe **der** Stadtmitte. Wir haben vier Schlafzimmer, **eine** Küche, **ein** Badezimmer und **einen** Balkon. Vom Balkon aus haben wir **einen** Aussicht über Tübingen. **Der** Balkon gefällt mir besonders, weil wir **keinen** Garten haben. Wir können auch **einen** Teil **des Kellers** benutzen. Ich stelle oft **mein** Fahrrad dort ab. **Das** Studentenleben gefällt mir gut. Ich vermisse manchmal **meine** Familie aber ich schreibe **meinen Eltern** einmal pro Woche und ich schicke **meiner** Schwester E-Mails, denn sie hat **einen** Computer. **Die** Semesterferien sind auch ziemlich lang und ich kann dann nach Hause fahren.

Chapter 4 Diagnostic, page 25

A

Verkehrsmittel: Wir **haben** 4 Plätze im Schiff **reserviert**. Die Überfahrt von Hamburg nach Harwich **hat** 22 Stunden **gedauert**.
Unterwegs: Ich **habe gestrickt**, mein Mann **hat** Musik **gehört** und die Kinder **haben** Karten **gespielt**.
Meinung: Die Reise **hat** nicht viel **gekostet**, aber wir **haben uns gelangweilt**.

B

Verkehrsmittel: Wir **haben** den EC-Zug nach Brüssel und dann den Eurostar nach London **genommen**.
Unterwegs: Ich **habe gelesen**, meine Frau **hat geschlafen** und wir **haben** auch im Speisewagen zu Abend **gegessen**. Es war sehr lecker.
Meinung: Die Reise **hat** mir **gefallen**.

C

Verkehrsmittel: Ich **bin** nach London **geflogen** und ich **bin** dann mit dem Auto **gefahren**.

Unterwegs: Im Flugzeug **bin** ich auf die Toilette **gegangen**.
Meinung: Die Reise **ist** sehr angenehm **gewesen**.

D

Verkehrsmittel: Wir **sind** um 9 Uhr mit dem Zug **abgefahren**. Wir **sind** in Calais auf die Fähre **umgestiegen**. Wir **sind** um 19 Uhr in England **angekommen**.
Unterwegs: Wir **haben** wiederholt im Zug **eingeschlafen**, aber wir **sind** immer wieder **aufgewacht**. Ich **habe** auf der Fähre **ferngesehen** und Tanya **hat eingekauft**.
Meinung: Sehr lang und kompliziert – ich **habe** es kaum **ausgehalten**.

E

Wir **sind** mit dem Zug von Kempen nach Hoek van Holland gefahren. Wir **sind** um 11 Uhr in Hoek van Holland **angekommen**. Wir **sind** nach Harwich gesegelt. Wir **haben** uns auf der Fähre gut amüsiert. Die Kinder **sind** ins Kino gegangen und haben einen Film **gesehen**. Mein Mann und ich **sind** zuerst in der Bar **geblieben** und dann haben wir im Laden ein paar Sachen **gekauft**. Das Wetter war sehr gut und wir **haben** uns draußen ein bisschen gesonnt. Die Überfahrt war sehr angenehm.

Chapter 4 Reinforcement, page 30

A

STEFFI	*Hallo Michaela, wo **bist** du **gewesen**? Ich **habe** dich letzte Woche viermal **angerufen**, aber ich **habe** dich nicht **erreicht**. **Bist** du in Urlaub **gefahren**?*
MICHAELA	Ja, ich **bin** zum Bodensee **gefahren** und **habe** meine Schwester in Friedrichshafen **besucht**.
STEFFI	***Bist** du mit dem Auto **gefahren**?*
MICHAELA	Nein, ich **bin getrampt**.
STEFFI	*Was, alleine? Das ist so gefährlich!*
MICHAELA	Nein, Johannes **ist mitgekommen**.
STEFFI	***Habt** ihr unterwegs Schwierigkeiten **gehabt**?*
MICHAELA	Eigentlich nicht. Wir **haben** zuerst eine Stunde an der Autobahnausfahrt **gewartet**, aber ein LKW-Fahrer **hat** uns dann **mitgenommen**. Er **hat** uns direkt nach Friedrichshafen **gefahren**.
STEFFI	*Ihr **habt** Glück **gehabt**. Was **habt** ihr in Friedrichshafen **unternommen**?*
MICHAELA	Meine Schwester **hat** uns die Stadt **gezeigt**, aber wir **haben** die meiste Zeit **gefaulenzt**. Wir **sind** jeden Tag zum Strandbad **gegangen** und **haben uns gesonnt**.
STEFFI	*Und wie **seid** ihr **zurückgefahren**? **Seid** ihr **getrampt**?*
MICHAELA	Nein, ich **habe** die Mitfahrzentrale **angerufen** und eine Frau **hat** uns eine Mitfahrgelegenheit **angeboten**. Wir **haben** die Benzinkosten **geteilt**, aber das **hat** nur 25 Euro **gekostet**.
STEFFI	*Das war also ein erfolgreicher Urlaub.*
MICHAELA	Ja, ich **habe mich** gut **amüsiert** und **habe** ein paar nette Leute **kennen gelernt**.

B

Wir **sind** am Montag um 8.40 Uhr **abgefahren**. Meine Sekretärin **hat** Plätze im Zug **reserviert**. Wir **haben uns** um 8.20 Uhr am Bahnhof **getroffen**. Wir **sind** dann um 10.56 Uhr in München **angekommen**. Friedrich **ist** mit der Regionalbahn nach Füssen **weitergefahren**. Er **ist** in Marktoberdorf **umgestiegen**. Er **hat** ein Auto in Füssen **gemietet** und **ist** damit nach Hohenschwangau **gefahren**. Er **hat** dort die Königsschlösser **besucht**, **hat sich** nach Unterkunftsmöglichkeiten **erkundigt** und **hat** die Preise **festgestellt**. Claudia und Tobias **sind** in München **geblieben**. Sie **haben** Broschüren **gesammelt**, die Sehenswürdigkeiten **besichtigt** und **sich** über abendliche Unterhaltungsmöglichkeiten **informiert**. Sie **haben** eine Tageskarte **gelöst** und **sind** mit der U-Bahn **gefahren**. Ich **habe** Hotels und Gaststätten in der Stadtmitte **besucht**. Wir **haben** alle in München **übernachtet**. Wir **haben** den nächsten Tag in München **verbracht** und die restliche Arbeit **erledigt**. Wir **sind** am Dienstagabend nach Hause **zurückgekehrt**.

Chapter 5 Diagnostic, page 31

A

1. Meine Frau und ich fahren selten zusammen in Urlaub. Ich wandere gern in den Bergen, während sie sich gern am Strand sonnt.
2. Ich finde es sehr wichtig, dass ich neue Kulturen entdecke.
3. Ich zelte sehr gern, denn die Stimmung auf einem Campingplatz gefällt mir.
4. Ich fahre selten ins Ausland, sondern bleibe lieber in Deutschland.
5. Wir fahren immer an die Nordseeküste, da meine Familie dort eine Ferienwohnung hat.

B

1. Ich fahre in Urlaub, weil ich mich entspannen will.
2. Ich fahre oft alleine weg, damit ich Urlaub nach meinem Geschmack machen kann.
3. Ich fahre jedes Jahr nach Italien, so dass ich meine Sprachkenntnisse auffrische.
4. Ich hasse organisierte Reisen, weil man nie spontan sein kann.
5. Ich fahre immer für drei Wochen in Urlaub, so dass ich mich richtig ausruhe.

C

1. Wenn ich in Urlaub fahre, will ich den Stress des Alltags vergessen.
2. Da ich nicht viel Geld habe, übernachte ich meistens in Jugendherbergen.
3. Bevor ich mich für ein Urlaubsziel entscheide, lese ich alle Reiseprospekte sehr gründlich.
4. Obwohl Hotels viel bequemer sind, bleibe ich lieber auf dem Campingplatz.
5. Da ich geschäftlich oft im Ausland bin, bleibe ich in den Ferien lieber in Deutschland.

D

1. Neulich hat Sabine eine Weltreise gemacht.
2. Letztes Jahr sind wir nach Spanien gefahren.
3. Am letzten Morgen habe ich meinen Koffer gepackt.

4. Normalerweise mietet die Familie Schneider ein Ferienhäuschen im Schwarzwald.
5. Gestern haben die Kinder sich am Strand gesonnt.

Chapter 5 Reinforcement, page 36

A

1. Sabine ist mit dem Zug nach Hamburg gefahren.
2. Sie ist am Vormittag in die Innenstadt gegangen.
3. Sie ist zwei Stunden dort geblieben.
4. Sie hatte eine Verabredung um 13 Uhr und ist schnell zum Restaurant gegangen.

B

1. Warum ist München ein beliebtes Reiseziel im Herbst?
2. Was ist das Oktoberfest?
3. Wann beginnt das Oktoberfest?
4. Wie lange dauert das Oktoberfest?

C

1. Am Samstagmorgen sind wir mit dem Zug nach München gefahren.
2. Zuerst sind wir ins Deutsche Museum gegangen.
3. Um 11 Uhr haben wir das Glockenspiel am Marienplatz gesehen.
4. Wir haben zu Mittag schnell in einem Café gegessen.
5. Nach dem Mittagessen sind wir mit der U-Bahn nach Schwabing gefahren.
6. Wir haben zwei Stunden dort verbracht.
7. Danach haben wir in der Fußgängerzone eingekauft.
8. Um 19 Uhr sind wir zum Hotel zurückgekehrt.

D

Wir sind **mit dem Zug** nach München gefahren und um 10.30 Uhr **sind wir** angekommen (or wir sind **um 10.30 Uhr** angekommen). Nach einer Kaffeepause **sind wir** sofort ins Deutsche Museum gegangen. Wir haben den ganzen Tag dort verbracht, denn das Museum **ist** riesig. Obwohl ich mich normalerweise nicht für technische Geräte **interessiere, hat** mir das Museum sehr gut gefallen. Ich möchte noch mal dahingehen, weil ich nicht alles gesehen **habe**. Am Abend **haben** wir in einem gemütlichen Restaurant gegessen und wir sind dann **zu Fuß** durch die Altstadt gegangen.

Chapter 6 Diagnostic, page 37

A

1. faszinierende   2. beliebtes   3. wichtigen   4. informative
5. gutes

B

1. preiswerte   2. berühmte   3. schöne   4. leckeren   5. weitere
6. angenehmen

C

1. weltberühmten   2. letzten bayerischen   3. guten   4. lebendigen
5. verschiedenen

D

1. sportlichen   2. alten   3. freundlichen   4. persönlichen

Chapter 6 Reinforcement, page 42

A

Frankfurt ist **eine kosmopolitische** Stadt. **Die deutsche** Börse befindet sich in Frankfurt und **die meisten deutschen** Banken haben ihr Hauptbüro hier. Viele **ausländische** Firmen haben auch Filialen hier, deshalb hat Frankfurt **einen wohlverdienten** Ruf als **ein** Zentrum **des internationalen Handels**. Auch findet im Herbst **die weltberühmte** Buchmesse statt. Frankfurt braucht also **gute** Verkehrsverbindungen. **Der riesige** Flughafen befindet sich am Stadtrand, **regelmäßige** Züge fahren in die Innenstadt. **Das moderne** U-Bahnnetz vereinfacht **das** Herumfahren in der Stadt selbst. Frankfurt ist also vor allem **eine kommerzielle** Stadt. Trotzdem ist sie **keine kulturlose** Stadt, sondern hat **eine große historische** Bedeutung. Karl **der Große** hat **eine** Festung in der Nähe **der heutigen** Stadtmitte gebaut und **den ersten** Markt gegründet. Heutzutage ist **die rote** St. Bartholomäuskirche **das bedeutendste** Gebäude in der Altstadt. Literarisch eingestellte Touristen können **das** Geburtshaus **des berühmten Dichters** Goethe besichtigen. **Die** Schirn-Kunsthalle ist auch **einen** Besuch wert. Nicht alle mögen **den modernen architekturischen** Stil **dieses Museums** aber **die beeindruckenden** Ausstellungen gefallen immer. Hier können Sie abwechselnd **alte** Meisterwerke sowie **die neuen** Werke **zeitgenössischer** Maler sehen. Abends können Sie **das lebendige** Nachtleben der Stadt mitmachen. **Gemütliche** Kneipen, **verrückte** Discos, **klassische** Konzerte – Frankfurt bietet **jedem** Besucher **eine große** Auswahl an Unterhaltungsmöglichkeiten.

B

Als ich letztes Jahr in Berlin war, hat mich jemand in der U-Bahn bestohlen. **Die** U-Bahn war sehr voll und ich hatte **einen Jungen,** der neben mir stand, in Verdacht. Als ich aus der U-Bahn ausstieg, habe ich **meinen** Geldbeutel gesucht, aber er war nicht mehr da. **Ein** Herr, der auch in der U-Bahn war, konnte **sein** Portemonnaie nicht finden. **Dieser** Herr hat auch **den Jungen** verdächtigt. **Ein** Student hat uns gesehen und hat angeboten, uns **den** Weg zur Polizeiwache zu zeigen. Unterwegs haben wir aber **einen Polizisten** schon getroffen. **Der** Student hat **dem Polizisten** erklärt, was passiert ist. **Der** Polizist hat **meinen Namen** und **den Namen des Herrn** aufgeschrieben. Wir haben **den Jungen** beschrieben. **Der** Polizist war nicht sehr überrascht. **Dieser** Junge hatte am Morgen schon **einen Touristen** bestohlen. **Der** Student war aber sehr überrascht. Er dachte, **der** Junge sei **der** Sohn **seines Nachbarn**. Das war er auch in der Tat. Wir haben also beide **unser** Geld zurückbekommen.

Revision 4–6, page 43

A

1. Wir haben Italien sehr schön gefunden.
2. Ich habe das Hotel Adler in der Stadtmitte empfohlen.
3. Sabine ist in den Schweizer Alpen gewandert.
4. Sophie und Richard haben einen Tagesausflug nach Füssen gemacht.
5. Wir haben uns ausgeruht.
6. Ich habe mich über den Lärm im Hotel beklagt.
7. Anne hat eine Woche auf der Insel Sylt verbracht.
8. Wir sind noch vier Tage in Berlin geblieben.
9. Ich habe viele Andenken gekauft.
10. Habt ihr die neue Kunstgalerie besucht?
11. Haben Sie sich gut amüsiert?
12. Pass auf! Du hast einen Sonnenbrand bekommen.
13. Wir haben uns sehr gelangweilt.
14. Ich bin am Montag nach Hause zurückgekehrt.
15. Sie haben die Spezialitäten der Gegend probiert.

B

„Ich bin letztes Jahr nach Spanien gefahren: ich hatte sehr viel Stress im Geschäft gehabt **und** wollte unbedingt einen Tapetenwechsel. / Ich habe eine spanische Insel gewählt, **weil** ich unbedingt gutes Wetter haben **wollte**. / Es war mir auch wichtig, **dass** ich mich ausruhen **konnte**. / **Als** ich die Reise gebucht **habe, habe** ich ein Zimmer in einem kleinen, ruhigen Hotel in der Nähe des Strands reserviert. / Ich musste aber anschließend das Hotel wechseln, **weil** die Klimaanlage kaputt **war**. / **Da** das Reiseunternehmen mir ein ähnliches Hotel versprochen **hat, habe** ich das akzeptiert. / Der Urlaub war jedoch von Anfang an eine Katastrophe, **denn** unser Flug hatte fünf Stunden Verspätung. / **Als** wir endlich in Spanien angekommen **sind, mussten** wir noch eine Stunde auf einen Bus warten. / **Sobald** ich das Hotel gesehen **habe, war** ich empört. / **Während** ich um ein ruhiges Hotel gebeten **hatte, war** dieses Hotel in der Stadtmitte neben einer Disco. / Ich habe mich bei der Reiseleiterin beschwert, **aber** sie wollte mir nicht helfen. / Ich bin dann mit dem Bus in die nächste Stadt gefahren, **weil** das Reiseunternehmen dort ein Büro **hatte**. / Ich musste zwei Stunden warten, **bis** der Manager mit mir gesprochen **hat**. / Er hat sich entschuldigt, **aber** er wollte nichts unternehmen. / **Nachdem** ich mehrmals beim Reiseunternehmen in Deutschland angerufen **hatte, konnte** ich endlich in ein anderes Hotel ziehen. / **Obwohl** ich wiederholt um die Rückerstattung von einem Teil meines Gelds gebeten **habe, habe** ich nichts bekommen."

C

1. Mit dem Tramper-Ticket können Jugendliche einen Monat lang durch Deutschland reisen.
2. Man muss unter 26 Jahre alt sein, wenn man ein Tramper-Ticket kaufen will.
3. Wenn man viele Länder bereisen will, ist das Interrail-Ticket günstig.
4. Normalerweise darf man nur zweiter Klasse fahren.
5. Man darf mit dem ICE fahren, wenn man einen Zuschlag zahlt.

D

1. Welche Sehenswürdigkeiten haben Sie besichtigt?
2. Jedes Schlafzimmer hat einen Balkon und einen Fernseher.
3. Diese Mahlzeit ist lecker.
4. Welchen Wein haben Sie gewählt?
5. Wir bieten jedem Besucher einen kostenlosen Stadtplan an.

E

1. Das Gute an Spanien ist das Wetter.
2. In Hamburg wohnen die Reichen oft in Blankenese.
3. Ich habe Berlin ein paar Mal besucht, aber ich entdecke immer etwas Neues.
4. Dieses Hotel ist sehr teuer – haben Sie nichts Billigeres?

F

1. **Die italienische** Landschaft ist herrlich.
2. Ich möchte Berlin nicht noch einmal besuchen. Jemand hat dort **mein neues** Auto gestohlen und es war wirklich **ein schlimmes** Erlebnis.
3. Hier gibt es nur **teuere** Geschäfte.
4. Gestern haben wir **einen interessanten** Ausflug gemacht.
5. **Das Besondere** an Berlin ist **seine eigenartige** Geschichte.
6. Wir fahren ziemlich oft zum Bodensee, weil die Familie **meines besten Freundes eine schöne** Wohnung dort hat.
7. **Faszinierende** Sehenswürdigkeiten sind hier überall zu finden.
8. **Das Gute** an München ist **die kulturelle** Vielfalt.
9. In Tirol finden Touristen **freundliche** Einwohner und **malerische kleine** Dörfer.
10. Wenn Sie nach Hamburg fahren, sollen Sie **den riesigen** Hafen besichtigen.

Chapter 7 Diagnostic, page 45

A

7.30 Uhr

MAX Mutti, **weißt du**, wo meine Schulmappe ist?
MUTTI *Nein, Max.* **Du musst** *besser auf deine Sachen aufpassen.*

8.20 Uhr

HERR DECKER *Also, Klasse 10,* **habt ihr** *die Hausaufgaben bitte?*
MAX Herr Decker, **sind Sie** heute gut gelaunt?
HERR DECKER *Warum, Max?* **Hast du** *ein Problem?*

B

du forms: **1.** sprech **2.** sei **3.** mach **4.** vergiss **5.** rauch
ihr forms: **1.** sprecht **2.** seid **3.** macht **4.** vergesst **5.** raucht

C

1. Seien Sie 2. Korrigieren Sie 3. Haben Sie 4. Benoten Sie
5. Bereiten Sie Ihren Unterricht immer gut vor.

D

1. Es gefällt mir keine Uniform zu tragen.
2. Ich finde es schlecht sehr früh in die Schule zu gehen.
3. Ich habe keine Lust nächstes Jahr sitzen zu bleiben.
4. Es ist prima nachmittags meistens keine Schule zu haben.
5. Ich finde es toll jedes Jahr eine Klassenfahrt zu machen.

Chapter 7 Reinforcement, page 50

A

MAX   Es tut mir leid Herr Decker, ich konnte heute meine Schulmappe nicht finden. **Geben Sie** mir bitte keine Strafarbeit!

HERR DECKER   *Was!! Max!! Schon wieder keine Hausaufgaben.* **Schreib** *bis morgen bitte 250 Wörter über die industrielle Revolution. Ich rufe diesmal auch deine Eltern an.*

11.30 Uhr

HERR DECKER   *Hier Herr Decker. Guten Morgen, Frau Schmilz.* **Haben Sie** *ein paar Minuten Zeit?*

FRAU SCHMILZ   Natürlich, Herr Decker.

HERR DECKER   *Max hat schon wieder seine Hausaufgaben nicht gemacht.*

FRAU SCHMILZ   **Bestrafen Sie** meinen Sohn, wie **Sie wollen**, Herr Decker. Er ist faul und schlampig. Ich werde auch mit ihm sprechen.

13.30 Uhr. Max kommt nach Hause

FRAU SCHMILZ   *Also, Max. Ich habe mit deinem Vater gesprochen. Ab jetzt* **hast du** *Hausarrest.*

MAX   **Seid** doch bitte verständnisvoll!

FRAU SCHMILZ   *Wir werden verständnisvoll sein, wenn* **du** *deine Hausaufgaben* **machst.**

B

1. Ich **hoffe** alle meine Prüfungen **zu** bestehen.
2. Wir **haben vor** in die Oberstufe **zu** gehen.
3. Michael **hat beschlossen** Arzt **zu** werden.
4. Meine Lehrer **haben** mir **empfohlen** Fremdsprachen **zu** studieren.
5. Ich **habe keine Lust zu** studieren.

C

1. Sandra muss mehr Vokabeln lernen um Fortschritte in Englisch zu machen.
2. Alex muss sich jetzt wirklich anstrengen um in die nächste Klasse zu kommen.
3. Dirk soll sich besser vorbereiten um im Unterricht mehr teilzunehmen.
4. Elena soll regelmäßig englische Zeitschriften zu Hause lesen um ihre Sprachkenntnisse zu vertiefen.

Chapter 8 Diagnostic, page 51

A

MARKUS Ich **studierte** Germanistik an der Universität in Hamburg. Ich **wohnte** zuerst in einem Studentenwohnheim und dann mit Freunden in einer Wohngemeinschaft. Mein Studium **dauerte** 10 Semester – ziemlich lang im Vergleich zu England. Ich **studierte** aufs Lehramt und **machte** anschließend mein Referendariat in einem Gymnasium in Hamburg. Das Referendariat **dauerte** noch zwei Jahre. Das Schlechte an meinem Studium – es **kostete** sehr viel Geld und ich **schuldete** meinen Eltern sehr viel Geld am Ende, obwohl ich nebenbei **jobbte**. Fast alle Studenten **arbeiteten** am Wochenende, aber wir **verdienten** nicht genug zum Leben. Das Beste an meinem Studium – ich **lernte** viele nette Leute **kennen**, darunter meine Frau. Sie **studierte** Anglistik und wir **teilten** eine Küche im Wohnheim im ersten Semester. Wir **verliebten uns** sofort und **heirateten** vor zwei Jahren.

B

THEO Ich **ging** auch in Hamburg auf die Uni. Ich **wollte** ursprünglich Medizin studieren, aber es **gab** einen NC dafür und mein Abi-Schnitt **war** nicht gut genug. Ich **beschloss** also Chemie zu studieren. Es **gefiel** mir in einer großen Stadt zu wohnen, aber die Mieten **waren** ziemlich hoch und das **war** ein großes Problem. Ich **bekam** BAFöG und meine Eltern **halfen** mir, aber ich **musste** auch am Wochenende jobben. Mein Studium **gefiel** mir, obwohl es zu lang **war**. Ich **fing** erst mit 30 **an** zu arbeiten und bis dann **hatte** ich ziemlich hohe Schulden. Ich **fand** die Vorlesungen und Seminare meistens interessant, aber sie **waren** oft ziemlich überfüllt. Man **konnte** die Dozenten also nie so persönlich kennen lernen. Das Beste an der Uni **war** die Vielfalt an Vereinen und Sportmannschaften. Ich **nahm** an mehreren Skireisen **teil** und **wurde** auch Mitglied einer Theatergruppe.

Chapter 8 Reinforcement, page 54

A

1. ich lernte   2. wir fuhren   3. du kamst   4. er ging
5. sie standen auf   6. ihr spieltet   7. du konntest   8. ich war
9. Sie lasen   10. wir sahen   11. sie trafen sich   12. sie machte
13. es passierte   14. sie befanden sich   15. ich blieb   16. er öffnete
17. wir beschlossen   18. sie empfahlen   19. er teilte   20. ich rauchte

B

Er **stand** früh auf und **schaute** zum Fenster hinaus. Es **war** noch dunkel, aber schon **hörte** er in der Ferne das Rumpeln der S-Bahn. Großstadtgeräusche, **dachte** er sich. Er **musste** sich daran gewöhnen. Er **trank** langsam eine Tasse Kaffee und **ging** im Bademantel den Flur entlang zum Badezimmer. Unterwegs **begegnete** er seiner Nachbarin. Sie **lächelte** ihn freundlich an und das **gab** ihm ein bisschen Mut. Er **versuchte** alles wieder wie ein großes Abenteuer zu sehen, er **vergaß** kurz, dass er weit weg von zu Hause **war** und dass er niemanden hier **kannte**. Um 8 Uhr **packte** er seine Tasche und **verließ** das Haus. Es **nieselte** leicht. Am Bahnhof **wartete** er auf die S-Bahn. Nach 20 Minuten **begann** er sich Sorgen zu machen. Dann **kam** eine Ansage. Wegen eines Unfalls **hatten** alle Züge Verspätung. Er **schaute** besorgt auf seine Uhr. Die Vorlesung **begann** um 9 Uhr. Er **wollte** am ersten Tag nicht zu spät kommen. Endlich **kam** der Zug und er **stieg** ein. Er **versuchte** unterwegs zu lesen, aber **konnte** sich nicht konzentrieren und **schaute** stattdessen die Stadt an. Der Zug **fuhr** durch den Hauptbahnhof und **kam** in Dammtor an. Er **stieg** aus. Alles **wimmelte** von Leuten, meistens Jugendlichen. Die anderen **lachten, begrüßten** sich. Er **ging** die Straße hoch und **suchte** die Adresse: Universität Hamburg, Von-Melle-Park 6. Es **war** nicht weit, aber es **war** schon 8.55 Uhr und er **schwitzte** vor lauter Aufregung. Plötzlich **sah** er ein Hochhaus und auch das Schild. Er **rannte** hinein aber **musste** noch den Vorlesungssaal suchen. Schnell **las** er die Liste an der Wand und **stöhnte**. Der Saal **war** im zehnten Stock. Die Zeit, die er auf den Aufzug **wartete, kam** ihm wie eine Ewigkeit vor. Endlich aber **machte** er die Tür des Saals auf und **trat** leise ein. Ein paar Studenten **schauten** ihn an, aber der Dozent **redete** weiter. Er **atmete** tief ein, **setzte** sich auf den ersten freien Platz und **beugte** sich über seine Bücher.

Chapter 9 Diagnostic, page 55

A

1. er   2. er   3. sie   4. es   5. sie

B

1. es   2. sie   3. sie   4. sie

C

1. ihm   2. ihr   3. ihr

D

INTERVIEWER	*Sind Fremdsprachen wirklich so wichtig?*
FRAU EBERHARDT	Ja, **sie** sind sehr wichtig heutzutage, besonders in der Wirtschaft. **Sie** ist stark auf Export eingestellt und Firmen brauchen Arbeitnehmer mit guten Sprachkenntnissen.
INTERVIEWER	*In welchen anderen Bereichen sind **sie** besonders wichtig?*
FRAU EBERHARDT	Es gibt natürlich die typischen Sprachberufe. **Sie** sind zum Beispiel Stewardess oder Auslandskorrespondent. Aber Fremdsprachen werden auch sehr wichtig im Bereich der Technik. **Er** ist heutzutage wirklich international.
INTERVIEWER	*Betonen Sie den Wert von Sprachen, wenn Sie Schüler beraten?*
FRAU EBERHARDT	Ja, ich betone **ihn** sehr. Ich empfehle **ihnen** immer eine Sprache zu studieren.
INTERVIEWER	*Und wenn sie sich für einen anderen Studiengang interessieren?*
FRAU EBERHARDT	Sie können **ihn** mit dem Studium einer Sprache verbinden. Das ist kein Problem.

Chapter 9 Reinforcement, page 58

A

INTERVIEWER *Claudia, warum haben Sie diesen Beruf gewählt?*

CLAUDIA Ich habe **ihn** gewählt, weil ich mich immer für Autos interessiert habe. Mein Vater hatte ein altes Auto, als ich klein war, und wir haben **es** zusammen repariert.

INTERVIEWER *Und wie finden Sie die Arbeit?*

CLAUDIA **Sie** gefällt **mir** gut.

INTERVIEWER *Sie sind aber die einzige Frau. Ist das nicht etwas problematisch?*

CLAUDIA Nein, mein Chef behandelt **mich** wie die Männer und **er** gibt **mir** dieselben Chancen. Ich respektiere **ihn** sehr. **Er** hat keine Vorurteile gegen Frauen.

INTERVIEWER *Und die Kollegen?*

CLAUDIA **Sie** sind alle Männer und **sie** fanden es am Anfang etwas seltsam **mich** im Team zu haben. Aber ich habe meinen Wert bewiesen und sie schätzen **ihn** jetzt.

INTERVIEWER *Markus, Sie sind Erzieher in einem Kindergarten. Sehen Sie ihren Job nicht als einen Frauenberuf?*

MARKUS Ich sehe **ihn** keineswegs als einen Frauenberuf. Durch meine Arbeit zeige ich den Jungen, dass Männer sich auch um Kinder kümmern können.

INTERVIEWER *Und warum haben Sie sich für diesen Beruf entschieden?*

MARKUS Ich interessiere mich schon lange für die Entwicklung von Kindern. Ich finde **sie** höchst interessant. Für meine Diplomarbeit studiere ich das Rollenverhalten von kleinen Kindern und ich finde **es** wirklich faszinierend.

B

1. Ich habe **meinem Chef eine E-Mail** geschickt.
2. Ich habe **sie meinem Chef** geschickt.
3. Ich habe **ihm eine E-Mail** geschickt.
4. Ich habe **sie ihm** geschickt.
5. Ich habe **der Frau einen Brief** geschrieben.
6. Ich habe **ihn der Frau** geschrieben.
7. Ich habe **ihr einen Brief** geschrieben.
8. Ich habe **ihn ihr** geschrieben.

C

1. Jemand hat mir diesen Brief gegeben, aber er gehört ihm.
2. Die neue Angestellte ist schrecklich. Niemand mag sie.
3. Ich habe dir die Auskunft gestern geschickt.
4. Man braucht eine gute Ausbildung um eine gute Stelle zu bekommen.
5. Frau Eberhardt berät einen, wenn man eine Stelle sucht.

Revision 7–9, page 59

A

Die schriftliche Bewerbung

1. Informier dich / Informiert euch / Informieren Sie sich über die Stelle und die Firma.
2. Geh / Geht / Gehen Sie genau auf die Anforderungen der Stelle ein.
3. Acht / Achtet / Achten Sie auf die Rechtschreibung.
4. Leg / Legt / Legen Sie einen Lebenslauf bei.

Beim Vorstellungsgespräch

1. Sei / Seid / Seien Sie selbstbewusst, aber nicht arrogant.
2. Stell / Stellt / Stellen Sie Fragen über die Firma und die Stelle.
3. Klär / Klärt / Klären Sie Fragen über Lohn und Arbeitszeiten gleich.
4. Zieh dich / Zieht euch / Ziehen Sie sich formell an – das macht immer einen guten Eindruck.

B

Cambridge, den 14.5.2000

Sehr geehrter Herr Braun,

ich habe neulich Ihre Anzeige in dem Buch „Summer Jobs Abroad" gelesen und **bin daran interessiert** mich um eine Stelle in Ihrem Hotel **zu** bewerben. Ich besuche zur Zeit ein Gymnasium und **beabsichtige** nächstes Jahr Deutsch an der Universität **zu** studieren. Ich **hoffe** auch später im Tourismus **zu** arbeiten. **Es würde mich freuen** den Sommer in Deutschland **zu** verbringen **um** meine Sprachkenntnisse **zu verbessern**.

Ich habe schon in einem Hotel gearbeitet. **Meine Aufgaben bestanden darin** im Restaurant **zu** arbeiten und die Kunden **zu** bedienen. Ich bin sehr kontaktfreudig und **finde es leicht** mit Menschen **umzugehen. Es würde mir besonders Spaß machen** als Kellnerin bei Ihnen **zu** arbeiten, aber ich **bin** auch **bereit** eine andere Stelle **zu** akzeptieren.

Ich lege meinen Lebenslauf sowie Kopien meiner Zeugnisse bei und verbleibe

Mit freundlichen Grüßen
Ihre
Sarah Lloyd

C

Morgens halb sechs. Der Wecker **läutete**. Ich **stand** auf, **zog** mein Kleid aus, **legte** es aufs Kissen, **zog** meinen Pyjama an, **stieg** in die Badewanne, **nahm** das Handtuch, **wusch** damit mein Gesicht, **nahm** den Kamm, **trocknete** mich damit ab, **nahm** die Zahnbürste, **kämmte** mich damit, **nahm** den Badeschwamm, **putzte** mir die Zähne. Dann **ging** ich ins Badezimmer, **aß** eine Scheibe Tee und **trank** eine Tasse Brot. Ich **legte** meine Armbanduhr und die Ringe ab. Ich **zog** meine Schuhe aus. Ich **ging** ins Treppenhaus, dann **öffnete** ich die Wohnungstür. Ich **fuhr** mit dem Lift vom fünften Stock in den ersten Stock. Dann **stieg** ich neun Treppen hoch und **war** auf der Straße. Im Lebensmittelladen **kaufte** ich mir eine Zeitung, dann **ging** ich bis zur Haltestelle und **kaufte** mir Kipfel und, am Zeitungskiosk angelangt, **stieg** ich in die Straßenbahn. Drei Haltestellen vor dem Einsteigen **stieg** ich aus. Ich **erwiderte** den Gruß des Pförtners und dann **grüßte** der Pförtner mich und **meinte**, es **war** wieder mal Montag und wieder mal **war** eine Woche zu Ende. Ich **trat** ins Büro, **sagte** auf Wiedersehen, **hing** meine Jacke an den Schreibtisch, **setzte** mich an den Kleiderständer und **begann** zu arbeiten. Ich **arbeitete** acht Stunden.

D

Lernen Mädchen besser ohne Jungs?
Heutzutage hat die gemischte Schule viele Gegner. **Sie** behaupten, dass Mädchen in gemischten Schulen benachteiligt werden. Ein Hauptpunkt ist das intellektuelle Niveau. Vor 20 Jahren galt die These, dass **es** in gemischten Schulen besser sei, und dass vor allem die Mädchen davon profitierten. Die Jungen sollten **ihnen** im Bereich Lernen viel zu bieten haben. Heutzutage sind **sie** (**ist man**) nicht mehr davon überzeugt. Ganz im Gegenteil. Die Jungen fördern nicht den intellektuellen Fortschritt der Mädchen, sondern stören **ihn**. Wir haben einige Schüler/innen nach ihren Meinungen gefragt …

Für gemischte Schulen
1. Die Atmosphäre in einer gemischten Schule ist ganz anders und, ehrlich gesagt, finde ich **sie** besser.
2. Ich finde es gut, wenn Jungen und Mädchen zusammen in der Schule sind, aber die Lehrer sollen **ihnen** mehr Möglichkeiten geben über Gleichberechtigung und Chancengleichheit zu diskutieren.

Gegen gemischte Schulen
1. Selbstbewusstsein ist ein großes Problem für viele Mädchen. Mädchen können **es** viel besser in einer Mädchenschule entwickeln.
2. In gemischten Schulen bekommen die Jungen oft viel Aufmerksamkeit, aber die Mädchen brauchen **sie** auch. Ich hatte mal einen sehr schlechten Lehrer. **Er** hat sich nur um die Jungen gekümmert. Endlich haben die Mädchen **ihm** gesagt, dass **er sie** unfair behandelte, aber **sie** konnten **ihn** nicht davon überzeugen.

Chapter 10 Diagnostic, page 61

A

> Lieber Thomas,
>
> endlich bin ich hier **in** Deutschland. Frankfurt ist ganz anders als **zu** Hause, aber ich versuche mich anzupassen. Gestern ging ich **durch** die Stadt, den Fluss **entlang** und versuchte mich zu orientieren. Ich wollte ein paar Sachen **für** meine Familie kaufen, aber da ich im Moment sehr wenig deutsches Geld habe, konnte ich mir nichts leisten. Ich hatte gerade genug dabei um mir **zu** Mittag eine Wurst **an** der Imbissstube zu kaufen. Ich bin sehr froh hier zu sein, obwohl ich **wider** den Willen meiner Eltern kam. Das Wohnheim ist schön gelegen, dem Park **gegenüber**, aber es ist, viel zu voll. Das Leben **in** dem Wohnheim ist nicht sehr einfach. **Wegen** der hohen Zahl der Asylbewerber ist alles überfüllt. Ich teile mein Zimmer **mit** sieben anderen Asylbewerbern. Mein Nachbar kommt **aus** dem Iran. Er wohnt schon **seit** einem Jahr hier. **Während** des Tages langweile ich mich zu Tode. Ich gehe **in** den Park oder ich helfe **in** dem Heim. **Nach** dem Abendessen setzen wir uns zusammen **in** dem Freizeitraum und unterhalten uns. Aber **trotz** der Schwierigkeiten bereue ich nicht meine Entscheidung **nach** Deutschland zu kommen.
>
> Schreib mir bald
> dein Malik

B

Wegen **des Wirtschaftswunders** in **den** 50er **Jahren** brauchte Deutschland viele Arbeitskräfte. Durch **den** Erwerb von Gastarbeitern hoffte die deutsche Regierung die leeren Arbeitsplätze zu besetzen. Die meisten Gastarbeiter kamen aus **der** Türkei, obwohl andere Länder, sowie Italien und Portugal, auch stark vertreten waren. Die Gastarbeiter waren alle Männer und die meisten kamen zuerst ohne **ihre** Familien. Sie arbeiteten hauptsächlich in **den** Fabriken, in **der** Gastronomie und bei **dem** Müllabfuhr und trugen viel zu **dem** Aufbau Deutschlands nach **dem** zweiten Weltkrieg bei. Die meisten kamen aus **einem** Grund: sie wollten in **der** Bundesrepublik viel Geld verdienen und dann in **die** Heimat zurückkehren. Von **den** 14 Millionen **Gastarbeitern**, die nach Deutschland kamen, kehrten 11 Millionen zurück. Diejenigen, die blieben, spielen heute noch eine wichtige Rolle in **der** deutschen Wirtschaft: „Ohne **die** Gastarbeiter, kein Wohlstand."

Chapter 10 Reinforcement, page 66

A

Wir flohen aus **unserer** Heimat, weil man uns dort verfolgte. Ich bin Mitglied von **einer** Organisation, die für **die** Demokratie kämpft, wir kämpfen also gegen **die** Regierung. Durch **meine** Mitgliedschaft dieser Organisation bekamen meine

Familie und ich viele Probleme. Ich habe meine Stelle verloren und die Kinder konnten nicht mehr in **die** Schule gehen, weil die anderen Kinder sie bedrohten. Wegen **der** Verfolgung haben wir uns endlich zu **der** Flucht entschlossen, aber wir hatten nicht genug Geld Ausweise für mich, **meine** Frau und **die** Kinder zu kaufen. Ich kam zuerst hierher um von hier aus die Reise für **den** Rest der Familie zu organisieren. Ich wohnte zuerst bei **meinem** Onkel. Er wohnt seit **einem** Jahr in Deutschland in **einer** Einzimmerwohnung in Hamburg. Er hatte Kontakte zu **unserer** Partnerorganisation hier in **der** Bundesrepublik und sie hat die Ausreise meiner Familie organisiert. Sechs Wochen nach **meiner** Ankunft in Deutschland kam meine Frau mit **den Kindern**. Bis **die** Ankunft meiner Familie an **dem** Hamburger Flughafen habe ich mir ständig Sorgen gemacht. Wir konnten nicht alle bei **meinem** Onkel wohnen, also haben wir zuerst in **einer** Sammelunterkunft für Asylbewerber außerhalb **der** Stadt gewohnt. Nach **einem** halben Jahr zogen wir in **eine** Wohnung in **der** Innenstadt. Am Anfang war es schwierig. Ich ging jeden Tag zu **dem** Arbeitsamt, konnte aber keine Stelle finden. Wir bekamen zwar Geld von **dem** Staat, aber ich wollte arbeiten. Während **dieser** Zeit studierte ich an **der** Volkshochschule um mein Deutsch zu verbessern und endlich bekam ich eine Stelle in **einem** Büro. Die Kinder gehen hier in **die** Schule und lernen Deutsch. Außer **meiner** Frau sind wir alle sehr glücklich, aber es fiel ihr schwer sich von **ihrer** Familie zu trennen.

B
1. Er interessiert sich sehr dafür. Wofür interessiert er sich?
2. Er hatte Angst davor. Wovor hatte er Angst?
3. Er spricht selten darüber. Worüber spricht er selten?
4. Er erinnert sich ungern daran. Woran erinnert er sich ungern?

C
1. seinetwegen   2. meinetwegen   3. ihretwegen   4. ihretwegen

Chapter 11 Diagnostic, page 67

A
1. die   2. die   3. der   4. das

B
1. die   2. den   3. die   4. das

C
1. dessen   2. deren   3. dessen   4. deren

D
1. dem   2. denen   3. der   4. dem
Alternative answers: **1.** womit   **2.** wonach   **3.** woraus   **4.** womit

Chapter 11 Reinforcement, page 70

A

Der Tunnel unter dem Ärmelkanal, **dessen** Bau 1985 von der britischen Premierministerin Margaret Thatcher und dem französischen Präsidenten Mitterrand initiiert wurde, hat sich in den letzten Jahren zu einem Erfolg entwickelt. Jedoch ist die Idee eines Tunnels, **der** die Reise zwischen England und Frankreich vereinfachen sollte, nichts Neues. Schon Napoleon träumte davon, aber bis Ende des zwanzigsten Jahrhunderts blieb die Idee ein Traum, **den** viele sogar für Unsinn hielten. Ein Tunnel hat offensichtlich Vorteile. Schnelle Züge ersetzen eine Schiffahrt, **die** anderthalb Stunden dauert. Seekrankheit, **die** die Überfahrt zu einem Höllenerlebnis machen kann, ist hier kein Problem. Aber viele beklagten sich über die Kosten, **die** ständig stiegen, und die Briten zahlten einen weiteren Preis: den Verlust des Inselstatus, auf **den** sie sehr viel Wert legen. Mitterrand, **der** den Tunnel zusammen mit der britischen Königin 1994 eröffnete, sah zu, wie das Projekt, für **das** (or **wofür**) er sich eingesetzt hatte, in Erfüllung ging. Und der Tunnel, **den** so viele nicht wollten, ist inzwischen Teil des Alltags geworden. Außerdem profitieren Reisende von der Konkurrenz, **die** zwischen dem Tunnel und den Fährbetrieben besteht. Vor allem die Briten, **deren** Reisemöglichkeiten durch den Inselstatus immer beschränkt waren, nutzen den Tunnel aus um übers Wochenende kurz nach „Europa" zu fahren. Hauptzweck: Einkaufen, vor allem Tabak und Alkohol, **die** in Frankreich viel billiger sind.

B

1. Die Jugendlichen, die daran teilnehmen, kommen aus verschiedenen Ländern.
2. Europäischer Feriendienst ist eine Organisation, deren Ziel die Förderung der Verständigung zwischen jungen Europäern ist.
3. Die Jugendlichen wohnen in Gastfamilien, die die Organisation findet.
4. Auf dem Programm, das Europäischer Feriendienst festlegt, stehen Ausflüge und andere Unterhaltungsmöglichkeiten.

Chapter 12 Diagnostic, page 71

A

Die Szene war schlimmer, als ich **mich vorgestellt hatte**. Durch meine Arbeit mit dem Roten Kreuz **hatte** ich schon Armut und Not **erlebt**, aber ich **hatte** noch nie so viel Elend **gesehen**. Die Soldaten **hatten** das Dorf **zerstört** und alle Vorräte an Essen **mitgenommen**. Die Leute **hatten versucht** Hütten zu bauen, aber die meisten **hatten** in den letzten Nächten draußen auf dem Boden **geschlafen**. Die Dürre **hatte** die neue Ernte **ruiniert** und die meisten **hatten** in der vorigen Woche gar nichts **gegessen**. Die Soldaten **hatten** die ganze Gegend **vermint** und die Leute **hatten** zu viel Angst **gehabt** das Dorf zu verlassen und Hilfe zu suchen. Die Soldaten **hatten** auch die Rinder **geschlachtet**. Einige **hatten** sie **gegessen**, aber sie **hatten** andere **zurückgelassen** und die Leichen von den toten Tieren **hatten** das Trinkwasser verseucht. Viele **hatten** an Cholera **erkrankt** und über zwanzig Kinder **waren** schon **gestorben**. Andere Krankheiten **hatten sich** auch **verbreitet**. Ein einheimischer Arzt, der Einzige in der ganzen Gegend, **war vorbeigekommen** und **hatte** Medikamente **verteilt**, aber seine Vorräte **hatten** noch lange nicht **gereicht**. Er **hatte versprochen** mehr Medikamente zu besorgen, aber er **war** noch nicht **zurückgekommen**. Er **hatte sich** vielleicht vor den Soldaten **gefürchtet** oder vielleicht **hatte** er den Versuch für hoffnungslos **gehalten**. Bis wir mit Essen und Arzneimittel ankamen, **hatten** die meisten Bewohner auch die Hoffnung **aufgegeben**.

B

1. seit   2. seitdem   3. seit   4. seit   5. seitdem   6. seitdem
7. seit   8. seitdem

Chapter 12 Reinforcement, page 74

A

Vor zwei Jahren **lief** ich von zu Hause **weg**. Es **war** nicht das erste Mal. Ich **war** schon zweimal **weggelaufen**, aber meine Mutter und mein Stiefvater **hatten** mich bei den ersten beiden Versuchen **erwischt**. Damals **hatte** ich die Sache nicht sehr gut **geplant**. Das erste Mal **war** schlimm gewesen. Ich **war** noch nie von zu Hause **weggewesen** und ich **wusste** nicht wohin. Das zweite Mal **wollte** ich zuerst bei einer Freundin schlafen, aber ihre Mutter **hatte** meine Eltern **angerufen** und sie **hatten** mich **abgeholt**. Der Grund, warum ich weggehen **wollte, war** einfach: meine Eltern. Schon vor meiner Geburt **hatte sich** meine Mutter von meinem Vater **getrennt**. Als ich sechs Jahre alt war, **hatte** sie meinen Stiefvater **kennen gelernt**. Kurz darauf **hatte** sie ihn geheiratet. Schon vor der Hochzeit **hatte** er seine Wut auf mich **rausgelassen**. Zuerst **sagte** ich nichts, aber nachdem er mich ein paar Mal **verprügelt hatte, erzählte** ich meiner Mutter alles. Sie **glaubte** mir nicht. Nachdem er meine Mutter **geheiratet hatte, wurde** es schlimmer. Jedesmal, wenn er zu viel **trank, schlug** er mich. Endlich **konnte**. ich es nicht mehr aushalten und ich **lief weg**. Beim dritten Versuch **gelang** es mir. Ich **hatte** schon ein bisschen Geld **gespart** und ich war sicher, dass es auf der Straße nicht schlimmer sein **konnte**. Aber ich **hatte mich getäuscht**. Nachdem ich zwei Nächte auf der Straße **verbracht hatte, war** ich verzweifelt. Am dritten Tag **ging** ich in die Telefonzelle und **wollte** meine Eltern anrufen. Dann **sah** ich ein Plakat vom Kinderschutzbund. Ich **hatte** schon vom Kinderschutzbund **gehört**, aber bis zu diesem Zeitpunkt **hatte** ich nicht daran **gedacht** mich bei ihnen zu melden. Ich **rief an** und **ging** zur Beratungsstelle. Die Sozialarbeiterin **sah** sofort, dass jemand mich **verprügelt hatte**, und **organisierte** für mich einen Platz in einem Wohnheim. Sie **informierte** auch meine Eltern und die Polizei, aber meine Eltern **hatten** mich noch nicht als vermisst **gemeldet**.

B

1. Elke arbeitet seit zwei Jahren beim Kinderschutzbund.
2. Seitdem sie dort arbeitet, hat sie über 300 Kindern geholfen.

3. Bevor sie dort anfing, hatte sie drei Jahre als Krankenschwester in der Dritten Welt verbracht.
4. Seit ihrem Rückkehr nach Deutschland hat sie über ihre Erfahrungen dort geschrieben (<u>or</u> schreibt sie über ihre Erfahrungen dort).
5. Es hatte ihr schon immer gefallen mit Jugendlichen zu arbeiten.
6. In Deutschland gibt es mehr Probleme als sie sich vorgestellt hatte.
7. Seitdem die Medien mehr über die Probleme von Jugendlichen berichten, findet sie, dass die Gesellschaft bewusster geworden ist.

Revision 10–12, page 75

A

Schon am frühen Abend begann der Krawall vor dem Asylbewerberheim. Die Jugendlichen, **die** einer rechtsextremistischen Organisation gehören, warfen Molotowcocktails und bedrohten die Bewohner des Heims. Die Organisation, **deren** Motto „Keine Toleranz für Ausländer" lautet, ist eine kleine jedoch gefährliche politische Partei. Die Bewohner des Heims, **die** hauptsächlich Frauen und Kinder waren, sahen erschrocken zu, wie die Masse vor dem Heim immer größer wurde. Die Polizei, **die** ziemlich spät auftauchte, konnte nur mit Mühe die Menge überzeugen wegzugehen. Die ausländische Bevölkerung reagierte heftig auf die Angriffe, **vor denen** sie die Polizei schon gewarnt hatten. „Das war ein Angriff, **den** wir schon lange befürchtet haben", meinte einer. Rudolf Hoth, der Polizeichef, **dem** die ausländische Bevölkerung vorwirft nicht genug gegen Rechtsextremismus zu unternehmen, verteidigte sich: „Gegen Verbrechen, **die** noch nicht passiert sind, kann ich nichts machen." Die rechtsextremistische Partei, **deren** Anführer die gestrige Nacht im Gefängnis verbrachten, drohte mit weiterem Krawall.

B

Die Täter **hatten** den Attentat offensichtlich schon im voraus **geplant** und **hatten sich** gut **vorbereitet.** Sie **hatten** Waffen **mitgebracht** und **drohten** den Bewohnern des Heims sie anzugreifen. Ich war schockiert, aber nicht sehr überrascht, als ich sie **sah.** Seitdem die Asylanten in dem Heim **wohnen, protestieren** die Rechtsextremisten. Wir **hatten** alle schon **gedacht,** dass so was passieren würde. Nachdem die Skinheads ein paar Molotowcocktails **geworfen hatten, versuchten** sie die Tür des Heims aufzubrechen. Ein Nachbar von mir **hatte** aber die Polizei schon **angerufen** und in dem Moment **kamen** mehrere Streifenwagen **an.** Wir **fürchteten** Schlägereien zwischen den Rechtsradikalen und den Polizisten, aber der Führer der Gruppe **hatte** offensichtlich schon **beschlossen** keinen Krawall zu beginnen. Die Polizisten **verhafteten** ihn und ein paar andere, die sie schon als die Haupttäter **identifiziert hatten.**

C

1. **Wer** war Bundespräsident zur Zeit der Gründung der EGKS?
2. **Worüber** spricht der europäische Rat?
3. **Wogegen** protestieren viele Bauer?

4. **Wessen** neunte Symphonie ist die europäische Hymne geworden?
5. **Wofür** setzen sich die Grünen im europäischen Parlament ein?

D

ALIX   Es ist schon gut, dass man innerhalb **der europäischen** Union frei reisen darf. Ich finde es prima über **die** Grenze zu fahren ohne **meinen** Pass vorzuzeigen.

THOMAS   Vorteile auf **der** einen Seite bringen auch Nachteile. Ich finde, dass wir Grenzen brauchen. Die Grenzlosigkeit macht es zu einfach für Drogenhändler Drogen aus **dem** Ausland in **unser** Land zu schmuggeln.

SARA   Ich bin für **die** europäische Einheit. Nur mit **einer gemeinsamen** Politik können wir Probleme wie Umweltverschmutzung lösen.

CLAUDIA Durch **den** freien Verkehr haben wir viel mehr Möglichkeiten. Man darf zum Beispiel in **jedem** Mitgliedsstaat studieren oder arbeiten.

KARL   Wenn ich zwischen **der** europäischen Einheit und **unserer** Selbstständigkeit entscheiden müsste, würde ich die Letztere wählen. Ich bin für **die** Zusammenarbeit zwischen **den europäischen** Ländern, aber ich möchte nicht, dass das europäische Parlament Gesetze einführt, die gegen **die** Wünsche der Deutschen sind.

SUSANNE Wir brauchen die europäische Einheit wegen **des internationalen Handels**. Nur zusammen können wir mit **den** Vereinigten Staaten konkurrieren.

ELIAS   Seit **der** Gründung der Gemeinschaft in **den** 50er Jahren hat es keine Kriege zwischen **den** Mitgliedsstaaten gegeben. Seit **dem** Ende des zweiten Weltkriegs haben wir endlich gelernt unsere Probleme anders zu lösen. Die EU hat viel zu **dem** Frieden in Europa beigetragen. Die EU muss jetzt versuchen jenseits **der** Grenzen der Mitgliedsstaaten positiv zu wirken.

SANDRA Ich finde die EU gut, aber ich halte nichts von **der** Einheitswährung.

PAUL   Ich arbeite bei **einer internationalen** Firma. Durch **den** Euro ist der Handel mit **dem** Ausland viel einfacher geworden.

E

Gestern setzten sich 10 000 Flüchtlinge aus Rwanda auf den Weg nach Hause. Die Flüchtlinge, die während des Kriegs in Rwanda nach Zaire geflüchtet waren, hatten zwei Jahre in einem Zeltlager dort verbracht. Wohlfahrtsorganisationen, die den Rückkehr der Flüchtlinge schon seit einigen Wochen erwarteten, gaben ihnen Essen und Medikamente an der Grenze, dann schickten sie sie in ihre Heimatdörfer. Die Flüchtlinge, von denen viele in der vorigen Woche wenig gegessen hatten, waren schwach und müde. „Sie hatten offensichtlich viel gelitten", sagte ein Hilfsarbeiter, „und wir konnten ihnen nicht viel helfen."

Chapter 13 Diagnostic, page 77

A

1. weniger, teuerer   **2.** gesünder   **3.** wichtigere   **4.** höher
5. populärer

B

1. bekannteste   **2.** erfolgreichste   **3.** jüngste   **4.** schwerste

C

Ich habe jetzt schon zehnmal Bunjeespringen gemacht und bin jedes Mal **weiter** gesprungen. Es hat mir jedes Mal **besser** gefallen. Nichts ist **spannender** als das Gefühl frei zu fallen. Ob es gefährlich ist? Natürlich ist das Risiko tödlich zu verunglücken **höher** als bei anderen Sportarten, aber Extremsportler üben ihre Sportarten oft viel **vorsichtiger** als andere Sportler aus. Es wird auch viel **gründlicher** kontrolliert, ob man fit genug ist, das überhaupt zu machen.

D

Skifahren lernt man **am leichtesten**, wenn man noch Kind ist. Man kann sich dann **am besten** bewegen und man gewöhnt sich **am schnellsten** an die Skier. Man hat dann auch **am wenigsten** Angst vor dem Berg. Wenn ich unterrichte, betone ich immer, wie wichtig die Sicherheit ist. Die besten Skifahrer sind nicht diejenigen, die **am schnellsten** fahren, sondern die, die **am stilvollsten** und **am sichersten** fahren. So sage ich es immer im Unterricht. Unfälle passieren nämlich **am häufigsten**, wenn die Leute zu schnell fahren und außer Kontrolle geraten.

Chapter 13 Reinforcement, page 82

A

Warum greifen Sportler zu Drogen? Die Gründe scheinen klar zu sein. Jeder Sportler will **am schnellsten** laufen, **am weitesten** springen. Der Druck auf Sportler immer **bessere** Leistungen zu bringen wird jedes Jahr **größer** – aber die Risiken auch. Der Deutsche Sportbund hat neulich angekündigt, dass er sich noch **stärker** der Drogenbekämpfung widmen will. Urinproben werden **regelmäßiger** durchgeführt und wenn nur der **kleinste** Verdacht bleibt, dass ein Sportler sich gedopt hat, wird er allen möglichen Tests unterzogen. Außerdem werden schuldige Sportler **strenger** bestraft. Der **berühmteste** Dopingskandal bleibt heute noch der von Ben Johnson bei den Olympischen Spielen in Seoul, aber es gibt auch andere Fälle. Der **umstrittenste** Fall in Deutschland war der von der Sprinterin Katrin Krabbe, die behauptete, jemand habe ihre Urinprobe manipuliert. Sportler, die sich dopen, riskieren nicht nur ihre Karriere, sondern auch ihre Gesundheit. Die **häufigsten** Nebenwirkungen sind Übelkeit und Kopfschmerzen, aber die regelmäßige Einnahme von Steroiden kann zu **ernsteren** Krankheiten führen. In den **schlimmsten** Fällen kann Doping sogar zu einem frühzeitigen Tod führen.

B

1. wie   **2.** als   **3.** wie   **4.** wie   **5.** als   **6.** als   **7.** wie

C

1. Wassersportarten gefallen mir nicht, weil ich schlecht schwimme.
2. Ich gehe gern in meinen Fitnessklub, aber ich treibe Sport lieber draußen.

3. Skifahren ist schon gut, aber ich ziehe Snowboarden vor.
4. Ich treibe gern Extremsport, aber ich würde am liebsten Fallschirmspringen machen.

Chapter 14 Diagnostic, page 83

A

Ich habe schon mit meinen Eltern **über** Alkohol gesprochen und sie haben mich **vor** den Gefahren gewarnt, aber ich habe nicht **auf** ihre Worte geachtet. Damals war ich in einer Clique, die am Wochenende immer trinken ging. Ich habe mich auch **in** einen Jungen verliebt, der zur selben Clique gehörte. Mit ihm habe ich auch immer sehr viel getrunken. Ich habe mit meinen Eltern **über** meinen Freund gestritten. Sie hatten Angst **vor** seinem Einfluss auf mich und meinten, ich könnte mich nicht **auf** ihn verlassen, aber ich habe nicht zugehört. Endlich zogen wir zusammen. Damals war mir noch nicht klar, dass er ein Problem mit dem Alkohol hatte. Am Anfang beschränkte er die Sauferei **auf** das Wochenende. Obwohl er dann schon sehr viel trank, habe ich das nicht unbedingt **für** ein Problem gehalten. Er war immer sehr lieb und kümmerte sich so gut **um** mich, dass die Trinkerei mir nicht so wichtig schien. Aber dann merkte ich, dass er immer **zu** der Flasche griff, wenn er Stress hatte. Seine ganze Lebensfreude schien **von** dem Alkohol abzuhängen – keine Frage auch nur einen Tag lang **auf** den Alkohol zu verzichten. Er ist **in** einen Teufelskreis von Abhängigkeit geraten und konnte sich nicht mehr befreien. Langsam wurde es mir bewusst, dass sein Alkoholkonsum beängstigend geworden war. Er wollte aber zunächst nicht **an** seine Abhängigkeit glauben, aber endlich habe ich ihn davon überzeugt, dass er eine Entzugsbehandlung machen sollte. Er wartet jetzt **auf** eine weitere Behandlung. Wir sehnen uns beide **nach** einem alkoholfreien Leben.

B

Ich gehöre **einer** Selbsthilfegruppe für Drogenabhängige an. Am Anfang war ich **mir** nicht sicher, was ich **mir** darunter vorstellen sollte, aber die Gruppe gefällt **mir** sehr gut. Einmal in der Woche treffe ich **mich** mit anderen Drogenabhängigen und meinem Berater Johann. Wir teilen **unsere** Erfahrungen und besprechen **unsere** Probleme. Johann hat **mir** sehr geholfen. Er hört **mir** immer zu – was sehr wichtig ist, da ich **meinen** Eltern **meine** Probleme schlecht anvertrauen kann. Es war sehr schwierig für sie **mich** als Drogenabhängige zu akzeptieren. Es entsprach **ihrem** Weltbild nicht. Johann gratuliert **mir** immer, wenn ich Fortschritte mache, und er tadelt **mich** nie. Aber ich enttäusche **ihn** ungern und versuche immer **seinem** Rat zu folgen.

Chapter 14 Reinforcement, page 88

A

Man spricht **über die** Gefahren von Ecstasy in der Schule, Werbung im Fernsehen warnt **vor den** oft katastrophalen Folgen: trotzdem scheinen Jugendliche wenig Angst **vor der** Technodroge zu haben. 38 000 Ecstasy-Verbraucher gibt es in Deutschland – die Statistik bezieht sich **auf eine**

Umfrage der Münchener Therapieforschung. Zeigt sie **auf ein** Versagen im Bereich Drogenaufklärung oder sehnen sich Jugendliche so sehr **nach der** aufputschenden Wirkung der Droge, dass sie **über die** Gefahren nicht nachdenken? Da mehrere Jugendliche **an dem** Missbrauch von Ecstasy gestorben sind, kann man nicht mehr **an der** Gefahr zweifeln. Aber im Vergleich zu Heroin halten manche Ecstasy nicht **für eine** harte Droge. Therapieforscher hoffen **auf eine** Modewende, die die Popularität der Droge vermindert, aber bis es so weit ist, rechnen sie **mit einer** Welle von Drogentoten.

B

1. Es ist mir gelungen das Rauchen aufzugeben.
2. Am Anfang fehlte es mir an Motivation.
3. Jetzt freut es mich, dass ich nicht mehr nach Zigaretten rieche.
4. Es gefällt meinem Mann auch, dass ich nicht mehr rauche.
5. Das Rauchen lohnt sich nicht – es ist teuer und ungesund.

C

The statistic of 1000 drug deaths a year, although already frightening, in no way corresponds to the number of Germans who die every year of the consequences of their addiction to alcohol or medicines. In these cases it is not a question of an overdose, but of the effects of a longer abuse of alcohol or medicines. It is estimated that up to 2 million Germans would find it difficult to give up these legal addictive substances. Few of them would describe themselves as addicted, but they are nonetheless endangering their health. There is no longer any doubt about the consequences of excessive alcohol consumption: it damages the liver and can lead to premature death.

D

Wegen Gruppendruck beginnen viele Jugendliche Drogen zu nehmen. Sie versprechen sich es nur einmal zu probieren, aber sie lassen sich von anderen beeinflussen und bald fällt es ihnen schwer nein zu sagen. Junge Abhängige können sich an verschiedene Organisationen wenden, aber sie müssen manchmal auf einen Therapieplatz warten. Solche Organisationen können ihnen nur helfen, wenn sie sich wirklich behandeln lassen wollen. Es gelingt Abhängigen, denen es an die nötige Motivation fehlt, oft nicht auf Drogen zu verzichten.

Chapter 15 Diagnostic, page 89

A

HERR SCHNABEL Wir **werden uns** alle gesünder **ernähren**. Ich habe gelesen, dass immer mehr Männer am Herzinfarkt sterben, weil sie zu viel Fett essen. Ich **werde** Fett also so viel wie möglich **vermeiden**.

FRAU SCHNABEL Du **wirst** auch weniger Bier **trinken** – Bier ist genauso schlecht für die Gesundheit. Ich **werde versuchen** gesünder zu kochen. Ich **werde** Vollmilch mit fettarmer Milch zum Beispiel **ersetzen**. Ich **werde** auch mehr Bioprodukte **kaufen** und Brot selbst **backen**. Die Kinder **werden** weniger Süßigkeiten

	kaufen **dürfen** und ich **werde** schokoladenfreie Tage **einlegen**. Kinder, **werdet** ihr sonst noch etwas **machen**?
STEFFI	Ich **werde** jeden Tag **frühstücken** und **werde** Milch oder Saft statt Cola **trinken**. Das **wird** schwierig für mich **sein**, aber ich **werde** mich **anstrengen**.
DAVID	Ich **werde** mein Bestes **tun** mehr Obst und Gemüse zu essen. Aber Mutti, **wirst** du uns nicht **belohnen**, wenn wir es schaffen?
FRAU SCHNABEL	Ja, ich bin mir sicher, dass wir viel Geld **sparen werden**. Ich **werde** das Geld **aufheben**, und ihr könnt dann entscheiden, was wir damit machen.

B

Als ich klein war, hatten wir ganz andere Essgewohnheiten als heutzutage. Wir aßen jeden Tag Fleisch mit Kartoffeln, normalerweise zu Mittag, **wenn** wir von der Schule kamen. **Wenn** es eine Fete gab, kochte meine Mutter immer etwas Besonderes – eine Gans zum Beispiel. Wir hatten immer feste Mahlzeiten, was heute nicht immer der Fall ist. **Als** ich vor kurzem meinen Enkel besuchte, fragte ich ihn, **wann** er normalerweise zu Abend isst. Seine Antwort – „**Wenn** ich Hunger habe!" **Wenn** er wenig Zeit hat, frühstückt er auf dem Weg zur Arbeit, was ich nicht sehr gesund finde. Aber auf der anderen Seite, achtet er auf seine Gesundheit. Er weiß zum Beispiel nicht mehr, **wann** er zum letzten Mal Pommes aß. **Als** ich Kind war, aßen wir viel mehr Fett und Zucker. Aber wir waren auch viel aktiver als die Kinder heutzutage. Wir mussten immer 3 km laufen, **wenn** wir zur Schule gingen. Durch meine Kinder und Enkel habe ich aber viele neue Gerichte probiert. **Als** ich bei meinem Enkel war, habe ich zum ersten Mal etwas Vietnamesisches gegessen und das hat sehr gut geschmeckt. Ich möchte Gerichte aus anderen Ländern, zum Beispiel indisches Essen, ausprobieren, aber ich weiß nicht, **wann** ich die Gelegenheit haben werde, da ich selten ins Restaurant gehe. **Wenn** ich koche, bleibe ich lieber bei den traditionellen Gerichten.

Chapter 15 Reinforcement, page 94

A

1. Frauen **werden** immer noch länger als Männer **leben**.
2. Immer mehr Leute **werden** alternative Heilmittel **benutzen**.
3. Die Bevölkerung als Ganzes **wird** dicker **werden**.
4. Mehr Kinder **werden** an Übergewicht **leiden**.
5. Immer mehr Männer **werden** an Herzinfarkten **sterben**.
6. Es **wird** mehr Vegetarier **geben**.
7. Wir **werden** nur noch genetisch manipulierte Obst und Gemüse **essen**.
8. Wegen der Rinderwahn **wird** sich niemand mehr **trauen** Rindfleisch zu essen.
9. Wegen Wasserverschmutzung **werden** wir nur noch Mineralwasser **trinken können**.
10. Wir **werden** manche Mahlzeiten durch Vitamintabletten **ersetzen**.

B

Jakob Zwickler, Ökogärtner

INTERVIEWER   *Wie alt ist Ihre Gärtnerei?*

HERR ZWICKLER   Fünfzig Jahre alt. **Als** mein Vater die Gärtnerei damals gründete, produzierte er hauptsächlich Tomaten und Kopfsalat. **Als** ich den Betrieb vor 15 Jahren übernahm, experimentierte ich mit anderen Produkten.

INTERVIEWER   *Wann haben Sie begonnen naturschonende Obst und Gemüse zu pflanzen?*

HERR ZWICKLER   Vor fünf Jahren, **als** das Interesse an Ökogemüse unter den Verbrauchern stieg.

INTERVIEWER   *Wie unterscheidet sich der Ökoanbau vom normalen Anbau?*

HERR ZWICKLER   Wir benutzen möglichst keine chemischen Pflanzenschutzmittel. **Wenn** wir düngen, ziehen wir immer die im Boden vorhandenen Nährstoffe in Betracht. Wir wissen noch nicht genau **wann**, aber wir hoffen bald als IP-Betrieb anerkannt zu werden.

INTERVIEWER   *Warum kosten die Ökoprodukte mehr?*

HERR ZWICKLER   **Wenn** man chemische Mittel verwendet, kann man auf eine größere Ernte pro Hektar rechnen.

INTERVIEWER   *Schmecken die Ökoprodukte wirklich besser?*

HERR ZWICKLER   **Als** ich mein Ökogemüse zum ersten Mal probierte, konnte ich es kaum glauben. Total lecker.

B

1. Die erste Mahlzeit des Tages ist sehr wichtig. Frühstücken Sie jeden Morgen.
2. Essen Sie jeden Tag viel Obst und Gemüse.
3. Nehmen Sie die größte Mahlzeit zu Mittag ein.
4. Trinken Sie jeden Tag einen Liter Wasser.
5. Essen Sie abends nicht zu viel.
6. Profitieren Sie vom guten Wetter – essen Sie im Sommer viel Obst und Salate.

Revision 13–15, page 95

A

AIDS ist eine der **gefährlichsten** Krankheiten unserer Zeit. Nach Schätzungen der WHO wird AIDS in 10 Jahren die **häufigste** Todesursache von jungen Erwachsenen sein. Sexueller Kontakt ist der **üblichste** Ansteckungsweg. Enthaltsamkeit und Treue zum Partner sind also die **besten** Schutzmittel gegen AIDS. Obwohl AIDS natürlich auch für Europa ein Problem ist, besteht ein **dringenderes** Problem in den Ländern der Dritten Welt, die eine **höhere** Zahl an Infizierte als Europa haben. Der Grund dafür lässt sich leicht erklären. Die Krankheit verbreitet sich **am schnellsten** dort, wo die sexuelle Aufklärung **am schlechtesten** ist und wo es **am schwierigsten** ist Kondome zu besorgen. Aber wie lange noch soll AIDS unheilbar bleiben? Gegen keine andere Krankheit wird

dringender einen Impfstoff gesucht, aber ob die Wissenschaftler bald erfolgreich sein werden, bleibt fragwürdig. AIDS ist eine der **kompliziertesten** Krankheiten, da sie sich **öfter** als andere Krankheiten verändert. Mit AIDS kann man jedoch **länger** leben als mit anderen Krankheiten. Von der Ansteckung bis zum Ausbruch der Krankheit dauert es durchschnittlich 11,1 Jahre, aber es wird vermutet, dass alle Infizierte **früher** oder **später** an AIDS erkranken. AIDS wird also von vielen als die **wichtigste** medizinische Angelegenheit unserer Zeit betrachtet, besonders da man jetzt anerkannt hat, dass Drogenabhängige und Homosexuelle nicht mehr **am gefährdetesten** sind. Drei von vier neuen Infektionen sind auf heterosexuellen Geschlechtsverkehr zurückzuführen.

B

Der Trend, dass es schick ist zu **einem** Fitnessklub zu gehören, lässt nicht nach. Christoph Renz, Trainer bei einem populären Fitnessstudio in der Kölner Innenstadt, erklärt **das** Fitnessphänomen: „Unsere Kunden sind meistens berufstätig und sowohl unser Angebot als auch unsere Öffnungszeiten passen zu **ihrem** Lebensstil. Manche Kunden haben sogar **um** längere Öffnungszeiten gebeten. Die Leute kümmern sich heutzutage sehr viel **um ihre** Gesundheit und es ist einfacher **einem** Fitnessstudio als **einer** Sportmannschaft anzugehören, weil man ganz unabhängig Sport treiben kann. Das Angebot ist auch sehr groß und man braucht kein bestimmtes Niveau. Was man hier macht, kommt ganz **auf die** persönlichen Wünsche an. Jedes Mitglied bekommt ein Programm, das **seinem** Fitnessniveau und **seinen** Vorlieben entspricht. Wir bestehen keineswegs **darauf**, dass ein Kunde Joggen in sein Programm einplant, wenn Joggen **ihm** überhaupt nicht gefällt. Die Kunden sollen sich **auf** ihre Besuche freuen. Jedoch muss der Kunde **damit** rechnen, zwei Trainingsstunden pro Woche einzuplanen, wenn er eine deutliche Verbesserung sehen will." Die Studios dienen aber nicht nur **dem** Fitness, sondern auch **der** Entspannung. Nach der Trainingsstunde kann man sich **auf eine** Sauna oder **ein** Bad im Whirlpool freuen oder sich mit Freunden in der Saftbar treffen. Heutzutage kann man sich luxuriöser **als** je zuvor **der** Pflege seines Körpers widmen.

C

Passivrauchen

Experten streiten sich immer noch **über die** Auswirkungen von Passivrauchen. Einige halten Passivrauchen **für** ungefährlich, während andere **darauf** bestehen, dass Passivrauchen **zu den** gleichen Krankheiten wie Rauchen führen kann. Ob gefährlich oder nicht, viele Nichtraucher beklagen sich **über das** Rauchen in öffentlichen Gebäuden. Frau Ilse Schmelzle hat sich so sehr **über das** Rauchen in Restaurants geärgert, dass sie in ihrer Heimatstadt eine Aktionsgruppe gegründet hat, die raucherfreie Restaurants anstrebt. „Ich kämpfe **um die** Rechte aller Nichtraucher", sagt sie. „Manche Restaurants haben immer noch keine Nichtraucherzonen und ich habe mich oft **darüber** beklagt. Jedesmal, wenn ich von einem Restaurant **nach** Hause kam, roch meine Kleidung **nach** Zigaretten. Ich habe mich vergebens **nach** Restaurants für Nichtraucher erkundigt – es gab keine." 1997 gründete Frau Schmelzle die Aktionsgruppe. Sie schrieb Flugblätter **über das** Passivrauchen, die **vor den** Gefahren warnten. Ein Restaurateur, Markus Bender, hat sich **für die** Gruppe interessiert und hat **auf** das Flugblatt reagiert. Sein Restaurant ist jetzt an zwei Tagen in der Woche eine Nichtraucherzone. Das Experiment ist bis jetzt ein Erfolg gewesen. An den Nichtrauchertagen hat es Herrn Bender noch nie **an** Kunden gefehlt. Ganz im Gegenteil. „Ich habe mir immer Sorgen **über das** Passivrauchen gemacht", sagt Herr Bender. „Ich habe aber nicht **damit** gerechnet, dass ich durch die Nichtrauchertage so viele neue Kunden gewinnen würde. Ich denke jetzt **daran**, das Rauchen im Restaurant ganz zu verbieten." Frau Schmelzle freut sich sehr **über** Herrn Benders Entschluss. Ihrer Meinung nach zeigt Herr Benders Erfolg **auf die** Abneigung der Mehrheit in verqualmten Restaurants zu essen. Sie arbeitet jetzt **an einer** neuen Flugblätteraktion und hofft **darauf**, dass mehr Restaurants Herrn Benders Beispiel folgen werden. „Im Moment sind meine Restaurantbesuche auf Herrn Benders Restaurant beschränkt. Aber ich freue mich **darauf**, bald mehr Auswahl zu haben."

D
1. Alkohol **wird** Ihnen nicht **schaden**, wenn Sie ihn in Maßen konsumieren.
2. Hören Sie auf zu rauchen – Sie **werden** sich sofort besser **fühlen**.
3. Treiben Sie regelmäßig Sport. Nicht nur **werden** Sie dann gesünder **sein**, Sie **werden** auch besser **schlafen**.
4. Leute, die gesund essen, verringern die Möglichkeit, dass sie später an Herzbeschwerden **leiden werden**.
5. Vermeiden Sie Fett und treiben Sie Sport – so **werden** Sie am schnellsten **abnehmen**.
6. Obwohl es schwierig sein kann, den Lebensstil drastisch zu ändern, **werden** Sie bald die Vorteile **spüren**.

Chapter 16 Diagnostic, page 97

A

Present tense
1. Der Treibhauseffekt **wird** durch zu viel CO_2 in der Atmosphäre **verursacht**.
2. Die Temperaturen **werden** durch das CO_2 **erhöht**.
3. Schadstoffe aus Autos und aus der Industrie **werden** auch in die Luft **geblasen**.
4. Durch diese Verschmutzung **wird** saurer Regen **produziert**.
5. Bäume und Pflanzen **werden** vom sauren Regen **geschädigt**.

Imperfect tense
1. Der Treibhauseffekt **wurde** durch zu viel CO_2 in der Atmosphäre **verursacht**.
2. Die Temperaturen **wurden** durch das CO_2 **erhöht**.
3. Schadstoffe aus Autos und aus der Industrie **wurden** auch in die Luft **geblasen**.
4. Durch diese Verschmutzung **wurde** saurer Regen **produziert**.
5. Bäume und Pflanzen **wurden** vom sauren Regen **geschädigt**.

Perfect tense

1. Der Treibhauseffekt **ist** durch zu viel CO_2 in der Atmosphäre **verursacht worden**.
2. Die Temperaturen **sind** durch das CO_2 **erhöht worden**.
3. Schadstoffe aus Autos und aus der Industrie **sind** auch in die Luft **geblasen worden**.
4. Durch diese Verschmutzung **ist** saurer Regen **produziert worden**.
5. Bäume und Pflanzen **sind** vom sauren Regen **geschädigt worden**.

Pluperfect tense

1. Der Treibhauseffekt **war** durch zu viel CO_2 in der Atmosphäre **verursacht worden**.
2. Die Temperaturen **waren** durch das CO_2 **erhöht worden**.
3. Schadstoffe aus Autos und aus der Industrie **waren** auch in die Luft **geblasen worden**.
4. Durch diese Verschmutzung **war** saurer Regen **produziert worden**.
5. Bäume und Pflanzen **waren** vom sauren Regen **geschädigt worden**.

B

1. Traditionelle Autos **werden verboten werden**.
2. Solarautos **werden verkauft werden**.
3. Alternative Energiequellen **werden entwickelt werden**.
4. Die Industrie **wird** strenger **kontrolliert werden**.
5. Weniger Abgase **werden** in die Luft **geblasen werden**.

C

1. Strengere Tempolimits sollten eingeführt werden.
2. Neue Maßnahmen zum Umweltschutz müssen getroffen werden.
3. Die gefährlichen Abgase aus der Industrie sollten verringert werden.
4. Verbleites Benzin könnte verboten werden.
5. Wasser oder Sonne könnte zur Stromerzeugung genutzt werden.

D

1. Vor dem Unfall war das Kraftwerk in Tschernobyl für eines der sichersten in Europa gehalten worden.
2. Radioaktive Teilchen wurden in die Luft gestrahlt.
3. Die Teilchen wurden durch den Wind über Europa verteilt.
4. Rund 135 000 Menschen sind aus der näheren Umgebung evakuiert worden.
5. Die Bürger vieler europäischer Länder wurden geraten bei Regenwetter nicht ins Freie zu gehen und kein Obst aus dem Garten zu essen.
6. Die anderen Reaktoren funktionieren noch, aber sie werden im Jahre 2002 abgeschaltet werden.

Chapter 16 Reinforcement, page 100

A

Bäume sind ein wichtiger Teil unserer Umwelt, aber sie **werden** ständig **geschädigt**. Die Wälder **werden** von zwei Gefahren **bedroht** – Waldsterben und Abholzung. Die Regenwälder in Südamerika **werden** immer noch **gefällt,** obwohl ihre Wichtigkeit für das Leben auf der Erde schon vor Jahren **anerkannt wurde.** Nicht nur dienen sie als die Lungen des Planeten, sondern auch **werden** zahlreiche Tierarten dort **beherbergt.** Durch den Raubbau an den Tropenwäldern **werden** Tier- und Pflanzenarten **vernichtet** und Naturvölker **werden** aus ihrer Heimat **vertrieben.** Letztes Jahr **wurden** über 16 Millionen Hektar Regenwald **zerstört.** Wenn es so weiter geht, **wird** die Menschheit mit riesigen Klimaveränderungen **konfrontiert.** Auch in Deutschland **werden** die Wälder **gefährdet.** Vor kurzem **wurden** zwei Drittel des deutschen Waldes als krank **bezeichnet.** Das Hauptproblem ist Luftverschmutzung. Die Schadstoffe in der Luft **werden** von den Bäumen **eingeatmet.** Für die Menschen ist das schon vorteilhaft, weil die Luft, die wir einatmen, schon von den Bäumen **gesäubert worden ist.** Aber Schadstoffe **werden** jetzt in so großen Mengen **produziert,** dass sie nicht mehr von den Bäumen **verkraftet werden** können. Der Wald **wird** langsam **vergiftet.** Aber der Wald kann noch **gerettet werden.** Wenn er von Luftverschmutzung **befreit wird,** kann er sich in einigen Jahren erholen. Dringende Maßnahmen müssen aber **eingeleitet werden,** wenn wir die Lungen des Planeten erhalten wollen.

B

1. In Deutschland wird viel mehr Müll recycelt als in England.
2. Auf vielen Behältern wird ein Pfand von 50 Pfennig erhoben.
3. 1998 wurden 72% aller Getränke in Mehrwegflaschen verkauft.
4. In der Zukunft werden noch mehr Getränke in Mehrwegflaschen verkauft werden.
5. Müll kann auf anderen Weisen wiederverwertet werden.
6. Altpapier sollte gesammelt und zum Container gebracht werden.
7. Vor einigen Jahren wurde die Umweltinitiative „Der Grüne Punkt" von den Deutschen eingeführt.
8. Verpackungen, die recycelt werden konnten, wurden mit einem grünen Punkt bezeichnet.
9. Diese Initiative wurde von der deutschen Bevölkerung weitgehend unterstützt.
10. So viel Müll wurde gesammelt, dass er nicht mehr verarbeitet werden konnte.

Chapter 17 Diagnostic, page 101

A

1. Manche Arbeitnehmer haben Angst vor Computern. **Meine / Die meinen / Die meinigen** haben alle Fortbildung gemacht und können gut mit Computern umgehen.
2. Meine Frau und ich haben beide einen Computer zu Hause, aber ich benutze **ihren / den ihren / den ihrigen** häufiger, weil er moderner ist.
3. Meine Tochter und mein Sohn besuchen unterschiedliche Schulen. **In ihrer / In der ihren / In der ihrigen** gibt es wenige Computer, aber **in seiner / in der seinen / in der seinigen** gibt es ziemliche viele. Man merkt

das schon, wenn es um ihre Computerkenntnisse geht: **seine / die seinen / die seinigen** sind viel besser als **ihre / die ihren / die ihrigen**.

4. Meine Firma hat ein besseres Computernetz als **Ihre / die Ihre / die Ihrige**. Das hilft uns leistungsfähiger zu arbeiten.

5. Die Computertechnik entwickelt sich sehr schnell. Die neuesten Computer können sehr viel machen im Vergleich **zu unserem / zum unseren / zum unsrigen**.

B

ERWIN Ach, du telefonierst **schon** wieder. Immer diese Handys!

ALF *Hast du dir immer **noch** keins angeschafft?*

ERWIN **Schon** der Gedanke daran, so viel Geld für das Telefonieren auszugeben, hält mich davon ab.

ALF *Es ist **zwar** teuer, aber ich finde es nicht übertrieben.*

ERWIN Wie **denn**? Kostet eine Einheit nicht viel mehr als sonst?

ALF ***Doch**, aber ich finde es gut ständig erreichbar zu sein.*

ERWIN Was kostet **denn** eine Einheit?

ALF *Das kommt darauf an, wann du telefonierst, im Durchschnitt **etwa** 70 Pfennig.*

ERWIN Du bist **ja** verrückt. Das ist mehr **als** doppelt so teuer **wie** die Telefonzelle.

ALF *Ja, aber wie ich **schon** sagte, ist es **ganz** praktisch. Besonders **da** ich geschäftlich viel unterwegs bin.*

ERWIN Das mag **wohl** wahr sein, aber ich würde lieber eine Telefonzelle suchen!

Chapter 17 Reinforcement, page 108

A

1. Schüler brauchen jetzt wegen schwieriger Hausaufgaben **nicht** verzweifeln.
2. Sie bekommen Hilfe **nicht** von den Lehrern, sondern vom Internet durch den Online-Service.
3. Der Gründer des Online-Hausaufgabendiensts erklärt: Jeder hat in seinem Computer Hausaufgaben, die er **nicht** braucht.
4. Warum soll er diese Hausaufgaben anderen **nicht** zugänglich machen?
5. Lehrer haben die Web-Seite **nicht** begrüßt.
6. „Schüler können die Hausaufgaben anderer einreichen und wir merken das **nicht**", meint einer.
7. Wenn sie aber die Hausaufgaben **nicht** machen, sind die Folgen klar.
8. Sie vertiefen ihre Kenntnisse **nicht**.
9. Schüler haben mit dieser Ansicht **nicht** übereingestimmt.
10. „Natürlich wird man **nicht** lernen, wenn man die Hausaufgaben einfach abschreibt", meinte einer.
11. „Aber es ist **nicht** dumm sie als Quelle zu benutzen."
12. Eine letzte Warnung: **Nicht** alles, was im Internet steht, ist wahr.
13. Die Schüler könnten schon Hausaufgaben benutzen, die **nicht** richtig sind.

B

1. Der Erfolg von Internet-Cafés ist nicht überraschend.
2. Die Cafés sind erfolgreich, indem sie Kunden die Möglichkeit bieten, das Internet in einer entspannenden Atmosphäre zu benutzen.
3. Verändernde Einstellungen haben auch zur Folge, dass sich immer mehr Leute für das Internet interessieren.
4. Das Café macht Gewinn, indem es ein bisschen mehr als normal für die Benutzung des Internets berechnet.
5. Die Angestellten im Café sind freundlich und ermutigend.
6. Internet-Cafés sind zweifellos eine wachsende Industrie.
7. Eine wachsende Zahl von Cafés werden in Innenstädten eröffnet.

Chapter 18 Diagnostic, page 109

A

1. Bis 2010 **werden** Wissenschaftler eine Impfung gegen AIDS **entdeckt haben**.
2. Bis 2020 **werden** die ersten genetisch manipulierten Kinder **geboren sein**.
3. Bis 2030 **werden** Genforscher Menschen **geklont haben**.
4. Bis 2030 **werden** wir Schulen durch Online-Unterricht **ersetzt haben**.
5. Bis 2040 **wird** Luftverschmutzung den Regenwald total **zerstört haben**.
6. Bis 2050 **wird** Urlaub im Weltraum eine Realität **geworden sein**.
7. Bis 2055 **werden** Politiker die endgültige Vereinigung Europas **vollendet haben**.
8. Bis 2060 **werden** die Banken Bargeld **abgeschafft haben**.

B

Nicht nur sorgt das Auto der Zukunft für Konfort und Sicherheit, **sondern auch** ist es umweltfreundlich. Es braucht **weder** Benzin **noch** Diesel. Es kann **entweder** mit Sonnen- **oder** mit Windenergie betrieben werden. **Sowohl** Wissenschaftler **als auch** Verbraucher haben dieses Auto auf den Markt willkommen geheißen. **Weder** Angst vor dem Neuen **noch** die niedrigere Geschwindigkeit des Autos, das höchstens 120 Stundenkilometer fahren kann, haben Verbraucher davon abgeschreckt. **Nicht nur** der günstige Preis des Autos selbst, **sondern auch** die hohen Benzinpreise haben seinen Platz auf dem Markt gesichert. Die Regierung hat auch neulich angekündigt, dass auf das Umweltauto keine Steuern fällig werden, eine Maßnahme, die **sowohl** von Verbrauchern **als auch** von Umweltgruppen gelobt wurde.

C

Bis Ende des Jahres werden **bis zu** 2 Millionen Tieren in deutschen Labors sterben. Sind solche Tierversuche aber wirklich nötig? Es gibt zwar Alternativen wie Computersimulation, aber **bis auf** Tests für Kosmetika, die verboten sind, wird die meiste Forschung immer noch mit Tieren durchgeführt. **Bis** die Regierung Ersatzmethoden anerkennt, werden Tiere weiterhin im Namen des Fortschritts leiden und sterben.

Chapter 18 Reinforcement, page 112

A

1. Neue Planeten werden entdeckt worden sein.
2. Die Probleme der Dritten Welt werden gelöst worden sein.
3. Ein Tunnel unter dem Meer zwischen England und den Niederlanden wird gebaut worden sein.
4. Jupiter wird von Astronauten besucht worden sein.
5. Der Regenwald wird zerstört worden sein.
6. Viele Tier- und Pflanzenarten werden vernichtet worden sein.

B

1. Bis zum Jahr 2005 **werden** alle Arbeitnehmer an Internetfortbildung **teilgenommen haben**.
2. Bis zum Jahr 2005 **werden** die Löhne der Arbeiter sich über die Inflationsrate **erhöht haben**.
3. Bis zum Jahr 2005 **werden** wir 10 Millionen Euro in neue Technik **investiert haben**.
4. Bis zum Jahr 2005 **wird** das Computernetz **modernisiert worden sein**.
5. Bis zum Jahr 2005 **werden** wir Videokonferenzen in jedem Büro **installiert haben**.
6. Bis zum Jahr 2005 **werden** Abgase aus unseren Fabriken um 20% **verringert worden sein**.
7. Bis zum Jahr 2005 **werden** künstliche Verpackungen durch umweltfreundliche Alternativen **ersetzt worden sein**.

C

1. Gentechnik ermöglicht es uns **sowohl** manche Kranke zu heilen **als auch** manche Krankheiten auf immer zu vernichten.
2. Gentechnik ist **weder** nötig **noch** moralisch zu rechtfertigen.
3. Ich habe Angst vor genetisch manipuliertem Obst und Gemüse. **Entweder** die Regierung muss viel mehr forschen **oder** ich kaufe nur noch organische Produkte.
4. Die Gentechnik kann **nicht nur** die Landwirtschaft in Europa verbessern, **sondern auch** kann sie hoffentlich auch die Hungersnöte in der Dritten Welt bekämpfen.
5. Ich habe Angst vor der Gentechnik. **Nicht nur** mischen wir uns in die Natur ein, **sondern auch** können wir die Folgen nicht abschätzen.

Revision 16–18, page 113

A

1. Das wachsende Angebot an Kommunikationstechnik ermöglicht neue Arbeitsweisen.
2. Die Anzahl an von zu Hause aus arbeitende Angestellten steigt und revolutioniert den Arbeitsplatz.
3. Die herrschende Tendenz in manchen Betrieben ist an zwei oder drei Tagen in der Woche ins Büro zu gehen.

4. Es wird gehofft, dass diese Arbeitsweisen arbeitenden Müttern helfen werden Beruf und Familie einfacher zu verbinden.
5. Per Fax oder E-Mail können vor dem Computer sitzende Arbeiter mit Kollegen überall in der Welt kommunizieren.

B

ROLF	*Kernkraft ist nicht nötig, oder?*
SEBASTIAN	**Doch**! Unsere Vorräte an fossilen Brennstoffen sind **schon** fast erschöpft und wir müssen uns Alternativen suchen.
ROLF	*Richtig, aber wir müssen Alternativen finden, die sicherer **als** Kernkraft sind.*
SEBASTIAN	Kernkraft ist **ja** sicher.
ROLF	*Wie willst du denn den Unfall in Tschernobyl erklären?*
SEBASTIAN	Das war **zwar** schrecklich, aber ich kann mir kaum vorstellen, dass so **etwas** noch mal passiert.
ROLF	*Das mag **wohl** wahr sein, aber man kann es nie **ganz** ausschließen.*
SEBASTIAN	**Doch**. Ich habe **gerade** einen Artikel über Kernkraft gelesen, der die Möglichkeit, dass so ein Unfall noch mal passiert, auf eine Million zu eins einschätzt.
ROLF	***Schon** die kleinste Chance, dass eine solche Katastrophe noch mal vorkommen könnte, sollte die Regierung dazu bringen alle Kernkraftwerke zu schließen. Andere Alternativen wie Wind- und Sonnenenergie und Wasserenergie stellen überhaupt kein Risiko.*
SEBASTIAN	Aber wir wissen nicht, ob wir unseren Strombedarf durch diese Energiequellen decken können.
ROLF	***Doch**. Norwegen bezieht **etwa** 95% seines Strombedarfs aus gestautem Wasser.*
SEBASTIAN	Ich muss mir **wohl** über diese Alternativen besser informieren.
ROLF	*Ja, das stimmt **schon**.*

C

Zwei Probleme stehen den Wasservorräten in der Bundesrepublik gegenüber. Zu viel **wird verbraucht** und zu viel **wird verschmutzt**. In jedem Haushalt **werden** pro Tag 169 Liter Wasser pro Person **verbraucht**. Ein Drittel davon **wird** für die Klospülung **benutzt**. Allein auf dem WC, laut Umweltberatern, könnten sich jährlich 7300 Liter pro Person **eingespart werden**, wenn der Spülvorgang **unterbrochen wäre**. Baden könnte auch durch Duschen **ersetzt werden** um noch mehr Wasser einzusparen.
Was die Sauberkeit der Wasservorräte betrifft, **werden** in den letzten Jahren immer größere Mengen an Chemikalien **beobachtet**. 1996 **wurde** in Rheinland-Pfalz ein neues Überwachungssystem, das Trinkwasserinformationssystem **eingeführt**. Durch dieses System können die Werte der Trinkwassergüte schneller und effektiver **kontrolliert werden**. Die Elbe hat auch an Umweltschaden gelitten. Der Fluss **wird** durch die Schadstoffe aus Großbetrieben **verschmutzt**. Nicht nur **werden** die Trinkwasservorräte von über einer Million Menschen dadurch **bedroht**, sondern auch **wird** die Nordsee durch diese Verschmutzung **belastet**.

KEY TO REVISION

D

1. Sie befürchten, dass man die Umwelt weiter zerstören wird.
2. Sie haben Angst davor, dass ein Krieg im Mittleren Osten ausbrechen wird.
3. Sie glauben, dass unsere wissenschaftlichen Kenntnisse sich weiter entwickeln werden.
4. Sie haben Angst davor, dass die Luftverschmutzung weiter zunehmen wird.
5. Sie hoffen, dass die wirtschaftlichen Probleme in den neuen Bundesländern gelöst werden.

E

1. Roboter werden oft als Charaktere in Science-Fiction-Filmen und nicht als ein Teil der Realität betrachtet.
2. Roboter werden aber täglich in der Industrie benutzt.
3. In den letzten 10 Jahren sind immer raffiniertere Roboter entwickelt worden.
4. Man befürchtet, dass Menschen durch Roboter ersetzt werden könnten.
5. Roboter können aber nur dort eingesetzt werden, wo monotone Arbeiten zu verrichten sind.
6. Sie müssen auch von Menschen programmiert werden.
7. Forscher werden aber immer erfinderischer. Ein Mimik-Roboter, der alle menschlichen Gefühle ausdrücken kann, ist von den Japanern entwickelt worden.
8. Ein Tankroboter, der automatisch tanken kann, ist von Autokonzernen, darunter BMW, gebaut worden.

Chapter 19 Diagnostic, page 115

A

PRESENT INDICATIVE	PRESENT SUBJUNCTIVE	IMPERFECT SUBJUNCTIVE	PERFECT SUBJUNCTIVE	PLUPERFECT SUBJUNCTIVE
ich spiele	ich spiele	ich spielte	ich habe gespielt	ich hätte gespielt
er spielt	er spiele	er spielte	er habe gespielt	er hätte gespielt
wir gehen	wir gehen	wir gingen	wir haben gespielt	wir hätten gespielt
ich komme	ich komme	ich käme	ich sei gekommen	ich wäre gekommen
er kommt	er komme	er käme	er sei gekommen	er wäre gekommen
sie machen	sie machen	sie machten	sie haben gemacht	sie hätten gemacht
ich habe	ich habe	ich hätte	ich habe gehabt	ich hätte gehabt
wir sind	wir seien	wir wären	wir seien gewesen	wir wären gewesen

B

Herr Andersch sagte, er **kaufe** jeden Tag eine Zeitung. Er **finde** es sehr wichtig gut informiert zu sein. Er **lese** immer die Nachrichten und die Sportseiten. Er **ziehe** überregionale Zeitungen vor.

C

Frau Wolf sagte, sie **hätte** die regionale Zeitung abonniert, weil sie die überregionalen Zeitungen nicht so interessant **fände**. Es **gäbe** zu viele Artikel über Politik.

D

Herr Schmidt sagte, er **sei** vor kurzem **umgezogen** und **habe** die regionale Zeitung **abonniert**, aber er **sei** damit ziemlich enttäuscht **gewesen**. Er **habe** mehr über nationale Ereignisse **erwartet**.

E

Herr Braun sagte, vor seiner Pensionierung **hätte** er selten **gelesen**. Er **hätte** nie Zeit **gehabt** eine Zeitung richtig zu lesen. Bis vor kurzem **hätte** er keine Ahnung von der Vielfalt an interessanten Zeitungen **gehabt**.

F

Monika sagte, sie **werde** nächstes Jahr Politik an der Uni **studieren** und es **werde** also nötig sein, über aktuelle Ereignisse gut informiert zu sein. Sie **werde** also regelmäßig eine Tageszeitung **lesen**.

Chapter 19 Reinforcement, page 120

A

Tötges hatte schon am Donnerstag in Gemmelsbroich nach der Adresse von Frau Blum geforscht, diese auch erfahren, aber vergebens versucht zu ihr ins Krankenhaus vorzudringen. Er war vom Pförtner, von der Stationsschwester Edelgard und vom leitenden Arzt Dr. Heinen drauf aufmerksam gemacht worden, daß Frau Blum nach einer schweren, aber erfolgreichen Krebsoperation sehr ruhebedürftig **sei**; daß ihre Genesung geradezu davon abhängig **sei**, dass sie keinerlei Aufregungen ausgesetzt **werde** und ein Interview nicht in Frage **käme**. Den Hinweis, Frau Blum **sei** durch die Verbindung ihrer Tochter zu Götten ebenfalls „Person der Zeitgeschichte", konterte der Arzt mit dem Hinweis, auch Personen der Zeitgeschichte **seien** für ihn zunächst Patienten. Nun hatte Tötges während dieser Gespräche festgestellt, daß im Hause Anstreicher wirkten, und sich später Kollegen gegenüber geradezu damit gebrüstet, daß es ihm durch Anwendung des „simpelsten aller Tricks, nämlich des Handwerkertricks" – indem er sich einen Kittel, einen Farbtopf und einen Pinsel gelungen **sei**, am Freitag dennoch zu Frau Blum vorzudringen, denn nichts **sei** so ergiebig wie Mütter, auch kranke: er **habe** Frau Blum mit den Fakten konfrontiert, **sei** nicht ganz sicher, ob sie das alles kapiert **habe**, denn Götten **sei** ihr offenbar kein Begriff gewesen, und sie **habe** gesagt: „Warum mußte das so enden, warum mußte das so kommen?", woraus er in der ZEITUNG machte: „So mußte es ja kommen, so mußte es ja enden." Die kleine Veränderung der Aussage erklärte er damit, daß er als Reporter drauf eingestellt und gewohnt **sei**, „einfachen Menschen Artikulationshilfe zu geben".

B

Die *Berliner Zeitung* berichtete, die Illustrierte *Bunte* **werde** 100 000 Mark Schmerzensgeld an Prinz August von Hannover bezahlen. Die Illustrierte **habe** trotz gerichtlichen Einspruchs Fotos von dem Prinzen zusammen mit der Prinzessin Caroline von Monaco veröffentlicht. Zeitungen und Illustrierte **hätten** das Recht, Fotos von „Personen der Zeitgeschichte" zu veröffentlichen, aber dies nur, wenn sich diese Personen nicht **zurückziehen** und nicht unbeobachtet **fühlen**. Die Bunte **hätte** aber unter anderem Fotos des Prinzen an einem öffentlichen Strand publiziert. Das Hamburger Gericht **bezweifle**, dass der Prinz im demokratischen Deutschland überhaupt eine „Person der Zeitgeschichte" **sei**, da er weder politische noch wirtschaftliche Macht in Deutschland **habe**. Außerdem **habe** die Illustrierte die Fotos manipuliert. Auf dem veröffentlichten Foto **ruhe** Carolines Hand auf der Schulter des Prinzen. Auf dem Original aber **stehe** sie ein paar Meter von ihm entfernt. Der Burda-Verlag **hätte** auf das Urteil heftig **reagiert**.

Chapter 20 Diagnostic, page 121

A

1. Ich **würde** den Anteil an Sex und Gewalt **verringern**.
2. Wir **würden** weniger Seifenopern **zeigen**.
3. Die Kinder **würden** neue Kinderkanäle **gründen**.
4. Viele Männer **würden** Sportsendungen **einführen**.
5. Frau Körner **würde** mehr klassische Konzerte **senden**.
6. Ich **würde** die Nachrichten **verlängern** – sie sind immer zu kurz.
7. Frau Albrecht **würde** die Sendungen während des Tages **verbessern**.
8. Herr Schmelzle **würde** Werbung **verbieten**.

B

1. Wenn es weniger Gewalt **gäbe, gäbe** es auch weniger fernsehgestörte Kinder.
2. Wenn man im Fernsehen keine Gewalt **sähe / sehen würde, würden** die Sendungen kein realistisches Weltbild **darstellen**.
3. Ich bin behindert und komme nicht oft aus meiner Wohnung. Wenn ich keinen Fernseher **hätte, wäre** ich sehr einsam.
4. Das Familienleben **wäre** heutzutage viel besser, wenn man das Fernsehen **abschaffen würde**.
5. Ohne das Fernsehen **würde** man sehr wenig über das Leben in anderen Ländern **erfahren**.
6. Wenn es kein Fernsehen **gäbe, würden** Kinder viel mehr **lesen**.
7. Fernsehjournalisten haben viele Dienste an der Gesellschaft geleistet: ohne sie **wüßten** wir zum Beispiel sehr wenig über die Probleme der Dritten Welt / **würden** wir zum Beispiel sehr wenig über die Probleme der Dritten Welt **wissen**.

C

1. Ich **hätte** in der ersten Folge weniger Personen **eingeführt** – es war sehr verwirrend.
2. Sabine fand es toll – sie **hätte** gar nichts daran **geändert**.
3. Wir **hätten** das Programm kürzer **gemacht** – eine Stunde ist zu lang.
4. Wir **wären** zufriedener **gewesen**, wenn die Sendung nicht so melodramatisch **gewesen wäre**.
5. Ich **hätte versucht** die Sendung realistischer zu machen – die Personen wirken unglaubwürdig.
6. Herr und Frau März **hätten** die Sendung besser **gefunden**, wenn sie lustiger **gewesen wäre**.
7. Frau Zoffinger **hätte** sie später **gesendet**, weil sie sie zu gewalttätig fand.

Chapter 20 Reinforcement, page 124

A

INTERVIEWER	Sabine, **würdest** du auch die Fernsehwerbung **verbieten**?
SABINE	*Ich glaube, dass die meisten Fernsehwerbung **verbieten würden**. Es ist total nervig und stört, wenn man einen Film sieht.*
ANDREAS	Ich **würde** das keineswegs **machen**. Wenn es keine Werbung **gäbe, wüßte** man nichts über neue Produkte. (<u>or</u> **würde** man nichts über neue Produkte **wissen**.)
SABINE	*Ja, aber wenn Zeitschriften und Werbespots keine Bilder von Fotomodellen **zeigen würden**, **hätten** weniger junge Mädchen Komplexe wegen ihres Aussehens. Sie **wären** nicht mehr mit Bildern konfrontiert, die ihrem Selbstbewusstsein schaden.*
ANDREAS	Doch! Ein Werbeverbot **würde** daran nichts **ändern**.
SABINE	*Man **könnte** aber die Werbeagenturen zwingen ein bisschen realistischer zu sein. Ich **würde** es nicht **erlauben** stereotypische Bilder zu zeigen – Frauen mit Waschpulver zum Beispiel.*
ANDREAS	Wenn die Werbung realistisch sein **müsste**, **wäre** sie nicht mehr interessant. Werbespots müssen Idealbilder darstellen. Ich **fände** es allerdings nicht in Ordnung, wenn Werbespots rassistische oder sexistische Bilder **zeigen würden**.

B

1. Wenn man in Urlaub führe / fahren würde, wäre man glücklicher.
   Wenn man in Urlaub gefahren wäre, wäre man glücklicher gewesen.
2. Wenn Sie Diätprodukte kaufen würden, würden Sie schneller abnehmen.
   Wenn Sie Diätprodukte gekauft hätten, hätten Sie schneller abgenommen.
3. Wenn man modische Kleider tragen würde, würde man attraktiver wirken.
   Wenn man modische Kleider getragen hätte, hätte man attraktiver gewirkt.
4. Wenn man ein teueres Auto hätte, würde das Autofahren mehr Spaß machen.
   Wenn man ein teueres Auto gehabt hätte, hätte das Autofahren mehr Spaß gemacht.
5. Wenn man Müsli zum Frühstück essen würde / äße, wäre man gesünder.
   Wenn man Müsli zum Frühstück gegessen hätte, wäre man gesünder gewesen.

6. Wenn man dieses Shampoo verwenden würde, würden die Haare schöner aussehen.
   Wenn man dieses Shampoo verwendet hätte, hätten die Haare besser ausgesehen.
7. Wenn Sie jene Zeitung lesen würden, wären Sie besser informiert.
   Wenn Sie jene Zeitung gelesen hätten, wären Sie besser informiert gewesen.
8. Wenn man die beste Zahnpasta benutzen würde, ginge man nicht so oft zum Zahnarzt / würde man nicht so oft zum Zahnarzt gehen.
   Wenn man die beste Zahnpasta benutzt hätte, wäre man nicht so oft zum Zahnarzt gegangen.
9. Wenn Sie neue Fenster kaufen würden, wäre Ihr Haus wertvoller.
   Wenn Sie neue Fenster gekauft hätten, wäre Ihr Haus wertvoller gewesen.
10. Wenn man ein Sonderangebot verpassen würde, würde man viel Geld verschwenden.
    Wenn man ein Sonderangebot verpasst hätte, hätte man viel Geld verschwendet.

Chapter 21 Diagnostic, page 125

A

1. Er sagte, er müsse seine Frau ins Krankenhaus bringen, weil sie schwanger sei.
2. Sie sagten, sie müssen / müssten spätestens um 11 Uhr zu Hause sein.
3. Sie behauptete, sie habe heute eine wichtige Besprechung und dürfe keineswegs den Zug verpassen.
4. Er meinte, er könne nicht langsamer fahren – die Bremsen funktionierten schlecht.
5. Sie meinte, sie sei Ärztin und solle jetzt einen Kranken besuchen.

B

1. Sie meinte, sie könnte das Ortsschild nicht sehen.
2. Er meinte, er müsste in die Apotheke gehen, weil sein Sohn krank sei.
3. Sie sagten, sie dürften nicht später als 14 Uhr am Flughafen sein.
4. Er behauptete, er müsste schnell in die Schule fahren, weil er eine Prüfung hätte.

C

1. Wenn man betrunken Auto führe / fahren würde, könnte man seinen Führerschein verlieren.
   Wenn man betrunken Auto gefahren wäre, hätte man seinen Führerschein verlieren können.
2. Wenn man das wiederholt machen würde, dürfte man nie wieder Auto fahren.
   Wenn man das wiederholt gemacht hätte, hätte man nie wieder Auto fahren dürfen.
3. Wenn man in ein Haus einbrechen würde, müsste man ins Gefängnis.
   Wenn man in ein Haus eingebrochen hätte, hätte man ins Gefängnis müssen.

4. Wenn man jemanden ermorden würde, könnte man den Rest seines Lebens im Knast verbringen.
   Wenn man jemanden ermordet hätte, hätte man den Rest seines Lebens im Knast verbringen können.
5. Wenn man jemanden verletzen würde, müsste man Schmerzensgeld zahlen.
   Wenn man jemanden verletzt hätte, hätte man Schmerzensgeld zahlen müssen.

Chapter 21 Reinforcement, page 128

A

Die Zeitung berichtete …
1. In Deutschland werde eine neue 0,5-Promille-Grenze eingeführt.
2. Diese Herabsetzung werde seit längerem von der SPD verlangt.
3. Ein absolutes Alkoholverbot werde von den Grünen gefordert.
4. Diese Maßnahme werde von Minister Matthias Wissmann weitgehend unterstützt.
5. 1996 würden 23 484 Unfälle von betrunkenen Autofahrern verursacht.
6. Bei 84% dieser Fälle würde ein Blutalkoholgehalt von mehr als 0,8 Promille festgestellt.
7. 1472 Personen seien bei Unfällen, bei denen Alkohol im Spiel war, getötet worden.
8. 45 875 Menschen seien bei alkoholbedingten Unfällen verletzt worden.

B

1. Wenn er die Kinder geschlagen hätte, wäre ich nicht geblieben.
2. Wenn ich mich nicht geschämt hätte, wäre ich ins Frauenhaus gegangen.
3. Wenn ich eine gute Ausbildung gehabt hätte, hätte ich mich selbstständig machen können.
4. Wenn ich keine Angst um die Kinder gehabt hätte, wäre ich nicht gegangen.
5. Wenn er sich nicht entschuldigt hätte, hätte ich ihm seine Brutalität nicht verziehen.
6. Wenn ich damals von dem Frauenhaus gewusst hätte, wäre ich hingegangen.

C

Ein Zeitungsartikel berichtete …
1. 25% aller Gewaltverbrechen **würden** an Ehepartnerinnen ausgeübt.
2. In schlechten Familienverhältnissen **würden** die Kinder oft misshandelt.
3. Die meisten Gewaltverbrechen **würden** von Männern ausgeübt.
4. 1995 **würden** jedoch 300 Frauen in Schweden von ihren Partnern wegen Körperverletzung angezeigt.
5. Letztes Jahr **seien** in Berlin über 300 Frauen vergewaltigt worden.
6. Die meisten Frauen **würden** von Partnern oder Bekannten vergewaltigt.

Revision 19–21, page 129

A

1. Gerhard meinte, die Pressefreiheit **sei** ein wichtiger Teil der Demokratie. Man **solle** sie nicht einschränken.
2. Anke meinte, durch ihre Freiheit **habe** die Presse viele Dienste an der Gesellschaft geleistet. Sie **habe** zum Beispiel politische Skandale oder Korruption aufgedeckt.
3. Denise meinte, die Presse **gehe** jetzt zu weit: es **sei** nicht nötig, über die letzten Einzelheiten des Lebens berühmter Personen Bescheid zu wissen.
4. Susi meinte, berühmte Personen **hätten** auch das Recht auf eine Privatsphäre und sie **müsse** geschützt werden.
5. Johannes meinte, im zweiten Weltkrieg **sähen wir / hätten wir gesehen** (*more likely*), wie schlimm es sein **könne**, wenn es keine Pressefreiheit **gebe**. So was **dürfe** nie wieder vorkommen.
6. Ralf meinte, die Presse **betreibe** heutzutage sehr viel Sensationsmache, was nicht ihre eigentliche Rolle **sei**. Diese Sensationsmache **solle** man schon einschränken.
7. Barbara meinte, sie **habe** sich geweigert Zeitungen zu kaufen, die nackte Frauen darstellen. Freunde aus dem Ausland **hätten** kaum glauben können, dass hier so was in der Zeitung **stehe**. Diese Frauenfeindlichkeit **müsse** verboten werden.

B

Die Presseagentur berichtete, die Terroristen **seien** mit falschen Ausweisen als Passagiere in die Maschine eingestiegen. Ihre eigentlichen Identitäten **wären** trotz aller Sicherheitsmaßnahmen nicht entdeckt worden. Die erste Hälfte des Flugs **sei** friedlich verlaufen, dann **hätten** die Terroristen versteckte Waffen herausgeholt und **hätten** dem Piloten **befohlen** am nächsten Flughafen zu landen. Die Maschine **stehe** immer noch dort auf der Landebahn. Die meisten Passagiere **seien** unverletzt befreit worden, die Terroristen **hätten** sechs Geiseln genommen. Sie **hätten** Geld sowie die Befreiung von sechs anderen Mitgliedern ihrer Organisation **verlangt**, die in deutschen Gefängnissen **seien**. Es **sei** der Polizei gelungen Verhandlungen mit den Tätern zu eröffnen. Es **werde** gehofft, dass sie sie überzeugen können die restlichen Geiseln bald zu befreien.

C

1. Der Angeklagte behauptete, er habe die Frau nicht überfallen.
2. Er sah aus, als ob er die Wahrheit sage.
3. Der Polizist fragte ihn, ob er am Samstagabend am Bahnhof gewesen sei.
4. Er tat, als ob er nichts wisse.
5. Der Staatsanwalt fragte, ob er schon ein Verbrechen begangen habe.
6. Er behauptete, er sei nie vorher verhaftet worden.
7. Der Richter wollte, dass der Zeuge die Szene beschreibe.
8. Die Schöffen meinten, der Angeklagte sei schuldig.
9. Der Angeklagte wünschte, er hätte die Wahrheit gesagt.
10. Der Richter sagte, er solle streng bestraft werden.

D

1. Wenn es die Todesstrafe **gäbe, würde** die Mordquote **sinken.**
2. Wenn man einen Fehler **entdecken würde, wäre** es zu spät.
3. Die Todesstrafe **würde** keineswegs die Mordrate **beeinflussen.**
4. Wenn wir die Todesstrafe **hätten, würden** unschuldige Menschen **verurteilt werden.**
5. Für mich **würde** die Einführung der Todesstrafe ein moralisches Versagen der Gesellschaft **bedeuten.**
6. Eine solche Strafe **würde** gegen Gottes Gebot **verstoßen.**
7. Ich glaube nicht, dass die Todesstrafe Mörder davon **abhalten würde** ihre Verbrechen zu begehen.

E

How big is the influence which television has on children? Investigations have proved that children spend more and more time in front of the box and that more and more have their own TV set. Educationalists are of the opinion that it is becoming more and more difficult for parents to control the viewing habits of their children. According to research there is no longer any doubt that children are influenced by TV. Their role models are no longer their parents or teachers but the heroes of the latest cartoon. Professor of Education Angela Barz believed that even children's programmes are not completely harmless, as the cartoon characters are often violent but they always end up unhurt. This gives an unrealistic picture of the world and encourages children to view violence as fun. "If I had children I would under no circumstances allow them to watch TV for more than one hour a day," she said recently. "I would also decide which programmes they were allowed to see." Frau Barz claimed that she had already worked with many children who had social problems due to watching too much television. The children had seen images they had not been able to deal with and had later suffered from nightmares or feelings of fear. Others had shown aggressive or destructive tendencies.

How can the problem be solved? According to Frau Barz, parents must concern themselves much more with their children's viewing habits; moreover, TV channels should have to reduce the amount of sex and violence they showed.